böhlau

Rosemarie Bovier

Geborgte Heimat

Das Schicksal einer donauschwäbischen Dorfgemeinschaft (1763–1989)

BÖHLAU VERLAG WIEN KÖLN

ZukunftsFonds der Republik Österreich

Veröffentlicht mit Unterstützung durch den Zukunftsfonds der Republik Österreich

Bibliografische Information der Deutschen Nationalbibliothek:
Die Deutsche Nationalbibliothek verzeichnet diese Publikation in der Deutschen Nationalbibliografie; detaillierte bibliografische Daten sind im Internet über http://dnb.d-nb.de abrufbar.

Umschlagabbildung: Privatbesitz der Autorin

Korrektorat: Dore Wilken, Freiburg
Einbandgestaltung: Michael Haderer, Wien
Satz: Michael Rauscher, Wien
Druck und Bindung: Hubert & Co. BuchPartner, Göttingen
Gedruckt auf chlor- und säurefrei gebleichtem Papier
Printed in the EU

Vandenhoeck & Ruprecht Verlage | www.vandenhoeck-ruprecht-verlage.com

ISBN 978-3-205-21557-8

Inhalt

Fotografien als Zeitzeugen

Alte Fotografien

In der zweiten Hälfte des 19. Jahrhunderts hält die Fotografie in Brestowatz, einem Kolonistendorf der Habsburger im heutigen Serbien, Einzug. Erste Bilddokumente sind aus den sechziger Jahren erhalten. Zu den wenigen Exemplaren aus jener Zeit gehört auch eine Familienaufnahme meiner Vorfahren mütterlicherseits. Der Abzug ist in einem sehr schlechten Zustand und zeigt viele Spuren der Misshandlung. Seine Rettung verdankt er einem Zufall, erfahre ich von der Besitzerin, ihre Mutter habe es zufällig rund ein halbes Jahrhundert nach seiner Entstehung auf dem Misthaufen liegen sehen und aufgehoben – ein Bild ihrer Großmutter als Abfallprodukt. Und wiederum ein dreiviertel Jahrhundert später halte ich es in den Händen. Es hat überlebt, nicht nur den Misthaufen, sondern auch den Untergang des deutschen Brestowatz, ihres Heimatdorfes.

Alte Fotografien wecken bei kulturgeschichtlich interessierten Menschen Aufmerksamkeit und Neugierde, vor allem, wenn sie Personen in ihrer jeweiligen besonderen Umwelt zeigen, und sie regen zu genauer Betrachtung des Abgebildeten an.

In diesem Fall würde sich das Augenmerk vor allem auf die veraltete und fremdartig wirkende Kleidung konzentrieren.

Das Dargestellte kann die Fantasie anregen, Vermutungen in Gang setzen. Den realen Kontext erschließen kann es nicht.

Ganz anders ergeht es demjenigen, dem der Ausschnitt der dargestellten kulturellen Welt mit ihren Denk- und Verhaltensmustern noch unmittelbar vertraut ist, der in dem Horizont der Werte und Normen dieser Welt selbst einst aufgewachsen und sozialisiert worden ist. Er gehört zu den »Insidern« und bleibt dadurch nicht in der Rolle des außenstehenden Betrachters, sondern ist einbezogen in eine Welt. Das Abgebildete ruft seine kulturelle Welt wach, sie wird für ihn lebendig.

Heute leben nur noch wenige Personen, die mit der kulturellen Welt der Kolonisten, die die Habsburger im 18. Jahrhundert im Osten ihres Reiches ansiedelten, vertraut sind, die Kinder ihrer Kultur sind. Ich bin keine Brestowatzerin, bin nicht in Brestowatz geboren, habe nicht dort gelebt. Und dennoch gehöre ich dazu, habe dreizehn Jahre mitten unter ihnen in der Barackensiedlung eines Flüchtlingslagers im hessischen Obersuhl gelebt, habe ihre Erzählungen eingesaugt, ihre Sprache gesprochen, wurde von ihren Denkmustern geprägt. Alles, was ich über sie weiß, habe ich von ihnen gehört – Wissen aus zweiter Hand, vielfach gespiegelt und gebrochen.

Und dennoch gehöre ich zu den wenigen der zweiten Generation der Flüchtlinge aus Brestowatz, die noch über dieses Wissen verfügen, das in keine Geschichtsbücher Einzug gehalten hat. Es droht das Vergessen.

Vom 18. bis ins 20. Jahrhundert hinein ist die Geschichte meiner Familie und der Brestowatzer eine Geschichte von Migration, vom Zusammenleben ethnischer Gruppen, vom Umgang mit Minderheiten, Diskriminierung, der Integration in ein anderes kulturelles Umfeld, dem Leben in Parallelgesellschaften, eine Geschichte von Flucht und Vertreibung – eine Sammlung wesentlicher Fragen und Probleme auch der Gegenwart. Die Darstellung des Schicksals der Brestowatzer greift daher nicht nur einen Einzelfall heraus, sondern steht stellvertretend für unzählige Menschen, die weltweit in der Vergangenheit und auch heute das gleiche Schicksal erleiden.

Vor dem Hintergrund derartiger kollektiver Erfahrungen und Erinnerungen erfolgte meine Sozialisation. Vergangenheit und Gegenwart erhellen sich auf diese Weise wechselseitig und regten mich zu weiteren Nachforschungen und Reflexionen an.

Ich bin keine Historikerin, kann und will kein Geschichtsbuch schreiben. Meine Quellen sind Berichte, Erzählungen und Geschichten von Menschen, die in Brestowatz lebten. Zur Beschäftigung und Auswertung von dokumentarischen Quellen treten alte Fotografien als Hilfsmittel hinzu, die Brücken in die Vergangenheit schlagen. Sprachlich Überliefertes wird anschaulich, aus der Gegenwart, die das Bild festgehalten hat, weisen Spuren zurück und nach vorn, ziehen Fäden, die sich wiederum mit anderen Fäden verknüpfen, so dass sich ein Netz entwickelt, das hilft, einen großen Zeitraum zu erfassen, und Einblicke ermöglicht, die in kein Geschichtsbuch eingeflossen sind, weil sie sich dem Historiker verschließen. Doch gerade dieses Wissen, das nicht von papierenen Dokumenten ausgeht, sondern von den lebenden Menschen, schafft eine wesentliche Grundlage für den Prozess des Verstehens sowohl der Vergangenheit als auch der heutigen Zeit. Es muss daher festgehalten und weitergegeben werden.

Das Bild vom Misthaufen

Das Elternpaar, Anton Niederkorn und seine Frau Anna geborene Leinweber, sitzt umrahmt von seinen fünf Kindern, drei Söhnen und zwei Töchtern, in der Mitte des Bildes. Für die Sitzung mit dem Fotografen haben sie ihre Festtagskleidung angezogen, die Tracht der reichen Bauern, zu denen sie gehört haben müssen, da sie sich den Luxus einer Familienfotografie in jener Zeit leisten konnten. Die Mutter mit weit ausladendem Rock – wie viele Schichten mögen da wohl übereinander liegen –, dunklem Oberteil, das Gesicht umrahmt von einem schwarzen Kopftuch, akkurat gefaltet, so dass oberhalb der Stirn und des Hinterkopfes eine gradlinige Kante entsteht, es am Hinterkopf breit auseinanderfällt und unter dem Kinn die beiden Zipfel steif abstehen. Bei den Töchtern, der etwa sechzehnjährigen Magdalena und der etwa fünf Jahre alten Anna, sind nur die hellen Blusen und das über der Brust gekreuzte gemusterte Umhängetuch zu sehen. Die Schwarz-Weiß-Fotografie lässt keinen Rückschluss auf die Farben ihrer Kleidung zu. Aus der Überlieferung weiß ich, dass die Mädchen im Unterschied zu den verheirateten Frauen helle Kleidung und bunte Tücher trugen.

Auch die männlichen Familienmitglieder präsentieren sich in ihrer Tracht. Erkennbar sind eng anliegende Hosen, dazu offen getragene Jacken mit zwei Knopfreihen, darunter kommen enge westenartige Kleidungsstücke zum Vorschein, die vor allem im oberen Teil geschlossen und mit einer dicht besetzten Knopfleiste versehen sind.

Der Vater sitzt, ja thront, erhobenen Hauptes und mit stolzgeschwellter Brust, in seinem Mundwinkel hängt eine lange Pfeife, deren Kopf bis zu seiner Taille reicht – patriarchalisches Imponiergehabe lese ich darin. Daneben wirkt seine Frau mit verhärmtem Gesicht in sich eingesunken. Es fällt mir schwer, in ihr eine Mittvierzigerin zu sehen, sie wirkt alt und verbraucht, greisenhaft. Kein Wunder! Sie war noch fünfzehn, als sie 1830 den acht Jahre älteren Mann heiratete. Mit sechzehn brachte sie ihr erstes Kind zur Welt. Es starb nach wenigen Tagen, auch ihr zweites Kind starb kurz nach der Geburt. Erst das dritte Kind überlebte. Insgesamt gebar sie innerhalb von dreiundzwanzig Ehejahren dreizehn Kinder, nur fünf davon überlebten.

Ich versuche mir vorzustellen, wie sie, nachdem sie ihr wohlhabendes Elternhaus verlassen hat, nach der Hochzeit in ihrem neuen Zuhause, einem wiederum reichen Bauernhaus, lebt. Ihr Mann: der Herr im Haus, der nicht nur gegenüber den Knechten und Mägden den Ton angibt, sondern auch innerhalb der Familie. Sie: entweder schwanger oder mit einem Säugling an der Brust, immer wieder

Abb. 1 Das Bild vom Misthaufen – Familie Niederkorn um 1860

begleitet vom Verlust eines gerade erst geborenen Kindes. Angst ums Überleben während der Choleraepidemien in den dreißiger und vierziger Jahren. Die Familie überlebte, doch es gab viele im Dorf, die von der Epidemie dahingerafft wurden.

Ein Frauenschicksal, in dem sich das Leben nahezu aller Brestowatzerinnen des 19. Jahrhunderts bis ins 20. Jahrhundert hinein widerspiegelt. Ihre Großeltern sind ebenso wie die ihres Ehemannes einst dem Werben Maria Theresias gefolgt, haben ihre Heimat im Südwesten Deutschlands verlassen und sind in den Südosten Europas ausgewandert. Das liegt bei Annas Geburt in Brestowatz rund fünfzig Jahre zurück. Wie alle weiblichen Nachkommen der Siedler vor ihr und nach ihr wird sie früh verheiratet, bringt zahlreiche Kinder auf die Welt. Anna bleibt es im Unterschied zu vielen Frauen in Brestowatz erspart, bei der Geburt eines ihrer Kinder selbst früh zu sterben oder aber auch in jungen Jahren Witwe zu werden und notgedrungen eine oder auch zwei weitere Ehen eingehen zu müssen. Ihre eigene Mutter wurde bereits mit sechsundzwanzig Jahren zum ersten Mal Witwe. Sie heiratet ein zweites Mal, wird bald wieder Witwe und geht eine dritte Ehe ein. Auch Annas Tochter Magdalena sowie ihre Enkelin Magdalena Krebs, die Mutter meiner Großmutter, der *Pauli-Lies*, werden in jungen Jahren Witwen, und die Männer beider Frauen sterben noch vor der Geburt ihres jüngsten Kindes.

Anna und ihr Mann werden gemeinsam alt. Er erreicht das damals ungewöhnliche Alter von vierundachtzig Jahren und überlebt seine Frau um sechzehn Jahre. Sie stirbt 1875 kurz vor ihrem sechzigsten Geburtstag.

Ihre Tochter Magdalena wird im Oktober 1863 Matthias Krebs, Schreibweise im Taufregister Krepsz, heiraten. Von da an wird sie wie alle verheirateten Frauen in Brestowatz ein Kopftuch aufsetzen und ihre helle Festtagstracht gegen eine dunkle austauschen. Zur Familienaufnahme der Niederkorns erscheint sie in der Kleidung der jungen Mädchen. Die Aufnahme muss daher vor ihrer Hochzeit entstanden sein.

Die ausgewanderte Fotografie

Fotografien sind zu Beginn des Ersten Weltkriegs in Brestowatz immer noch selten, aber mittlerweile auch für Angehörige der Handwerkerschicht erschwinglich geworden. So lassen sich auch Nachkommen der Eschbachs ein halbes Jahrhundert nach den Niederkorns, im Spätsommer des Jahres 1914, gemeinsam fotografieren. Die Einwanderung ihrer Vorfahren liegt inzwischen fünf oder auch sechs

Generationen zurück, die Erinnerung an sie ist verblasst, zur kollektiven Erinnerung geschrumpft, wonach alle ihre Vorfahren 1786 in Brestowatz angesiedelt worden sind. Dass die ersten Eschbachs aus Hecklingen und die ersten Millas aus Böhmen bereits zwanzig Jahre früher ins Nachbardorf Filipowa kamen und erst nach 1800 von dort nach Brestowatz übersiedelten, ist in Vergessenheit geraten. Möglicherweise war der Kriegsbeginn für die Eschbachs Anlass, sich gemeinsam dem Fotografen zu stellen, um für alle Fälle die Erinnerung an alle Familienmitglieder festzuhalten. Es soll zum Erinnerungsträger werden über die Generationen hinaus, die auf der Fotografie abgebildet sind.

Rund achtzig Jahre nach seiner Entstehung halte ich den Originalabzug in Los Angeles in den Händen. Ich bin verblüfft: Nebeneinander sitzen drei Frauen in dunkler Tracht mit Kopftuch, ganz in der Tradition des 19. Jahrhunderts. Es ist kaum ein Unterschied zur Kleidung Anna Niederkorns vor rund einem halben Jahrhundert zu erkennen. Dagegen bei den beiden Männern, die hinter den Frauen stehen, der vollkommene Bruch mit der Tradition. Sie tragen Anzüge und darunter die dazugehörende Weste, entsprechend der Mode ihrer Zeit. Selbst den kleinen Jungen hat man in einen Anzug mit doppelter Knopfleiste gesteckt. Fortschritt – offensichtlich ein Privileg der Männer. Nur bei der Kleidung?, geht es mir durch den Kopf.

Das Bild in meinen Händen hat eine noch weitere Reise hinter sich als ich. Es hat nicht nur die Flucht aus der Batschka nach Österreich, sondern auch die danach erfolgte Auswanderung nach Amerika ohne größere Schäden überstanden. Lediglich ein Knick verläuft durch die Mitte des Bildes und teilt es exakt in zwei Hälften. Der schnelle Handgriff des Knickens passt zu den Umständen, unter denen unmittelbar vor der Flucht das Notwendigste zusammengepackt werden musste. Der Platz war begrenzt und Eile war geboten.

Der Notbehelf von einst gliedert bis heute die Personen auf dem Bild in zwei Gruppen. In der rechten Hälfte wird mein Blick von der in der vorderen Reihe sitzenden Frau angezogen, das einzige Gesicht auf dem Bild, das mir vertraut vorkommt und das ich wiedererkenne: meine Großmutter, damals dreiundzwanzig Jahre alt und bereits seit über einem Jahr Witwe. Ihr sorgfältig gefaltetes dunkles Kopftuch, das am Hinterkopf breit auseinandersteht, sticht mir ins Auge. »Un sunntags is varne iwer dr Stern 'o Pappedeckel reiglegt ware, dass es schee steif werd un absteht, ich hab's Koptichel arg schee binde kenne«, höre ich sie sagen. Der Vergleich ihres Kopftuchs mit den beiden anderen Kopftüchern auf dem Foto bestätigt ihre Selbsteinschätzung, sie muss eine Meisterin im Kopftuchbin-

Abb. 2 Das ausgewanderte Bild – die Geschwister Eschbach, 1914

den gewesen sein. Das kleine Mädchen auf ihrem Schoß verdeckt mit seinem puppenhaft wirkenden trachtenartigen Kleidchen weitgehend ihre Kleidung.

Der Bottich der Erinnerung gerät in Wallung, imaginäre Bilder steigen auf und gesellen sich zu dem Foto, das ich fest in den Händen halte. Nach ihrer eigenen Aussage ist sie *bäurisch* gegangen, weil sie nach dem Tod der Eltern von einer Tante aufgenommen wurde, die mit einem Bauern verheiratet war.

Welch ein Kontrast zwischen ihrer dunklen Tracht und der Kleidung der beiden hinter ihr stehenden Personen:

Ein junger Mann, großgewachsen und auffällig elegant gekleidet mit hellem Anzug, dazugehörender Weste, weißem Hemd, dunkler Fliege und einer weißen Blüte im Knopfloch, und eine junge Frau ohne Kopftuch, so dass die glatt nach hinten gekämmten dunklen Haare sichtbar sind. Sie ist also noch nicht verheiratet, lässt sich daraus schließen. Auch das helle Oberteil ihrer Kleidung verweist darauf. Im Unterschied zu den unverheirateten Töchtern auf dem Bild vom Misthaufen fehlt bei ihr das Umhängetuch. Es scheint bei den jungen Mädchen im 20. Jahrhundert nicht mehr beliebt zu sein.

Die einstige Faltlinie in der Mitte des Bildes markiert zufällig zugleich eine familiäre Gliederung der Personengruppe, erfahre ich von Eva Hermann, der heutigen Besitzerin des Bildes. Die linke Hälfte umfasst ihre Eltern, ihre Mutter Elisabeth hält Evas kleine Schwester Maria auf dem Schoß. Daneben sitzt die *Klampfer-Großmutter,* die Ziehmutter von zwei der verwaisten Eschbach-Kinder. Auf der rechten Bildhälfte sind die restlichen drei Eschbach-Geschwister vereint, meine Großmutter mit ihren beiden kleinen Kindern sowie ihre jüngste Schwester Magdalena und ihr Bruder Franz.

Ein Bild unter vielen

1942 bis 1944 klingelt es in der Kasse des *Ablichters* (Dorffotografen). Familienaufnahmen boomen in Brestowatz. Vor dem Abschied der Männer wollen die Familien sich vorsorglich doch noch einmal gemeinsam ablichten lassen, damit im schlimmsten Fall wenigstens ein gemeinsames Bild als Erinnerung bleibt.

Für ein Abschiedsbild stellt sich auch die Familie Heim 1942 gemeinsam vor die Kamera. Der sechzehnjährige Sohn Matthias wird in Kürze nach Deutschland aufbrechen, um eine Lehre als Maschinenschlosser bei Lanz in Mannheim anzutreten. Die Kenntnis fortschrittlicherer Technik soll er von dort mit nach Hause bringen in die Ziegelei des Vaters, die er einst übernehmen soll.

Die vierköpfige Familie blickt entspannt und freundlich in die Kamera, lediglich Matthias wirkt ernst. Wie auf dem Bild, das vor achtzig Jahren entstanden ist, sitzen die Eltern in der vorderen Reihe, doch sie sind an den Rand gerückt, die beiden Kinder stehen in der Mitte des Bildes hinter ihnen, die zwölfjährige Rosina – genannt *Rosel* – links vor ihrem großen Bruder. Die beiden Männer in der linken Bildhälfte tragen elegante dunkle Anzüge im Stil der Zeit. Im Unterschied zu dem des Vaters hat der Anzug des Sohnes ein Streifenmuster. Bei beiden erscheinen darunter helle Hemden, der Sohn mit, der Vater ohne Krawatte. Die Tochter mit dunklem Faltenrock, weißen Kniestrümpfen, weißer Bluse, dem Halstuch mit Lederknoten und grün-weißer Kordel, die sie als Anführerin beim Bund deutscher Mädel ausweist. Auch sie damit im Stil der Zeit.

Ganz anders Maria Heim, die Mutter. Wie aus dem Bild ihrer Urgroßeltern Niederkorn gefallen, jenem Bild, das gerade sie vom Misthaufen gerettet hat, kommt sie mir vor. Breit ausladend sitzt sie in ihrer Festtagstracht auf dem Stuhl in der linken Bildhälfte. Der Fortschritt hat keine sichtbaren Spuren bei ihr hinterlassen. Nur wenig unterscheidet sie vom Äußeren ihrer Urgroßmutter. Das dunkle Oberteil reicht nicht mehr nur bis zur Taille, sondern fällt über die Hüfte

Abb. 3 Ein Bild unter vielen – Familie Heim, 1942

und bedeckt den oberen Teil der Schürze und der vielen Röcke. Das dunkle Kopftuch lässt ein Muster erkennen, ist aber genauso gebunden wie das ihrer Urgroßmutter und das der verheirateten Eschbach-Schwestern. Die Frauen sind immer noch Hüterinnen der Tradition, selbst sie, die Frau des reichen Ziegeleibesitzers, kann ihre bäurische Herkunft nicht ablegen.

Meine Fantasie ersetzt die altmachende Tracht durch ein modisches Kleid, wie es die *Herreleit* tragen, beseitigt das Kopftuch und legt eine Lockenfrisur frei, Ergebnis: eine junge hübsche Frau, passend zu dem attraktiven Mann an ihrer Seite. *Ein schönes Paar*, wie die Brestowatzer sagen.

Volltreffer

Meine Nase bohrt sich im Vitalis Gesundheitszentrum in die Liege der Physiotherapeutin, während ihre warmen Finger meinen ausgekühlten Rücken nach verhärteten Triggerpunkten abtasten. Ein kräftiger Druck!

Volltreffer!

Die Zähne pressen aufeinander, die Augen kneifen unwillkürlich zusammen. Nur langsam klingt der Schmerz ab. Bereits den nächsten Schmerz erwartend, krallen sich die Finger um den Rand der Liege. Kein Entkommen, ausgeliefert, gleich wird die nächste Welle von Schmerz sich überschlagen. Ablenkung! Wie sich ablenken? Die Gedanken auf etwas konzentrieren, nur nicht auch noch an den Schmerz denken, darauf warten. Mit geschlossenen Augen sehe ich das Bild meiner Peinigerin vor mir. Nichts in ihrem Aussehen weist auf einen Migrationshintergrund hin, ihr Deutsch ist fehlerfrei und ohne jeglichen Akzent. Wäre da nicht ihr Name.

BACANOVIC, BACANOVIC, der Name kreist im Kopf. Militic – Lalic – Viskovic – Boskovic – Pilanic … tauchen auf aus dem Tiegel der Erinnerung und gesellen sich dazu. BACANOVIC, der Name fügt sich als Glied in eine Kette, die sich wie eine Schlange durch den Kopf zieht.

»Kommen Sie aus Jugoslawien?«

Sie sei Deutsche, aber ihr Mann komme aus Serbien, dem ehemaligen Jugoslawien.

Ertappt! Die neue europäische Landkarte ist immer noch nicht verinnerlicht! Das muss den Nationalstolz der Serben treffen! Wo er da genauer herkomme?

»Aus der Vojvodina, in Nordserbien. Er ist dort gerade zu Besuch.«

Es hat geklappt mit der Ablenkung. Im Kopf fängt es erneut an zu kreisen.

Der Name des Ortes?

»Ein kleines Dorf, den Namen kennt hier keiner.« Weiterbohren. Der Name einer größeren Stadt in der Nähe. Sombor sei die Kreisstadt, aber die kenne hier auch keiner. Meine Therapeutin hält den Namen des Dorfes zurück, als hüte sie ein Geheimnis. Schämt sie sich etwa für das Heimatdorf ihres Mannes in der Batschka. Jetzt nur nicht lockerlassen!

BACKI BRESTOVAC.

Erneuter Volltreffer.

Die Finger, flach auf dem Rand der Liege, wollen den Körper hochdrücken zum Aufspringen. Ein Echo der Lautfolge zieht durch den Kopf, als müsse es sich vergewissern: War es wirklich dieser Name … Die nächste Schmerzwelle hat keine Chance. Im Kopf wird es weiß. Aus der weißen Leere öffnet sich ein Kaleidoskop von Bildern, Szenen, Menschen, Stimmen, Gerüchen, Namen. Gehörtes, Gesehenes, Erlebtes, Gelesenes, Gedachtes wirbeln durcheinander: Eine Kirche, die *Hutwoad*, eine Schule …

»BRESTOWATZ?«, wiederhole ich fragend die Lautfolge. Noch traue ich meinen Sinnen nicht. Sie bestätigt: »BRESTOVAC.«

Die beiden Wörter klingen aus beiden Mündern gleich, kein Zuhörer würde einen Unterschied bemerken, müssten die Sprecher es schreiben, fielen die Buchstaben jedoch unterschiedlich aus. Beide meinen denselben Punkt im Koordinatensystem der Erde: 45° 37' N, 19° 16' O, einen Ort in Südosteuropa zwischen Theiß und Donau. Die Bilder, die in den Köpfen wach gerufen werden, haben nur wenig miteinander zu tun.

Es ist klar, ihr Brestovac ist nicht mein Brestowatz. Für sie verbindet sich mit dem Namen ein Dorf in Serbien, an dessen Eingangsstraßen das Ortsschild BAČKI BRESTOVAC aufgestellt ist, ein Dorf, in dem Serben wohnen und in dem Serbisch gesprochen wird, das Dorf, aus dem ihr Mann kommt und das er verlassen hat, um in Deutschland zu arbeiten.

In meinem Kopf entsteht das Bild von einem Schwabendorf in der Batschka, in dem überwiegend Menschen mit deutscher Herkunft lebten und das im Laufe seiner Geschichte viele Ortsnamen trug: Bresztovacz, Batsch-Brestowatz, Bački Brestovac, Szilberek, Ulmenau, abhängig von dem Herrschaftsgebiet, dem es gerade zugeordnet war. Szilberek hieß es, als meine Eltern und meine beiden Brüder es 1944 verlassen mussten, um sich vor der herannahenden Roten Armee und den Partisanen in Sicherheit zu bringen, ein Dorf, in das ich als Besucherin zurückgekehrt bin, um nach den Spuren meiner Vorfahren zu suchen, und das zu diesem Zeitpunkt wieder Bački Brestovac hieß.

Das Kaleidoskop in meinem Kopf entfaltet seine therapeutische Wirkung. Schnell wechselnde Bilder betäuben den Schmerz, den der gnadenlose Druck der Therapeutin auf meine verspannten Muskelknoten auslöst. Einmal in Gang gesetzt, entwickelt sich ein schier endloser Reigen wiederkehrender Bilder, die bei jeder Drehung neue Muster werfen.

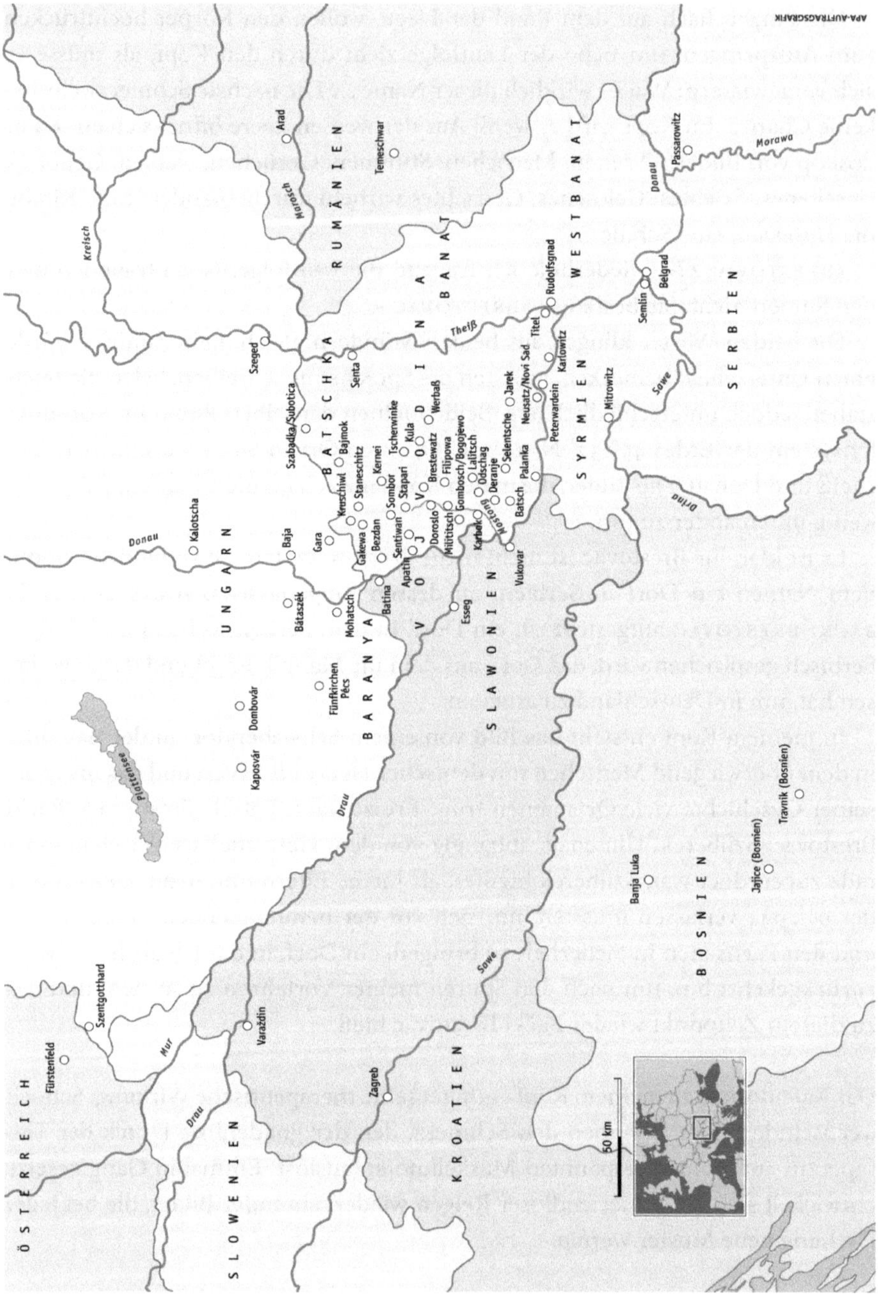
APA-AUFTRAGSGRAFIK
ÖSTERREICH
SLOWENIEN
KROATIEN
UNGARN
RUMÄNIEN
BARANYA
BATSCHKA
VOJVODINA
BANAT
WESTBANAT
SLAWONIEN
SYRMIEN
SERBIEN
BOSNIEN
Plattensee
Donau
Drau
Mur
Sawe
Theiß
Marosch
Kreisch
Morawa
Drina
Fürstenfeld
Szentgotthard
Varaždin
Zagreb
Kaposvár
Dombovár
Fünfkirchen Pécs
Bátaszék
Mohatsch
Batina
Baja
Kalotscha
Gara
Szeged
Arad
Temeschwar
Szabadka/Subotica
Senta
Bajmok
Kruschiwl
Staneschitz
Gakewa
Bezdan
Kernei
Sombor
Tscherwinke
Kula
Werbaß
Sentiwan
Stapari
Brestewatz
Apatin
Doroslo
Filipowa
Militisch
Gombosch/Bogojewo
Lalitsch
Odschag
Deranje
Karawukowo
Batsch
Palanka
Selentsche
Jarek
Neusatz/Novi Sad
Titel
Rudolfsgnad
Karlowitz
Peterwardein
Esseg
Vukovar
Mitrowitz
Semlin
Belgrad
Passarowitz
Banja Luka
Jajce (Bosnien)
Travnik (Bosnien)
50 km

Alles nur Zufall?

Obwohl die Szene heute viele Jahre zurückliegt, steht sie mir immer noch lebhaft vor Augen. Die Wahl eines Kurortes, die damals zufällig auf Bad Wurzach fiel, die Physiotherapeutin, die mir zufällig zugewiesen wurde und deren Mann zufällig aus Bački Brestovac stammt. Purer Zufall, der gerahmt wird von weiteren merkwürdigen zufälligen Ereignissen.

1989 erweist sich die Suche nach dem Schlüssel, der den Zutritt zur katholischen Kirche in Brestowatz verschaffen sollte, als sehr schwierig. Die *Petschner-Kathi*, eine der wenigen Deutschen, die in Brestowatz zurückgeblieben waren und die die Kirche betreute, hatte mich dreißig Jahre zuvor durch die Kirche geführt. Aber sie lebte inzwischen längst nicht mehr, so viel wusste ich und auch, dass sie den Schlüssel an einen jungen Serben weitergegeben haben soll. In der Nähe der Kirche spreche ich einen älteren Serben an, der zufällig vorbeikommt. Mit einer Handbewegung fordert er meinen Mann und mich auf, ihm zu folgen. Er nimmt uns mit in sein Haus, das nur wenige Häuser weiter liegt. Wieder in Deutschland erfahre ich beim gemeinsamen Betrachten der mitgebrachten Dias von Verwandten, darunter meine Eltern, dass jenes Haus, in das mich der Zufall in Brestowatz führte, das Haus meiner Urgroßeltern war, in dem sowohl meine Großmutter als auch meine Mutter aufwuchsen.

2011 besuche ich bei einem Ausflug nach Mönkebude den dortigen Jachthafen. Der Zufall führt mich auf zwei Boote zu, die dort nebeneinanderliegen. Auf einer weißen Schiffswand prangt ein schwungvoller roter Schriftzug, auf der roten Schiffswand rechts daneben leuchten mir starre weiße Buchstaben entgegen. Je näher ich komme, desto schärfer werden die Konturen der Schriftzeichen, immer klarer werden die Namen, die die beiden Boote tragen. »Elisabeth« steht auf dem Bug des linken, »Pauli« auf dem des rechten Bootes.

Wiederum ein Volltreffer!

»Elisabeth Pauli«, bis in die Schreibweise hinein exakt der Name meiner Großmutter, meiner *Pauli-Oma*. Ich komme zufällig am 28. Juni vorbei. Am Tag zuvor jährte sich der Geburtstag meiner Großmutter zum einhundertfünfzehnten Mal. Ich drücke auf den Auslöser meiner Kamera, um diese Begegnung festzuhalten.

In großen Abständen eine Kette merkwürdiger Zufälle, die Brestowatz aus der Versenkung holen, in die es im Laufe der Zeit zu versinken droht. Brestowatz drängt sich mir immer wieder auf, holt mich zurück zu Menschen, die ich kannte und die mir einst nahestanden, zu deren Welt ich mich zugehörig fühlte.

Abb. 4 Der Bootsname – Elisabeth Pauli

Ich zeige mein Bild aus Mönkebude meinem zehn Jahre älteren Bruder, meinen Neffen und Nichten, meinen Cousins und Cousinen. Bei keinem von ihnen lösen die Namenszüge auf den Bootswänden eine Reaktion aus. Es kennt sie keiner mehr, die *Lies-Besel*, die *Pauli-Lies*, die *Lies*. Die, die den Verstand verloren hat. Alle, die sie kannten, haben das gewusst. Elisabetha Pauli, so steht es in den Matrikelbüchern in Brestowatz. Elisabeth Pauli, so stand es in goldenen Buchstaben auf der schwarzen Marmorplatte auf dem Friedhof in Obersuhl. Das Kreuz aus grauem Granit mit der eingelegten Marmorplatte steht seit langem nicht mehr. Der Bezug zu dem Namen ist den einen verlorengegangen, bei den anderen war er nie entwickelt worden. Für sie bleibt das Bild aus dem Jachthafen ein Urlaubsfoto, das dokumentiert, wie abwechslungsreich und wie sonnig mein Urlaub an der Ostsee gewesen ist. Bei mir verfestigt sich die Einsicht, dass ich der letzte Mensch bin, bei dem der Namenszug auf dem Bug der Schiffe die Erinnerung an die tragische Lebensgeschichte eines realen Menschen auslöst.

In Norddeutschland, wo ich seit über vierzig Jahren lebe, habe ich nur wenige getroffen, die mit dem Begriff »Donauschwaben« etwas anfangen konnten, und kaum einer, der etwas von der Batschka wusste. Die Flüchtlinge, die nach dem Zweiten Weltkrieg bei ihnen eingetroffen sind, kamen aus den deutschen Ostgebieten. »Brestowatz« kannte keiner meiner Gesprächspartner im Norden.

Etwas anders ist das im Süden Deutschlands, wo nach der Flucht die überwältigende Mehrheit der Donauschwaben, wie sie sich inzwischen auch selber bezeichnen, angesiedelt wurde. Das Land Baden-Württemberg hat die Patenschaft über diese Flüchtlinge übernommen. In Tübingen gibt es das »Institut für donauschwäbische Geschichte und Landeskunde«, in Sindelfingen das »Haus der Donauschwaben«, in Ulm das »Donauschwäbische Zentralmuseum«, in Stein bei Pforzheim schließlich die »Brestowatzer Heimatstube«. Sie alle haben es sich zur Aufgabe gemacht, die Erinnerung an die Donauschwaben zu bewahren.

Der Pforzheimer Raum ist eines der Zentren in Süddeutschland, wo es zu einer Zusammenballung von Brestowatzern gekommen ist. Hier finden sie sich einmal im Jahr zum Heimattreffen ein und tauschen ihre Erinnerungen an ihr *derhom*, ihr Zuhause, und ihre Jugend aus. Mittlerweile sind nur noch wenige übrig geblieben, die Erinnerungen austauschen können. Auch von denen, die vor etlichen Jahren meine Fragen über Brestowatz beantworten konnten, ist nur noch eine am Leben. Sie lebt, neunzigjährig, in einem Pflegeheim. Das Brestowatz, an das sie sich erinnert, wird immer kleiner, eingeengt auf ihre eigene Welt.

Sieben Generationen meiner Vorfahren kamen in Brestowatz auf die Welt. Sechs Generationen, in manchen Linien auch sieben, liegen auf dem Friedhof unter Brestowatzer Erde begraben. Viele von ihnen wurden in jungen Jahren von Seuchen des 19. Jahrhunderts, Pest, Cholera, Typhus und Diphtherie, dahingerafft. In diesem Zeitraum lebten hier einundneunzig Familien mit dem Namen Werny und siebenundvierzig mit dem Namen Pauli, mütterliche Linie. Mit sechsundzwanzig Familien haben die Boviers, väterliche Linie, den Sprung in die Statistik im »Ortssippenbuch Brestowatz in der Batschka« gerade noch geschafft, während die Eschbachs mit nur sieben Familien zu denen gehören, die nicht aufgenommen wurden. Vierhundertdreiundzwanzig Kinder wurden im Laufe dieser Zeit unter dem Geburtsnamen meiner Mutter, Werny, geboren, einundneunzig unter dem meines Vaters.

Als Elsässer, Lothringer, Pfälzer und Böhmer waren meine Ahnen einst in die Batschka gekommen, in den einhundertachtundfünfzig Jahren, die sie dort lebten, waren sie alle zu *Schwowe* (Schwaben) geworden, die sich gemeinsam gegen die Serben und Ungarn behaupten konnten und deren Selbstwertgefühl im Laufe der Jahrzehnte zunehmend erstarkte, so dass sie schon bald von oben herab auf ihre serbischen Mitbürger, die *roaze* (aus dem Raitzenland stammend), blickten.

Nur wenige von ihnen waren jemals aus ihrem Dorf hinausgekommen. Sie wurden dort geboren, haben dort geheiratet und sind dort gestorben. Taufe, Heirat und Tod wurden in den Kirchenbüchern für die folgenden Generationen festgehalten. Sie waren eingebunden in das soziale Gefüge des Dorfes, bis der Krieg sie jäh auseinanderriss. Auch ihre Vorfahren hatten einst ihre Heimat verlassen und Verwandte sowie Freunde zurückgelassen. Doch sie hatten den Weg in die Fremde freiwillig angetreten und im Vertrauen darauf, in der Fremde bessere Lebensbedingungen für sich und ihre Kinder anzutreffen.

Diesen Menschen, insbesondere den Wernys und Paulis, den Boviers und Eschbachs, gilt es nachzuspüren, zu versuchen, sich ihrem Denken und Fühlen anzunähern, ihre Spuren zu verfolgen, die immer verschwommener werden, je weiter weg sie rücken. Je weiter der Blick zurückführt, je mehr die zeitliche Distanz wächst, umso größer wird die innere Distanz zu dem Erzählten und ermöglicht einen sachlich-neutralen Ton bei dessen Wiedergabe. Je größer aber die zeitliche Nähe, desto geringer wird die innere Distanz auch zu dem Erzählten, desto näher rücken die sich erinnernden Menschen und werden umso lebendiger. Schließlich sind es ihre Erinnerungen, denen ich in meiner Kindheit im Barackenlager gelauscht habe, wenn sie sie ausgetauscht haben, und die ich später gezielt gesammelt habe.

Das Kaleidoskop in meinem Kopf wirft bei jeder Drehung neue Bilder, ein buntes Gemisch von Räumen, Stimmen, Farben und Eindrücken. Und es sind nicht nur schöne Bilder, die sich da mischen! Doch auch sie gehören dazu und müssen ausgehalten werden. Manchmal hilft nur die Flucht in die Ironie, um innere Distanz zu schaffen und erzählen zu ermöglichen. Wie lässt sich das Durcheinander, das Chaos in meinem Kopf entwirren, so dass es auch außerhalb bestehen kann?

Erinnerungen liegen wie ungeordnete Mosaiksteinchen neben- und übereinander, Bruchstücke, die erst durch das Aneinanderfügen als ganzheitliches Bild wahrgenommen werden können. Die Steinchen werden hin- und hergeschoben, bis das Muster den Vorstellungen entspricht. Zur Sicherung bedarf es eines festen Untergrunds und einer Füllmasse zur Verbindung der vielen kleinen Einzelteile. Entsprechend brauchen die Erinnerungen die Historie, in die sie eingebettet sind. Lineares, kontinuierliches Erzählen, das dem zeitlichen Verlauf der Ereignisse folgt, würde das Erzählte in ein Korsett zwängen und Kausalität vortäuschen. Der Vorgang des Erinnerns ist dagegen subjektiv, sprunghaft und assoziativ gesteuert, entsprechend sprunghaft und assoziativ gestaltet sich der Prozess des Erzählens.

Die große Wende

Sonntag, 8. Oktober 1944

Der 8. Oktober des Jahres 1944 fiel auf einen Sonntag. Bereits früh am Morgen schien über der Batschka die Sonne und kündete einen warmen Herbsttag an. In Brestowatz waren die gepflasterten Gehwege, die auf beiden Seiten unmittelbar an den Hausseiten entlang verliefen und keinen Platz für Vorgärten ließen, noch menschenleer. Auf der geschotterten Fahrbahn in der Mitte fehlten die Fuhrwerke, mit denen die Bauern in der Woche schon früh aufs Feld fuhren, und Kirchgänger, die früher am Sonntagmorgen die Straßen füllten, waren kaum noch übrig geblieben.

In dem Haus in der Karadjordjova 54 waren auch nur die drei Frauen, Maria, genannt Marisch, ihre Mutter und ihre Großmutter mit den beiden Jungen im Alter von elf und knapp sieben Jahren zurückgeblieben. Wie in den meisten Häusern war der Ehemann irgendwo in einer Uniform in einem fernen Land, und die Frauen hatten genug damit zu tun, sich nun neben dem Haushalt auch noch allein um das Haus, das Vieh und den Weingarten kümmern zu müssen. Ausgerechnet in diesem Jahr hatten die Rebstöcke, die erst vor wenigen Jahren angepflanzt worden waren, zum ersten Mal reichlich getragen, so reichlich, dass die vorhandenen Fässer gar nicht ausreichten, um all den Wein darin anzusetzen. Es mussten noch zwei Fässer geborgt werden. Inzwischen standen die mit dem jungen Wein gefüllten Fässer im kühlen Keller, auf dem Dachboden zwischen den Dachsparren waren auf Stangen die schönsten und vollsten Trauben aufgehängt worden. Wenn sie genug Luft bekamen, hielten sie lange, und wenn man Glück hatte, konnte man an Weihnachten noch Trauben verzehren. Vielleicht konnte bis dahin auch der abwesende Franz wieder einmal auf Heimaturlaub kommen, dann konnte auch er noch von seinen eigenen Trauben essen. Wenigstens brauchten die Frauen sich um ihn keine Sorgen zu machen. Sie hatten Glück! Er gehörte zu denen, die nicht an die Front gekommen waren, sondern in Deutschland als Wachtposten Dienst taten. In dem Haus in der Karadjordjova 54 musste man nicht jeden Tag aufs Neue befürchten, dass die Nachricht eintreffen könnte, der Ehemann und Vater sei auf dem Feld der Ehre gefallen. Je länger die Männer fort waren, desto mehr häuften sich die Todesnachrichten. Schon lange konnte bei der wöchentlichen Gedenkfeier des Kulturbundes nicht mehr, wie am Anfang, jedes Gefallenen einzeln gedacht werden.

Heute am Sonntag gab es für die Frauen nicht viel zu tun. *Supp-und-Fleisch* war schnell gekocht, und für die Mohnstrudeln musste nur noch der Teig gemacht werden, das geht schnell, der geht ja von alleine. Wie an jedem Morgen ging Marisch über den Hof, nahm den Reisigbesen, der gegen das große Holztor gelehnt war, das die der Straße zugekehrte Hauswand mit der des Nachbarhauses verband, so dass eine geschlossene Front zur Straße hin entstand und gleichzeitig der Innenhof völlig vor den Blicken der Vorübergehenden verborgen war. In dem großen Tor, direkt neben der Hauswand, befand sich noch einmal ein kleineres Törchen, durch das die junge Frau, ohne das große schwere Tor öffnen zu müssen, auf die Straße trat. Wie die meisten der verheirateten Frauen im Dorf wirkte sie aus einigen Schritten Entfernung alt. Der lange dunkle Rock mit der schwarzen Schürze bedeckte die Waden. Zu dem Rock trug sie eine weiße Bluse, die eng am Hals anlag und im Rücken geknöpft wurde. Die blonden, glatt nach hinten gekämmten Haare waren noch nie geschnitten worden. Der dicke Zopf war am Hinterkopf zu einer Schnecke aufgerollt. Aus der Nähe erblickte man jedoch das hübsche Gesicht einer Frau von noch nicht einmal dreißig Jahren. Die schlanke blonde Frau konnte mithalten mit den deutschen Frauen, die von den Blättern strahlten, die beim Kulturbund auslagen. Um ihnen noch ähnlicher zu werden, war der einst tief im Nacken sitzende Zopf in den letzten Jahren weiter nach oben gerutscht.

»Was für ein Blödsinn, die Gasse zu kehren, wo sie doch gar nicht dreckig ist!« ging es Marisch durch den Kopf, »aber was sagen die Leute, wenn gerade am Sonntag nicht gekehrt wird!« Lustlos setzte sie den Besen an der Hauswand an und fegte das bisschen Staub und die wenigen herbstlichen Blätter der Maulbeerbäume, die sich bereits am Boden gesammelt hatten, quer über den Gehsteig in den Graben, der den Gehweg vom Fahrweg trennte. »Aber auch kein Mensch zu sehen heute!« murmelte sie vor sich hin. Mittlerweile hatte sie im Schatten der Maulbeerbäume, die den Graben säumten, die Mitte der Hausfront erreicht, nur noch wenige Meter bis zum Tor des Nachbargrundstücks lagen vor ihr, dann hatte sie es geschafft.

Die Kehrerin war so mit sich und ihren Gedanken beschäftigt, dass sie den herbeieilenden Jungen nicht wahrgenommen hatte. »Ihr kehrt die Gasse – und wir müssen weg!« Erschrocken durch die plötzliche Anrede richtete sie sich auf: »Was müssen wir?« – »Na, fort müssen alle, flüchten müssen wir! Heute Mittag müssen alle weg!«

Die Frau ließ den Besen fallen, rannte über den Hof, die wenigen Stufen hoch in die Küche, die auch der Wohn- und Aufenthaltsraum für die Familienmitglieder war.

»Wir müssen fort, hört ihr, fort! Was soll ich nur machen? Und der Franz ist nicht da!« rief sie mit weinerlicher Stimme und ihr flackernder Blick glitt von einem zum anderen der um den Küchentisch Sitzenden, zu ihrer Mutter, zur Großmutter, zu ihren Kindern. »Was soll ich nur machen?«

Die älteste der drei Frauen blieb gefasst. Sie war neunundsiebzig Jahre alt und hatte zu viele Erschütterungen in ihrem Leben erfahren, um sich noch aus der Ruhe bringen zu lassen: »Du und die Kinder, ihr geht.«

»Aber wohin? Womit? Was mach ich ohne Fuhrwerk und Wagen?«

»Du fährst auf einem anderen Wagen mit. Für dich und die Kinder wird schon noch irgendwo Platz sein.«

»Aber was wird aus dem Wein und den Trauben? Wer füttert die Sau? Wer melkt die Kuh? Das geht doch alles ein!«

»Deine Mutter und ich, wir bleiben da. Wir passen aufs Haus auf, bis ihr wiederkommt, und auf alles andere auch. Da passiert schon nichts.«

»Dann bleib ich auch, die *Heimin* will auch nicht weg. Und die hätte eigene Ross' und Wagen!«

»Du gehst mit den anderen. Willst du, dass die Russen dich verschleppen? Was ist dann! Was wird dann aus den Kindern? Deine Mutter und ich, wir sind alt, uns können sie in Russland nicht mehr gebrauchen.«

»Aber ich hab doch noch gar nichts zusammengepackt, und mittags sollen wir schon weg! Ich hab doch noch nicht einmal gekocht! Wir können doch nicht ungegessen weg!«

»Bis dahin ist gekocht. Und was willst du viel mitnehmen? Ihr geht für vierzehn Tage über die Donau in die Baranya. Dort in Ungarn seid ihr sicher. Wenn die Russen geschlagen sind und die Partisanen aus der Batschka raus sind, kommt ihr wieder zurück.«

Also fort! Was zusammenpacken? Was mitnehmen? Zehn Kilo Gepäck! Das ist doch so gut wie nichts! Wie ein aufgescheuchtes Huhn rannte Marisch von einem Zimmer ins andere, stolperte über die Kinder, die ihr fragend nachliefen, zog eine Schublade nach der anderen auf, wühlte darin herum, nahm etwas heraus, warf anderes ungeprüft wieder zurück. »Wozu brauch man denn das?« murmelte sie vor sich hin. Sie war am Ende ihrer Kräfte. Die Kinder schleppten herbei, was sie für mitnehmenswert hielten. Dieses unnütze Zeug musste wieder aussortiert werden. Auf dem großen Tuch, das die beiden älteren Frauen bereitgelegt hatten, lagen schließlich einige Wäsche- und Kleidungsstücke sowie Schuhe für sie und die Kinder, ein paar Fotografien von ihr und den Kindern, eine Familienaufnahme, die gemacht wurde, ehe ihr Mann nach Deutschland ging, ein paar Dokumente, die ihr in die Hände gefallen waren. In dem Bündel, das die beiden Frauen sorgfältig verschnürten, lag zwischen den anderen Sachen der Impfpass für die Schweine. Der Meisterbrief ihres Mannes und die Geburtsurkunden blieben in der Schublade zurück.

»Für die ersten paar Tage nehmt ihr euch noch Proviant mit. Hier ist ein Topf mit Schmalz. Da habt ihr lange dran, Brot werdet ihr schon überall kaufen können. Wir schnüren noch ein Federbett zusammen, und du gehst und schaust, wo du mitfahren kannst.«

»Die Wagen werden alle schon voll sein!«

»Geh und frag die Grewingerin. Die wohnen gleich um die Ecke in der Kirchengasse. Die Lissy ist in deinem Alter und ihr Vater und deine Mutter sind *Geschwisterskinder*. Die ist froh, wenn du mitfährst und sie mit den Kindern nicht alleine auf ihrem Wagen ist. Die zwei Mädchen sind ein bisschen jünger als deine beiden Buben, aber das macht nichts, die werden schon zusammen spielen.«

Als Marisch auf die Straße kam, warteten vor den meisten Häusern schon Pferdegespanne, vor manchen auch ein Traktor, an den mehrere Wagen angehängt worden waren. Leute liefen hin und her, um die Wagen zu beladen. Bündel auf Bündel, Kiste auf Kiste türmte sich auf den Ladeflächen, manche mussten wieder heruntergenommen werden, weil die Pferde es nicht mehr geschafft hätten, den Wagen zu ziehen, oder weil Platz freigemacht werden musste für diejenigen, die auch noch weg mussten und keinen eigenen Wagen hatten. Auch die Plätze auf Grewingers Wagen waren schon vergeben, als Marisch eintraf. Aber den Kindern zuliebe konnte noch eine Umschichtung vorgenommen werden.

Eingezwängt zwischen den wenigen Habseligkeiten, die sie mitnehmen konnten, klemmte sich Marisch mit ihren beiden Kindern in den hinteren Teil des Wagens, im vorderen saß die Eigentümerin des Fuhrwerks mit ihren Kindern. Bis Mittag sollten alle Wagen beim Gemeindehaus sein. Von da aus sollten alle gemeinsam in einem Konvoi aufbrechen. Von allen Seiten strömten die Wagen herbei, aber auch die vielen Menschen, die im Dorf zurückblieben, versammelten sich auf dem Platz vor dem Gemeindehaus. Es war rund die Hälfte der 4436 deutschen Einwohner, die davonzogen. Nicht nur Deutsche, auch so manche Serben kamen, um sich von den Davonfahrenden zu verabschieden. Viele Tränen flossen und viele Rufe gingen ungehört in dem Tumult des Aufbruchs unter. Ungeduld zeigte sich nur auf den Gesichtern der Kinder, die aufgeregt zum Aufbruch mahnten. »Wann fahren wir denn endlich?« Sie konnten den Beginn der abenteuerlichen Reise und die unerwarteten Ferien kaum abwarten.

Um dreizehn Uhr läuteten die Glocken der Kirche zum Abschied. Ein langer, kaum enden wollender Zug von Wagengespannen verließ auf der Allee von Maulbeerbäumen, die nach Sombor führte, das Dorf. Die Davonfahrenden sollten das Läuten der Brestowatzer Glocken nie wieder hören und die Maulbeerbäume entlang der Straßen nie wieder sehen.

Ich hätte meiner Mutter glücklichere Umstände für die erste große Reise ihres Lebens gewünscht. Vorher war sie außer nach Sombor, wo sie nähen gelernt hatte, und zu einem Besuch bei einem Onkel in Kula, wo ein junger Hund abgeholt wurde, nie aus Brestowatz herausgekommen.

Die Flucht

Am 23. August 1944 kapitulierte Rumänien. Der Vorstoß der sowjetischen Armee und ihrer Verbündeten war nicht mehr zu stoppen. Schnell drangen die sowjetischen Truppen über die Theiß in die Batschka vor. Der Rückzug der deutschen Besatzungsmacht und der ungarischen Honvéd-Armee stand unmittelbar bevor. Wenn die schützende Hand zurückgezogen würde, würde die deutschstämmige Bevölkerung dieser Gebiete dem eindringenden Feind ausgeliefert sein. Übergriffe auf die Zivilbevölkerung waren zu befürchten. Der Volksbundführer Dr. Basch ordnete daher in Übereinkunft mit der SS-Führung an, dass die deutschen Bevölkerungsgruppen die bedrohten Gebiete räumen sollten, sobald die deutschen Beschützer sich zurückziehen.

Am 3. Oktober erhielt der Ortsgruppenleiter des Donauschwäbischen Kulturbundes in Brestowatz, der seit der Annektierung der Batschka durch Ungarn dem Volksbund der Deutschen in Ungarn angeschlossen war, den Befehl, Vorbereitungen für die Evakuierung der deutschen Bevölkerung in Brestowatz zu treffen. Die Organisation der Evakuierung vor Ort lag in den Händen der Ortsgruppenführung des Volksbundes, die genaue Anweisungen erhielt. Für vierzehn Tage sollten sie, wie es hieß, in dem Gebiet der benachbarten Baranya in Ungarn in Sicherheit gebracht werden, danach könnten sie wieder zurückkehren. Die Fluchtwege waren festgelegt. Im Dorf sollten die Pferde beschlagen und die Wagen überholt werden. Ein Fuhrwerk war für den Transport von sieben Personen und siebzig Kilo Gepäck vorgesehen. Vertreter der Kirche betrachteten die vorhergesagten Gräueltaten an der deutschstämmigen Bevölkerung als ein Instrument nationalsozialistischer Propaganda und versuchten die Menschen zum Bleiben zu veranlassen.

Am 8. Oktober um fünf Uhr morgens traf die telefonische Anordnung der Kreisleitung des Donauschwäbischen Kulturbundes in Hodschag bei dem Ortsgruppenleiter in Brestowatz ein, unverzüglich in nordwestliche Richtung zu fliehen. Ausrufer gaben diese Meldung noch am gleichen Morgen in Brestowatz mit

Trommelschlägen bekannt und forderten die deutsche Bevölkerung auf, sich bis Mittag abfahrtsbereit auf dem Kirchplatz einzufinden.

Weder die Stimmen der Kirchenvertreter noch die Beteuerungen so mancher ansässigen Serben, dass ihren deutschen Mitbürgern nichts geschehen würde, konnten verhindern, dass die Mehrheit der Deutschen Brestowatz verließ. Der Treck, in dem sie davonzogen, wurde immer länger. Aus allen Teilen der Batschka schlossen sich Flüchtlinge an. Am 11. Oktober war er bereits auf eine Länge von einhundertzwanzig Kilometern angewachsen.

Diejenigen der Zurückgebliebenen, die der Kirche treu geblieben waren, *die Schwarzen*, vertrauten den Worten der Pfarrer und denen der serbischen Mitbürger. Warum sollten sie gehen? Sie hatten nichts Unrechtes getan! Andere blieben, weil die Nachbarn blieben. Wieder andere blieben, weil der Aufbruch in das Ungewisse sie schreckte und sie glaubten, den Durchmarsch der Russen in einem Versteck überleben zu können. In den Orten, in denen die *Schwarzen* dominierten, wie zum Beispiel in Filipowa, hatte die Stimme der Kirche den größten Erfolg: Kaum jemand folgte dem Aufruf zur Flucht.

Am Montag, dem 9. Oktober, brach in Brestowatz eine Gruppe von Nachzüglern auf, die sich doch noch entschlossen hatten, der Kolonne des Vortags zu folgen. Darunter war auch Maria Bauschert, meine Großmutter väterlicherseits, zusammen mit ihrem dritten Mann. Nachdem sie erfahren hatte, dass auch ihre Tochter Lene, die in dem serbischen Nachbardorf Stapar lebte, mit ihren beiden Kindern am Vortag nach Ungarn aufgebrochen war, gab sie ihren Vorsatz auf, *derhom* zu bleiben. Dieser Entschluss ersparte ihr die Internierung in dem Vernichtungslager in Gakovo, in das Elisabeth Pauli, meine Großmutter mütterlicherseits, gemeinsam mit den anderen, die nicht geflüchtet waren, ein halbes Jahr später gebracht werden sollte.

Der Nachhut gelang es nicht mehr, die Hauptkolonne einzuholen, die am 20. Oktober die Grenze nach Österreich überschritten hatte. Als die Nachzügler die Grenze erreichten, wurde der Schlagbaum nicht mehr geöffnet. Österreich ließ keine weiteren Flüchtlinge mehr hinein. Meine Großmutter wurde mit den anderen nach Schlesien weitergeleitet, von wo aus sie ein zweites Mal vor den Russen fliehen mussten. So schaffte es der Krieg, nicht nur Deutschland zu teilen, sondern auch unseren Familienverband, so wie viele andere, zu zerschlagen. Die Zerstreuung der Familien war vollzogen, die Bodenständigkeit im Brestowatzer Raum verloren.

Seit der Ansiedlung hatte kaum einer meiner Vorfahren Brestowatz verlassen, und die wenigen, die es taten, waren Handwerker, die eine eigene Werkstatt gründeten und in Brestowatz kein Auskommen mehr hatten. Aber auch sie blieben in Sichtweite des Brestowatzer Kirchturms, die Steinmetzfamilie der Lene Guth in Stapar, die Klempnerfamilie Franz Eschbach in Hodschag und später in Kula. Am Ende des Jahres 1944 lagen weite Räume und politische Grenzen zwischen den Verwandten.

»Und dann die Flucht«, so höre ich meine Mutter sagen,

das war was! Und ich allein mit den Kindern! Drei Tage lang sind wir Tag und Nacht auf den Wagen gesessen, wir mussten ja schnell raus aus Jugoslawien, über die Donau nach Ungarn. Unterwegs wurden es immer noch mehr Wagen. Als wir an die Donau kommen, ist die Brücke gesprengt, also weiter. Wir konnten nicht mehr sitzen, und die Kinder wollten runter vom Wagen. Endlich hieß es, wir können absteigen. Die Kinder nichts wie runter. Und auf einmal war der Kleine weg. Nach dem langen Sitzen auf dem Wagen ist der erst mal rumgerannt. Der war doch so wild, der Franz war ja ruhiger. Wo jetzt suchen in dem Durcheinander? Aber auf einmal war er wie ein Wunder wieder da. Um zwölf in der Nacht hieß es: »Die Russen sind schon ganz nah, wir müssen weiter.« Also wieder auf die Wagen. Um uns rum krachte es nur so, der Himmel war vom Schießen ganz hell. Wir haben gezittert vor Angst. Nichts wie weiter und sehen, dass wir über die Donau kommen. Aber über die nächste Brücke, da wollten sie uns nicht rüber lassen, die war nur für Militär. Dann haben sie hin und her verhandelt. Na, endlich, dann ging's doch weiter. Sie lassen uns über die Brücke, hat's geheißen. Wir haben aufgeatmet: Jetzt sind wir sicher, wir sind in Ungarn! Aber auf einmal hieß es: Die Russen sind über die Donau, wir können nicht in Ungarn bleiben, wir müssen weiter nach Österreich. Die Russen, also nichts wie raus aus Ungarn! Dann sind zu allem Unglück auch noch die Traktoren ausgefallen. Die Leute mussten runter von den Wagen und sehen, wo sie Eisenbahnzüge zum Weiterfahren fanden. Auf den anderen Wagen war ja kein Platz, da saßen alle schon ganz eingepfercht. Durch ganz Ungarn durch haben wir immer auf der Straße geschlafen. Das war was! In der ersten Nacht, in einem Wald, da gab es Fliegeralarm! Wir sind vor Angst alle zusammengeschlüpft.

Es ist dann auch immer kälter geworden. Es war doch schon Ende Oktober. Einmal, da war morgens schon Reif auf der Wiese. Wir haben gefroren! Es war zu wenig zum Zudecken da. Ich hab das eine Federbett mitgehabt, aber das hat nicht für drei gereicht. Das haben die Kinder gekriegt, und ich hab halt gefroren. Ein Wunder, dass wir nicht alle krank geworden sind! Die Ross haben die schweren Wagen kaum noch ziehen können. Die Berge sind immer höher geworden, die Täler immer enger. In Brestowatz, da hat's doch keine Berge gegeben. Wer hat denn davor schon mal solche Berge gesehen? Auf einmal heißt's, wir sind in Österreich. Da ist es uns erst mal besser gegangen. Wir haben zum ersten Mal wieder was Warmes zu essen gekriegt und durften bei den Bauern auf Heuböden und im Stall schlafen. In Grieskirchen hieß es: Hier bleiben wir.

Sie haben uns in Schulen und Gasthöfen untergebracht. Aber nicht lange, dann haben sie uns verteilt. Manche zu Bauern. Ich bin mit den Kindern und noch anderen nach Bergheim bei Salzburg gekommen, da waren wir in einer Schule, die sie für die Flüchtlinge leer gemacht haben. Da konnten wir dann erst mal bleiben.

Wovon in den Äußerungen meiner Mutter nicht die Rede ist: In den Dörfern, durch die sie in Österreich zogen, standen Angehörige der SA, der Hitler-Jugend, der Deutschen Frauenschaft und des Bunds deutscher Mädchen bereit, um die Gesinnungsgenossen im Reich willkommen zu heißen.

Der Fluchtweg:
Aufbruch am 8. Oktober 1944 in Brestowatz – Sombor – Baja – Dusnok – Kalocsa – Überquerung der Donau bei Dunaföldár – Cece – Mezöszilas – Veszprém – Városlöd – Pápa – Szany – Sopron – Grenzübertritt nach Österreich am 20. Oktober – Draßburg – Zeumendorf – Krensdorf – Ebenfurt – St. Pölten – Melk – Amstetten – Enns – Linz an der Donau – Eferding – Ankunft in Grieskirchen am 30. Oktober 1944
Wegstrecke: rund siebenhundert Kilometer
Dauer: dreiundzwanzig Tage
Verkehrsmittel: Pferdefuhrwerke, Traktoren und Züge
Organisation: Hitlers SA im Deutschen Reich

Der Kolonistenweg im 18. Jahrhundert:
Sammelstellen in Ulm und Donauwörth – Regensburg – Passau – Linz – Grain – Melk – Krems – Wien – Pressburg – Budapest – Apatin – Sombor – Filipowa – Brestowatz
Wegstrecke: rund eintausendzweihundert Kilometer
Dauer: etwa vierzehn Tage
Verkehrsmittel: Pferdefuhrwerke und Schiffe
Organisation: Kaiserliche Hofkammer in Wien

An der Donau kreuzten sich die Wege der Flüchtlinge und die der einstigen Ansiedler. Es schließt sich der Kreis. Rund einhundertsechzig Jahre lagen dazwischen. So wie einst Väter und Mütter mit ihren Kindern die Heimat verließen und die Alten den Weg in die Fremde nicht mehr antreten wollten, so blieben wiederum überwiegend die Alten zurück. Doch diesmal waren es nur die Mütter mit ihren Kindern, die sich auf den Weg machten, die Väter hatte der Krieg bereits in die Fremde geführt.

Hatten diejenigen, die einst auf Schiffen die Donau hinabsegelten entsetzt gefragt: Oh Gott, wo bringen uns die nur hin? Hier ist ja nichts mehr, kein Berg, kein Tal! Das ist das Ende der Welt! So fragten jetzt die auf den Landstraßen nach Westen Ziehenden mit dem gleichen Entsetzen: Oh Gott, wo bringen die uns nur hin? Was ist das nur für eine bucklige Welt. Hier muss die Welt zu Ende sein! Wurden die einen durch die herannahenden russischen Truppen davongetrieben, so waren die anderen mit der Verheißung eines besseren Lebens von den österreichischen Kaisern in das Land gelockt worden. Beide Male blieb den Davonziehenden die Erinnerung an die verlassene Heimat, nach *derhom*, das für die mitziehenden Kinder zu einem immer schwächer werdenden Bild zusammenschrumpfte.

Das Heimweh war in beiden Fällen das Gleiche, doch der Inhalt dessen, was der Begriff Heimat umfasste, war gekippt. Während die Ansiedler im 18. Jahrhundert wehmütig auf ihr *Derhom* in Deutschland zurückblickten, blicken die Flüchtlinge, zurückgekommen ins *Derhom* ihrer Ahnen, sehnsüchtig zurück auf ihr Heimatland, das ihre Vorfahren wohl einst als *dohaus*, als Fremde, empfunden haben.

Erinnerungen an die Flucht

Die Pferde erwiesen sich als zuverlässiger als die modernen Traktoren. Futter und Ersatz für die Hufeisen ließen sich entlang des Weges immer wieder beschaffen, dagegen waren Benzin und Ersatzteile, die schon bald erforderlich waren, kaum zu bekommen. Sie hatten gerade einmal rund zweihundertfünfzig Kilometer zurückgelegt, da fielen die Traktoren aus, kaum dass sie in Ungarn waren.

Von einem dieser Traktoren wurde der Wagen gezogen, auf dem die heute über neunzigjährige Rosel Assmann mit ihrer Mutter und Schwester saß.

> Wir haben keine eigenen Wagen und Pferde gehabt, und die Pferdefuhrwerke waren schon alle voll. Der Gantner-Vetter hat uns einen Wagen gegeben, aber er hat selbst nur noch zwei Pferde gehabt, die seinen eigenen Wagen mit der Familie ziehen mussten, die anderen waren fürs Militär eingezogen. Schließlich hat der Heiser zugestimmt, dass sie einen leichten Wagen von Ganters noch an seinen Traktor anhängen konnten, ein schwerer wäre auch für die Traktoren zu viel geworden. Bis in die Nähe von Veszprém sind wir mit den anderen mitgezogen, aber dann ist ein Traktor nach dem anderen liegengeblieben. Wir konnten nicht mehr weiter, auf den anderen Wagen war kein Platz mehr, und noch mehr Wagen konnten die Pferde nicht ziehen. Der Pollich-Dok-

tor, der mit dabei war und Ungarisch konnte, hat mit Ungarn verhandelt, die dann schließlich den Wagen vom Gantner gekauft haben. So hat der wenigstens ein bisschen Geld dafür gekriegt. Wir mussten mit dem Zug weiter nach Veszprém, dort waren wir einen Tag und eine Nacht. Immer wieder war Fliegeralarm. Dann ist schließlich ein Zug gekommen. In einen von den Viehwaggons wurden wir mit zweiundneunzig Personen eingeladen. Frauen fangen an zu schreien, Kinder weinen, wir sitzen auf unserem Gepäck. Der Zug fährt ins Sudentenland. Dort sind wir in ein Lager gekommen und in Räume verteilt worden, zweiunddreißig Personen in einem Raum. Bis Ende November sind wir da gewesen, dann hat mein Vater uns nach Österreich in die Stadt Wiener Neustadt kommen lassen. Dort hat er schon ein paar Jahre in einem Geschäft gearbeitet. Die Beziehung der Eltern war schlecht, drum war er weggegangen. Wir sind auch nur eine Woche dort geblieben. Wir wollten zu unseren Landsleuten. Danach sind wir per Anhalter mit einem Militärfahrzeug nach Oberösterreich gefahren. In Weibern bei Griesheim waren Gantners bei einem Bauern. Dort haben wir dann auch ein Zimmer gekriegt. So war man wieder zusammen.

An den 8. Oktober 1944 erinnert sich auch die damals siebenjährige Appollonia Guth aus dem serbischen Nachbardorf Stapar, in dem nur wenige deutsche Familien wohnten.

Meine Mutter ist wie jeden Sonntag am Nachmittag mit den anderen deutschen Frauen »zsamgange«. Sie hatte Creme-Pitten gebacken und mitgenommen. Es saßen alle draußen an der Straße und sie hatte die Creme-Pitten auf der Fensterbank des Hauses abgestellt. Auf einmal tauchten zwei deutsche Soldaten auf und sagten, dass wir morgen weg müssen. Es wird hier zu gefährlich für uns. Alle brachen Hals über Kopf auf. Mich hat am meisten gefuchst, dass die Creme-Pitten auf der Fensterbank liegengeblieben sind. Daheim war Hektik. Die Mutti hat in aller Eile was zusammengepackt. Ich wollte unbedingt das Fieberthermometer mitnehmen, aber die Mutti hat es immer wieder ausgepackt. Das brauchen wir nicht und außerdem geht es kaputt, hat sie gesagt. Ich weiß auch nicht, warum ich unbedingt das Fieberthermometer mitnehmen wollte. Am nächsten Tag ging's mit einem Traktor los, der dem deutschen Müller in Stapar gehörte. Zwei Männer – ich glaub in Uniform – begleiteten uns, wahrscheinlich zum Schutz für uns. Wir waren ja nur Frauen, Kinder und mein Opa. Irgendwo in Ungarn ging's mit dem Traktor nicht mehr weiter. Wir mussten ein paar Tage da bleiben. Deutschstämmige Ungarn haben uns versorgt und auch nach Hause eingeladen. Eine Frau fragte meine Schwester Maria, ob sie nicht mitkommen wollte, sie hätte auch eine Tochter in dem Alter, mit der könnte sie spielen. Ich wär ja nie mitgegangen, aber Maria schon. Die Frau hat Maria gefragt, wie sie heißt. »Maria Guth« – genauso hieß auch ihre Tochter. Ich frag mich heute, ob da vielleicht mal zwei Brüder waren, die zusammen ausgewandert sind und von denen einer in Ungarn hängengeblieben ist, weil sie haben Guth auch mit »th« geschrieben. Nach Tagen ging's in Viehwaggons weiter, vorne und hinten war eine Lok, die eine hat geschoben, die andere gezogen. Wahrscheinlich hätt es eine Lok allein in den Bergen nicht geschafft. Der Zug ist da ohnehin ganz langsam gefahren und die Dampflok hat geschnauft. Ich hab mit dem Opa zusammen mal die Beine aus dem Zug baumeln lassen. Die Kisten im Waggon sind hin- und her gerutscht. Dann hat mich unterwegs der Typhus erwischt, und ich hab nur noch gelegen. Irgendwann sind wir in der Lausitz angekommen, von wo aus sie uns über die Mark Brandenburg verteilt haben. Die Mutti, die Maria und ich und die Guthe-Großeltern sind nach Bardenitz gekommen. Die Mutti hat sich bei mir angesteckt und war noch schlimmer krank als ich. Sie hatte ganz hohes Fieber. Da hat sie zu mir gesagt, jetzt wär's gut, wenn wir das Fieberthermometer mitgenommen hätten. »Ich hab's doch mitgenommen. Ich hab's in ein Kleid eingewickelt.« – Ich weiß bis heut nicht, warum.

Erste Station: Österreich

»Die Österreicher«, so meine Mutter,

die wollten die Flüchtlinge nicht haben, die haben uns, als wir 1944 angekommen sind, von einem Platz auf den anderen geschoben. Erst hat's geheißen, in Grieskirchen, da bleiben wir. Oh je, in der Nacht haben wir auf Stroh geschlafen, das war so eng, dass einer über den anderen steigen musste, wenn er mal raus wollte. Na, dann am nächsten Tag haben sie uns verteilt. Manche sind zum Bauern gekommen. Denen ist es ja nicht so schlecht gegangen. Die mussten zwar bei der Arbeit auf dem Hof helfen, haben dafür aber auch immer was zu essen gehabt. Mich und die Kinder haben sie mit noch mehr anderen nach Bergheim bei Salzburg gebracht. Da waren wir in der Schule, da ist für alle zusammen gekocht worden. In der Küche waren Frauen aus Brestowatz, die haben schon ganz gut gekocht. Es war auch genug da, dass man satt werden konnte. In Bergheim ist es uns nicht schlecht gegangen. Erst recht nicht, als die Lagerleitung uns dann den Tipp gegeben hat, dass ein Proviantdepot der Wehrmacht ganz in der Nähe ist, das aufgelöst werden soll und wir hingehen und uns die Sachen holen sollen.

Holen! Aber womit? Wir haben doch keine Taschen gehabt. Also haben wir aus Stoff Säckchen genäht, die wir auf den Buckel genommen haben. Als wir zum Depot kommen, ist der ganze Raum voll mit Säcken, lauter Pfefferkörner, Reis und Salz. Wir haben unsre Säckchen vollgestopft, was wir nur tragen konnten. Aber was haben wir Frauen schon tragen können, die Männer waren ja noch nicht da. Der Kleine hat auch ein Säckchen auf den Rücken gebunden gehabt und hat schleppen müssen. Der Franz war doch krank, der konnte nicht helfen. Der konnt' doch gar nicht mehr in die Schule gehen und nichts. Der war so krank geworden, der hat doch nur noch Blut gespuckt. An einem Tag war das so schlimm, dass die Frauen mich schon aus dem Raum, in dem er lag, rausgeführt haben, weil sie geglaubt haben, er stirbt. Das war dann der Höhepunkt, danach war er über'm Berg. Zum Glück ist dein Vater schon vierzehn Tage nach dem Zusammenbruch gekommen. Der ist dann zu einem Apotheker, dem hat er geschildert, was mit dem Franz ist, und der hat ihm was gegeben. Das hat dann geholfen.

Wir sind ein paarmal ins Depot gegangen und haben geschleppt, was wir konnten, bis die Bergheimer spitzgekriegt haben, dass es da was zu holen gibt. Da war's aus. Die sind mit Handwagen gekommen, haben alle Säcke aufgeschnitten und geguckt, was drin ist. Was sie nicht brauchen konnten, haben sie auf den Fußboden geworfen. Da flog zehn Zentimeter dick Salz, Pfeffer, Reis, Kaffee alles durcheinander. Damit konnte man nichts mehr anfangen. Wir haben auch genug gehabt, so viel Salz und Pfeffer hätten wir unser Leben lang nicht verbraucht.

Von da an haben wir was zum Tauschen gehabt. Die Bauern in der Umgebung, die geschlachtet haben, haben ja auch nichts zu kaufen gekriegt. Die waren froh über jedes Korn Pfeffer und Salz. Als der Bürgermeister in Bergheim dann rausgekriegt hat, dass die Flüchtlinge Schwarzhandel treiben, hat's geheißen, wir können nicht länger in der Schule bleiben, wir müssen weiter. Das war im Juni 45.

Was meine Mutter nicht sagt: Die nationalsozialistischen Bürgermeister waren zu diesem Zeitpunkt durch die amerikanische Besatzungsmacht ihrer Ämter enthoben und gegen Politiker ausgetauscht worden, die von der Vergangenheit unbelastet waren. Geregelter Schulbetrieb war ihnen wichtiger als die Unterbringung hitlerfreundlicher Donauschwaben.

Auch von Privilegien, die die geflüchteten Hitlerfreunde offensichtlich besessen haben, sagt meine Mutter nichts. Von der Witwe meines älteren Bruders erfahre ich mehr als ein halbes Jahrhundert später, dass der ältere meiner beiden Brüder nach der Ankunft in Österreich auf eine nationalsozialistische Eliteschule gegangen ist. »Napola«, teilt sie mir später in einem Anruf mit, als der Film gleichen Namens 2005 in den Kinos gezeigt wird, »so hieß die Schule, auf die dein Bruder gegangen ist«.

Ich habe Zweifel, jedoch fällt mir ein, dass meine Mutter davon gesprochen hatte, dass Franz in Österreich auf ein Gymnasium gegangen sei, obwohl er vor der Flucht nur die Bürgerschule in Hodschag besucht hatte, die den heutigen Realschulen entspricht. Ich sehe mir den Film an, stelle mir meinen Bruder Franz unter den Schülern vor. Sollte der Besuch einer solchen Schule möglicherweise die lebensbedrohliche Erkrankung meines Bruders in Bergheim gefördert haben? Auch seine Entschiedenheit, mit der er jedes Sprechen über die Vergangenheit verweigert hat, erschiene in einem neuen Licht. Alle, die ich noch nach dem Schulbesuch meines Bruders in Österreich fragen kann, können sich entweder nicht mehr erinnern oder wissen es nicht. Indizien, die dafür sprechen, dass Franz nicht wie andere Flüchtlingskinder in Österreich eine reguläre Schule besuchte, tauchen in meiner Erinnerung auf: Schlittschuhe und Ski, die im Schuppen in der Barackensiedlung in Obersuhl ihren Platz gefunden hatten, ein schwerer Ledersandsack, der dort von der Decke hing, und lederne Boxhandschuhe, die mir damals in meinen kleinen Kinderhänden riesig vorkamen. »Die hat der Franz aus Österreich mitgebracht«, erfuhr ich damals. Ein Foto aus Österreich, auf dem Franz im Winter auf Ski zu sehen ist. Es muss der Winter 1945 gewesen sein.

»Von Bergheim«, so meine Mutter weiter,

> sind wir nach Puch bei Hallein gekommen, in ein Lager, in dem vorher Soldaten waren. Die Lagerleitung war amerikanisch. Die haben uns für Jugoslawen gehalten. Da ist es uns richtig gut gegangen. Da hätten wir es aushalten können. Wir haben so viel zu essen gehabt! Zu dem vielen Essen hat auch noch jeder, auch jedes von den Kindern, jeden Tag eine große Dose Konserven gekriegt. Das war mehr, als wir essen konnten. Unter dem Bett haben wir die Dosen gesammelt. Was haben wir Konserven gehabt! Dein Vater hat aus leeren Blechtonnen einen Herd gebaut und wir haben Holz gesammelt, dass wir uns selber kochen können. Im Januar ist ein neuer Lagerleiter gekommen. Der hat dann schnell spitzgekriegt, dass wir Volksdeutsche und keine Jugoslawen sind. Da war's aus. Am nächsten Tag mussten wir weg. Um neun Uhr morgens haben sie es uns gesagt und mittags um zwölf haben sie uns schon in Güterwagen abtransportiert in ein Lager bei Saalfelden. Am 20. Januar war das, es war eiskalt. Aber das war denen egal.

Ein halbes Jahr lang konnten die Volksdeutschen in einem Flüchtlingslager offensichtlich von ihrer vermeintlichen jugoslawischen Staatsangehörigkeit und der Tatsache profitieren, dass auch Hunderttausende kroatischer Armeeangehöriger, serbischer Četnici sowie Zivilisten vor Titos Partisanen nach Österreich geflohen waren. Der Gedanke, dass das Wohlwollen des amerikanischen Lagerleiters nur auf einem Irrtum beruhen sollte, fällt mir schwer. Dass die Lagerinsassen Deutsch und nicht Jugoslawisch sprachen, konnte auch einem Amerikaner kaum ein halbes Jahr lang entgangen sein. Wenn er selbst es nicht bemerkt hätte, wäre es ihm vermutlich zugetragen worden. Hat er sich im Unterschied zu seinem

Nachfolger aus humanitären Gründen einfach über die Frage der Volkszugehörigkeit hinweggesetzt und die Lagerbewohner für Jugoslawen halten wollen? Die Lagerinsassen stellten sich diese Frage nicht.

Und dann in Saalfelden am Steinernen Meer! Das heißt nicht umsonst so. Da ist es uns dreckig gegangen. Wenn wir nicht die vielen Büchsen von den Amerikanern gehabt hätten, was hätten wir da gemacht? Da wären wir alle verreckt. Da hat's nichts gegeben außer Steinen. Zu essen haben wir da so gut wie nix gekriegt. Ohne die Büchsen hätten wir in unserem Hunger wirklich Steine fressen können! Einmal, da haben sie Käsbelschderlin [mit Quark gefüllte Teigtaschen] gekocht, das waren gerade so viel, dass jeder einen Esslöffel voll gekriegt hat. Wie viel geht schon auf einen Esslöffel? Das war doch nicht zum Sattessen! Und das Bisschen, was dann noch übrig geblieben ist, als alle was hatten, haben sie auf die Kinder verteilt, damit die wenigstens ein bisschen mehr hatten. Und gefroren haben wir in dem Winter. Im Lager gab's kaum Holz, mit dem man hätte Feuer machen können. Ich hab geheult, hier sitzen wir jetzt und frieren, und das viele Holz, das wir gesammelt haben, ist in Puch, das verfeuern jetzt andere. Und die Männer, die jetzt auch schon aus dem Krieg zurück waren, die waren arbeitslos und haben nichts zu tun gehabt. Da ist man halt so rumgesessen.

Mit dem Zusammenbruch Deutschlands am Ende des Zweiten Weltkriegs brach auch die Welt des Franz Bovier zusammen: kein Endsieg, sondern totale Niederlage; am Ende des Krieges keine triumphierende Rückkehr in die Heimat, stattdessen Vorgabe falscher Identität, um einer Inhaftierung als Waffen-SS-Angehöriger zu entgehen und unbehelligt zur Familie nach Bergheim in Österreich zu gelangen, die eigene Werkstatt unwiederbringlich verloren. Die flüchtende Ehefrau hatte zwar die Impfpässe der Schweine, nicht aber den Meisterbrief ihres Ehemannes mitgenommen. Was hätte er dem auch genützt? Er musste einen Weg finden, Geld zu verdienen, um die Familie zu ernähren.

Von Mai bis Oktober 1945 zunächst erfolglose Arbeitssuche in Österreich, im November 45 endlich eine Anstellung als Klempner in der Firma »Stanko und Sohn« in Salzburg. Da stand er, der Meister, vor Maschinen, mit denen er nicht umgehen konnte. Er kannte nur den guten, altbewährten Handbetrieb aus den Werkstätten seiner Meister, und in eben dem altbewährten Handbetrieb wurde in seiner eigenen Werkstatt auch gearbeitet. Ratlos wie ein Lehrling versuchte er sich an der neumodischen Drehbank, dem Schleifbock, dem Autogenschweißgerät. Viele der auszuführenden Arbeiten kannte er nicht. Es gab keine Wasserleitungen in Brestowatz, für die Brunnen brauchte man keine Rohre. Was sollte die

Firma Stanko mit einem solchen Mitarbeiter anfangen? Im Januar 1946 wurde er entlassen, war wieder arbeitslos. Im Juni 1946 schließlich die Einstellung als Hilfsarbeiter bei den Österreichischen Stickstoffwerken in Linz an der Donau. Er bekam dort auch eine Wohnung, so dass die Familie nachkommen konnte.

Nach mehr als anderthalb Jahren eine eigene Wohnung, auf dem eigenen Herd selbst gekochtes Essen, Mauerwerk als Wände, für Franz Bovier eine Arbeitsstelle. Ein echter Fortschritt! Der Grundstein für den Aufbau einer neuen Existenz war gelegt, hätte gelegt sein können. Doch ihre Träger konnten sich nicht auf die Zukunft einlassen, die sich ihnen in Österreich eröffnete.

Bereits im August kündigte er bei den Stickstoffwerken, weil die Übersiedlung nach Deutschland bevorstand.

Die Anfänge

Ödes Land

Mit ihren Siegen über die Türken in der zweiten Hälfte des 17. Jahrhunderts hatten die Habsburger die ungarischen Teile ihres Staatsgebietes zurückerobern können. Im Frieden von Karlowitz (1699), der die Türkenkriege beendete, fielen weite Teile des Pannonischen Tieflands, darunter auch die Batschka, an den Wiener Hof und wurden bis zum Österreich-Ungarischen Ausgleich (1867) von Wien aus verwaltet. Danach werden die Paulis, die Wernys und all die anderen zu ungarischen Bürgern, die sich hartnäckig weigern, Ungarisch zu sprechen, und sich allen Bemühungen der Regierung, sie zu Magyaren zu machen, standhaft widersetzen.

Diese Gebiete waren nach dem Rückzug der Türken weitgehend verwüstet und entvölkert. Die Batschka bot ein trostloses Bild: Zwei Drittel der Ortschaften waren völlig, der Rest teilweise zerstört. Auf einer Fläche von einem Quadratkilometer lebten gerade noch ein bis zwei Menschen. Ödland, Gestrüpp, Sümpfe prägten die Landschaft. Weite Teile des Landes waren herrenlos, da viele Familien ausgestorben waren, andere ihren Rechtsanspruch nicht nachweisen konnten. Dieses herrenlose Land ging in den Besitz des habsburgischen Hofes über.

Der Herrschaftsbereich und der Besitz der Habsburger hatten sich dadurch erheblich ausgeweitet. Aber was nutzte dieses weitgehend menschenleere und unbewirtschaftete Land seinem Besitzer, wenn daraus kein wirtschaftlicher Gewinn zu ziehen war? Ein solcher Missstand ließ sich mit dem merkantilistischen Denken der aufgeklärten absolutistischen Herrscher am Hof in Wien nicht vereinbaren. Ihr Bestreben war es, die wirtschaftliche und politische Macht ihres Staates einerseits und den Wohlstand seiner Bewohner andererseits durch restlose Ausnutzung des verfügbaren Bodens zu stärken. Voraussetzung dafür war eine große Zahl an Untertanen, die das gesamte Land bewirtschafteten, möglichst hohe Erträge erzielten und so zu guten Steuerzahlern werden konnten. Ziel des Wiener Hofes war es daher, Bauern in diesem Landesteil anzusiedeln, die Pionierarbeit leisten und das verwüstete Land urbar machen sollten.

Der erste Versuch, dieses Ziel zu erreichen, führte nicht zu dem gewünschten Erfolg. Die Menschen, die die Habsburger zunächst aus Süd-Serbien und anderen angrenzenden Gebieten herbeiholten und nach der historischen Region Rascien (heute Raška) als Raitzen bezeichneten, hatten wenig Interesse daran, das

Land urbar zu machen und den Boden optimal auszunutzen. Sie waren extensive Viehzüchter und ließen ihre Herden auf dem brachliegenden Land weiden, Ackerbau diente ihnen lediglich zur Selbstversorgung. Der Wunsch des Kaisers, die Produktivität der Landwirtschaft in diesen Gebieten zu steigern und so die Steuereinnahmen zu vermehren, erfüllte sich nicht.

Wollte das österreichische Kaiserhaus diese Ziele in seinen neu erlangten Gebieten erreichen, so musste es fleißige Bauern, die den Boden gründlich bearbeiteten, und zudem geschickte Handwerker dort ansiedeln. Eigene Untertanen umzusiedeln, kam nicht in Betracht, denn das hätte zu einer Verringerung der Bevölkerung im alten Staatsgebiet geführt und dort die Wirtschaftskraft geschwächt. Das lag nicht im Interesse der Herrscher. Um mehr Land zu bewirtschaften, wurden auch mehr Menschen gebraucht, und die suchte man im 18. Jahrhundert außerhalb der eigenen Landesgrenzen.

Scharfen Auges hatte Joseph II. auf einer Reise nach Frankreich (1777) erkannt, welch vielversprechendes Potential an tüchtigen und fortschrittlichen Bauern besonders in der Pfalz schlummerte, die seine öden Landesteile im fernen Ungarn in fruchtbare Ackerscholle verwandeln könnten – zu ihrem eigenen und vor allem zu seinem Wohl. Für die damalige Zeit fortschrittlich, hatten sie sich von der Drei-Felder-Wirtschaft abgekehrt und setzten Dünger statt Brache ein, bauten Klee an als Grundlage der Stallfütterung im Winter, ganz anders als seine Bauern im Banat, die er 1773 besucht hatte. So kam es, dass der Monarch verstärkt Boten ins Rheinland schickte, um Siedler für Ungarn zu werben.

Die Ersten

Kollektives Gedächtnis, über Generationen hinweg weitergegebene Erinnerung, ist genauso lücken- und fehlerhaft wie das individuelle. Es filtert heraus, was gespeichert und weitergegeben werden soll, wandelt das Erinnerte ab, adaptiert und adoptiert Gehörtes. Von Generation zu Generation schrumpft die Menge des noch Gewussten nicht linear, wohl eher sprunghaft, wenn die letzten Zeitzeugen sterben. Was durch die mündliche Überlieferung in unserer heutigen Familie angekommen ist, ist ein vereinfachtes, auf Vereinheitlichung beruhendes Muster der Ansiedlungsgeschichte unserer Ahnen. Die Wirklichkeit war erheblich komplexer. Das Nachforschen in den Ansiedlerlisten, deren Originale im Archiv der Wiener Hofkammer liegen, das Durchsuchen der Ortssippenbücher von Brestowatz und Filipowa, das Sichten von alten Familiendokumenten liefert ein viel bunteres Bild.

Die ersten meiner Vorfahren, die ihre alte Heimat verlassen, sind die Wernys. Im Jahr 1763 bricht der dreiundvierzigjährige Landwirt Josef Werny mit dem Spitznamen Winkelbauer gemeinsam mit seiner Frau Christine in Liptingen in Baden-Württemberg auf, um in der Fremde bessere Lebensbedingungen zu suchen. Mit ihnen reisen fünf ihrer sieben lebenden Kinder. Die älteste Tochter, sechzehn Jahre alt, und die jüngste, drei Jahre alt, bleiben in der Heimat zurück. Vielleicht war die Ältere der beiden auch bereits verlobt und die kleine Schwester konnte ihrer Obhut anvertraut werden. Doch das bleibt, wie vieles, Spekulation, die Quellen geben darüber keine Auskunft. Dagegen ist verbürgt, dass drei Kinder dieses Ehepaares zum Zeitpunkt der Auswanderung bereits auf dem Friedhof in Liptingen begraben waren.

Im Oktober 1763 treffen die Wernys in ihrer neuen Heimat ein. Rund zwanzig Jahre früher – anders als es die mündliche Überlieferung besagt –, und es geschieht nicht in Brestowatz, sondern im Nachbarort Filipowa, angeworben wurden sie auch nicht von Joseph II., sondern bereits von seiner Mutter Maria Theresia. Zahlreiche Taufscheine und Heiratsurkunden meiner Vorfahren, die zwischen 1792 und 1864 geboren wurden und in diesem Zeitraum auch geheiratet haben, verweisen auf Filipowa. Die erhaltenen Urkunden waren 1943 von den Pfarrämtern auf der Grundlage der Eintragungen in Kirchenbücher in Brestowatz und Filipowa ausgestellt worden. 1942 und 1943 muss der Ansturm auf die Kirchenämter gewaltig gewesen sein. Schließlich brauchte man den Nachweis arischer Abstammung, um sich zur Waffen-SS melden zu können. Je arischer, desto besser! Die Ahnen möglichst weit zurückzuverfolgen, war daher genau wie im Deutschen Reich die Devise.

Nur ein kleiner Teil der Vorfahren der Brestowatzer ist tatsächlich um 1786 auch in Brestowatz angesiedelt worden. Bei meinen Vorfahren sind es gerade einmal sechs von vierundsechzig Familien der Einwanderergeneration. Die Mehrheit trifft bereits, wie die Wernys, gut zwanzig Jahre früher in der Batschka ein. Sie werden in dem Nachbarort Filipowa, acht Kilometer von dem damals rein serbischen Dorf Brestowatz entfernt, angesiedelt. Filipowa dagegen ist ein rein deutsches Dorf. Als die ersten Siedler eintreffen, stehen dort sieben Häuser und ein Kloster, ein herrenloses Gut, das von der Hofkammer in Wien verwaltet wird.

Diese Siedler kamen vor allem aus Südwestdeutschland und Lothringen, den ehemaligen Territorialgebieten der Habsburger, den sogenannten Erblanden. Weitere Ansiedler aus Böhmen und Mähren folgten, darunter viele entlassene Soldaten und Invaliden, die nach dem Siebenjährigen Krieg (1756–1763) von den Habsburger Herrschern untergebracht werden mussten. Unter den Ansiedlern überwog die Zahl der Männer deutlich, Frauen waren Mangelware.

Zu denjenigen Ahnen, die zunächst in Filipowa eine neue Heimat gefunden haben, gehören auch die Eschbachs (väterliche Linie). 1765, zwei Jahre nach den Wernys, treffen vier Kinder mit dem Familiennamen Eschbach dort ein. Zu dem Zeitpunkt gab es in dem Kolonistendorf bereits über sechzig Häuser. Das älteste der Eschbachkinder, Anna Katharina, ist vierzehn Jahre, das jüngste, Matthias, erst wenige Monate alt. Sie sind zusammen mit ihrer Mutter Anna Maria und ihrem Stiefvater Andreas Pfaff aus Hecklingen in Baden-Württemberg eingewandert. Die Mutter hatte ihren zweiten Mann erst im Juni des gleichen Jahres geheiratet, nicht einmal fünf Monate nach dem Tod ihres ersten Mannes Franz Josef Eschbach, der im Alter von sechsunddreißig Jahren in Hecklingen verstorben war. Das jüngste der vier gemeinsamen Kinder war drei Wochen vor dem Tod seines Vaters zur Welt gekommen. Die Verzweiflung der jungen Witwe mit ihren vier kleinen Kindern muss groß gewesen sein, zumal auch die wirtschaftliche Situation der Familie wie in dem gesamten Aussiedlerraum schlecht gewesen sein dürfte. Das obligatorische Trauerjahr konnte sich diese Witwe nicht leisten. Sie musste sehen, wie sie sich und ihre Kinder ernähren konnte. Und für den auswanderungswilligen Andreas Pfaff war die schnelle Verbindung mit der Witwe die Chance, als verheirateter Mann in der neuen Heimat anzukommen, denn, das wussten mit großer Wahrscheinlichkeit auch die Auswanderer, die Zahl der heiratswilligen Männer in den neuen Gebieten war erheblich höher als die der Frauen im heiratsfähigen Alter. Das führte dazu, dass die Siedlertöchter und die Frauen der folgenden Generationen immer früher heirateten, nicht selten bereits mit sechzehn Jahren. Die Heirat mit der Eschbach-Witwe ermöglichte es Andreas Pfaff, sein neues Leben mit einer reifen Frau an seiner Seite zu beginnen, die zudem die gleiche Sprache sprach und gleiche Erfahrungen hatte. Dafür nahm er ihre vier Kinder in Kauf.

Das jüngste der Kinder, Matthias Eschbach, heiratet 1785, im Alter von zwanzig Jahren, in Filipowa Anna Maria Gräff. Sie wurde 1766 in Asca in Ungarn geboren. Ihre Eltern gehören zu jenen Auswanderern, die sich bereits vor der Auswanderungswelle in die Batschka von ungarischen Adligen anwerben ließen, allen voran von den Esterhazys. Vielen dieser Siedler gefiel es unter der Herrschaft der Esterhazys nicht. Untertan des Habsburger Kaisers zu sein, schien ihnen eine erfolgreichere Zukunft zu verheißen, so dass sie ein zweites Mal aufbrachen. Zu diesen Umsiedlern gehört auch die Familie Gräff.

Anna Maria Eschbach geborene Gräff bringt in Filipowa dreizehn Kinder zur Welt, acht von ihnen sterben nur wenige Tage nach der Geburt oder doch noch im Säuglingsalter. 1812 tauchen die Eschbachs zum ersten Mal in den Brestowatzer Kirchenbüchern auf. Die Familie Matthias Eschbach muss mit ihren Kindern zuvor von Filipowa nach Brestowatz umgezogen sein. Der erste Eintrag im dortigen Matrikel ist die Hochzeit des ältesten Sohnes, der wie der Vater Matthias heißt, mit Anna Malma. Es folgt der Vermerk der Taufe ihres ersten Kindes, Johann.

1828 stirbt der als Kind nach Brestowatz gekommene Vater und Großvater, der Bauer Matthias Eschbach. Er hinterlässt seiner Witwe siebzehn Joch Ackerland und etwa ebenso viele Joch Wiesen. Es ist die einzige konkrete Angabe über den Landbesitz eines meiner eingewanderten Vorfahren, auf den ich in den Quellen gestoßen bin.

Die Eschbachs besaßen somit rund sechzehn Hektar Land, jeweils zur Hälfte Ackerland und Wiesen. Es entspricht genau dem, was achtzig Prozent der eingewanderten Bauern übereignet worden ist. Das ist aus heutiger Sicht nicht viel. Doch das Land musste ohne Zuhilfenahme von Maschinen von den Mitgliedern der jeweiligen Familie bearbeitet werden. Das setzte Grenzen.

In der verlassenen Heimat mussten sie auf ihren Feldern überwiegend steinige Böden bearbeiten, häufig in Hanglagen der Mittelgebirge. Durch die ständige Nutzung waren die Nährstoffe verbraucht. Die seit Jahrhunderten praktizierte Dreifelderwirtschaft reichte nicht mehr zur Regeneration der Böden aus, Düngung war noch weitgehend unbekannt. Infolge der Realteilung in ihren Heimatländern war das Land, das die einzelnen Bauern dort besaßen, so zusammengeschrumpft, dass die meist kinderreichen Familien kaum noch ernährt werden konnten. Missernten, Teuerungswellen sowie Belastungen durch Kriege, durchziehende Truppen und Einquartierungen verschärften die Not der Menschen. Viele Bauern sahen daher in der Auswanderung eine Chance, bessere Lebensbedingungen zu finden. War der Landbesitz, den sie in der neuen Heimat zugewiesen bekamen, auch nicht besonders groß, so war das lehmige Schwemmland, das sie hier antrafen, nährstoffreich und äußerst fruchtbar. Die Erträge, die sie erzielten, waren hoch und konnten die Familie gut ernähren.

Mit meinem Urgroßvater Franz Eschbach, dem Urenkel des ersten Eschbachs, der in Brestowatz heiratete, enden die Eintragungen im Ortssippenbuch von Brestowatz. Er ist der letzte Familienvater, der diesen Namen trägt. Er übte den Beruf eines Goldschmieds aus. Anscheinend haben es die Eschbachs, anders als die Paulis und Wernys, versäumt, darauf zu achten, dass der durch die Erbteilung erfolgte Schrumpfungsprozess des Landes durch die richtige Heirat wieder ausgeglichen wird. Seine Frau Barbara, geborene Milla, stirbt im Alter von dreißig Jahren an Diphtherie. Selbst im Hause eines Stiefvaters aufgewachsen, machte sich Franz Eschbach nach ihrem Tod Sorgen um seine vier kleinen Kinder. Das älteste war gerade einmal neun, das jüngste anderthalb Jahre alt. Eine Stiefmutter würde sich kaum vermeiden lassen. »Mit der immer wiederkehrende Frage: ›Was wird aus meinen armen Kindern?‹ ist er durch die Felder gegangen«, so ist es überliefert worden. Drei Monate später, im Februar 1901, sollte auch er Opfer der Diphtheriewelle werden. Zurück bleiben vier Waisenkinder, die von verschiedenen Verwandten aufgenommen werden. Der einzige männliche Nachkomme verlässt als junger Mann Brestowatz.

An der großen Feier zur Ansiedlung der Brestowatzer Einwanderer vor einhundertfünfzig Jahren wird keiner mehr teilnehmen, der noch Eschbach heißt, sondern nur drei Frauen, die einst unter diesem Namen geboren worden sind. Sie feiern, so wie meine Großmutter, in der Überzeugung, dass alle ihre Vorfahren einst direkt und ohne Zwischenstation nach Brestowatz eingewandert waren.

Aufbruchstimmung

Egal, woher die Brestowatzer Ansiedler kamen, ob aus Baden-Württemberg oder der Pfalz, aus dem Elsass oder aus Lothringen, aus Böhmen, aus Mähren oder aus Hessen, egal, ob sie bereits 1784 oder erst in den beiden folgenden Jahren eingetroffen sind, die Geschichte ihrer Auswanderung ist gleich.

Johann Eimann hat als einziger Kolonist seine Erinnerungen niedergeschrieben. Da die Ansiedlung von Seiten der Wiener Hofkammer streng geregelt war und in allen Orten nach dem gleichen Muster verlief, kann man davon ausgehen, dass die Ansiedlung in Brestowatz ganz ähnlich verlaufen ist, wie Eimann sie für seinen Heimatort Siwatz beschreibt.

Sie begann mit den Flugblättern, die der österreichische Kaiser Joseph II., der Sohn Maria Theresias, verteilen ließ, um Siedler für die ungarischen Teile seines Staatsgebietes anzuwerben.

Das Angebot des Monarchen war so verlockend, dass ein regelrechtes Auswanderungsfieber ausbrach. Mit der Ansiedlung sollten die Kolonisten zu freien, unmittelbaren kaiserlich-königlichen Untertanen und damit zu den ersten persönlich freien Bauern Mitteleuropas werden. Für die Reise und den Start in der neuen Heimat wurde ihnen vielfache Unterstützung zugesagt.

Viele Menschen in Südwestdeutschland, dem angrenzenden Lothringen und Elsass folgten dem Aufruf trotz der Auswanderungsverbote einiger Landesfürsten. Für sie waren die Lebensbedingungen in ihrer Heimat so schlecht geworden, dass sie keine Perspektiven für die Zukunft mehr sahen. Zur materiellen Not kam die Unzufriedenheit mit den politischen Verhältnissen hinzu. Sie verkauften ihr Hab und Gut und brachten den Erlös mit in ihre neue Heimat.

Das Angebot an Auswanderungszielen war groß. Nicht nur Ungarn, auch Russland, Preußen, Spanien wetteiferten um die Gunst der Auswanderungswilligen. In den ehemaligen österreichischen Machtbereichen in Südwestdeutschland, dem westlichen Frankreich und Luxemburg hatten die Habsburger die besten Chancen. Das Vertrauen in die ehemaligen Herrscher war so groß, dass sich viele dazu entschlossen, dem Aufruf der Werber aus Wien zu folgen und nach Ungarn auszuwandern, obwohl dieses Gebiet wegen der »Pannonischen Krankheit« (Sumpffieber) als gefährliches Auswanderungsland galt. Sie nahmen dies in der Hoffnung auf ein besseres Leben für sich und ihre Nachkommen in der neuen Heimat in Kauf.

Unter ihnen sind meine Vorfahren Bovier und Pauli. Um für die Ansiedlung angenommen zu werden, müssen sie einen Entlassungsschein, einen amtlichen Pass und ein von der Obrigkeit beglaubigtes Zeugnis vorlegen, das ihre bisherige gute Führung bestätigt und aus dem hervorgeht, dass sie Bauern sind oder einen anderen Beruf betrieben haben. Außerdem durften sie kein zu hohes Alter und keine Krankheiten haben. Nach 1783 wurden verstärkt vermögende Leute ausgewählt, die mindestens zweihundert Gulden bares Geld nachweisen konnten. Der große Andrang an Auswanderungswilligen und die knapp werdenden Bauernstellen ließen die Ansprüche des Hofes wachsen. Anders als zu Beginn der Ansiedlungen konnte man in Wien nun wählerisch sein. Daraus lässt sich schließen, dass beide Vorfahren, Johann Bovier und Jakob Pauli, sowie die anderen Vorfahren in den Seitenlinien, die in Brestowatz angesiedelt wurden, nicht ganz mittellos in ihrer neuen Heimat angekommen sind, zumindest muss der Erlös aus dem Verkauf ihrer Höfe, die sie zurückließen, einen Betrag in der erforderlichen Höhe erbracht haben. Welche Motive sie dazu bewogen haben, diesen Schritt zu tun, bleibt im Dunkeln. Die Lust am Abenteuer kann es nicht gewesen sein, denn beide hatten ein Kind von weniger als zehn Jahren dabei.

Die Brestowatzer Kolonisten von 1786 gehörten zu den letzten, denen Joseph II. eine neue Heimat gab. Für sie blieb er ihr unvergesslicher Kaiser, der die Ansiedlung gut begonnen hatte, so dass sie auch gut und rechtschaffen geworden ist, wie der Kolonist Johann Eimann aus Siwatz urteilt.

Der weite Weg über die Donau

Als ansiedlungswürdig befunden und im Besitz eines Reisepasses, begaben sich die Auswanderer mit den Habseligkeiten, die sie in die neue Heimat mitnehmen konnten, auf den Weg zu den Sammelpunkten an der Donau: Ulm, Donauwörth und Regensburg, wo sie Schiffe, die sogenannten Ulmer Schachteln, besteigen sollten, die mit der Strömung die Donau abwärts in die Fremde fuhren.

Für Johann Bovier und Jakob Pauli sowie für die Mehrzahl der Auswanderer lag Ulm am nächsten. Hier werden sie daher das Schiff bestiegen haben, das sie mit der Strömung hinab in ihre neue Heimat geführt hat. Diese Flussfahrt dürfte recht ungemütlich gewesen sein. Die »Ulmer Schachteln« waren einfache Holzboote von einer Länge zwischen zwanzig und dreißig Metern, die normalerweise zum Gütertransport verwendet wurden. Mit zahlreichen Menschen an Bord wurde es recht eng auf dem Deck. Vor dem Wetter schützen konnten sie sich nur in einem kleineren hausähnlichen Aufbau.

Ihre erste Station war Regensburg. Hier erhielten die Reisenden von einem kaiserlichen Gesandten neue Pässe, die sie beim Grenzübertritt nach Österreich in Engelhardtszell oder Schärding vorzeigen mussten und die sie als willkommene Einwanderer in die kaiserlichen Staaten auswies. Über Linz und Grein ging die Fahrt weiter bis Wien, wo sie sich bei der Ungarischen Hofkanzlei meldeten. Hier wurden sie der Ordnung halber, aber auch, um den »Diebstahl« von kaiserlichen Ansiedlern durch private Grundherrn in Ungarn zu verhindern, in Ansiedlerlisten eingetragen. In Wien bekamen sie auch das versprochene Reisegeld ausgezahlt. Erst in Ofen (heute Budapest) erfuhren sie, dass sie für die Batschka bestimmt waren und sich nach ihrer Ankunft im Ansiedlungsrentamt in Sombor melden mussten.

Diese Namen dürften den wenigsten der Ansiedler etwas gesagt haben. Sie waren an der Schwelle zu ihrer neuen Heimat angelangt – einer Welt, die so völlig anders war als die, aus der sie kamen. Bis Ofen war ihnen die Landschaft, durch die sie fuhren, noch weitgehend vertraut, erinnerte in vielem an das, was sie in ihrer alten Heimat umgeben hatte: Berge und Täler, weite Wälder, zwischen größeren Städten viele kleine Dörfer. Was sie hinter sich ließen, war eine kleinräumige, vielgestaltige und dicht besiedelte Welt. Was sie betraten, war eine weite großräumige, einförmige und wenig besiedelte Welt, die im Kontrast zur alten Heimat stand.

Das Schiff, das sie auf der Donau abwärts brachte, drang immer weiter in das schier unendliche Tiefland der Donau und Theiß vor. So weit das Auge reichte baumlose Steppe, die an den Horizont stieß. Kaum ein Dorf war zu sehen oder eine Stadt.

Mit welchen Gefühlen mögen die Ankömmlinge in Apatin, dem Landungs- und Durchgangsort für alle Siedler der Batschka, das Schiff verlassen haben? Und dabei waren sie immer noch nicht an ihrem Bestimmungsort angelangt, wussten noch nicht, wo sie endgültig bleiben sollten. Darüber entschied erst das Ansiedlungsrentamt in Sombor.

Zu Fuß oder mit einem Fuhrwerk, so wie sie in ihrer Heimat den ersten Teil der Wegstrecke zurückgelegt hatten, setzten sie den Weg nach Sombor fort. Dort wurden alle ankommenden Siedler registriert und nummeriert. Hier erfuhren sie auch endlich, welcher ihr neuer Heimatort werden sollte.

Rund zwei Wochen haben die Auswanderer für die Anreise in ihre neue Heimat gebraucht. Ihre Nachkommen sollten sechs Generationen später für den Rückweg bis Linz an der Donau drei Wochen brauchen.

Die Verteilung des Landes

Die ersten Siedler, die direkt für Brestowatz bestimmt waren, trafen schon im Jahr 1784 in der Batschka ein, weitere folgten im Verlauf des Jahres 1785, vor allem im September, Oktober und November. In den Wintermonaten ließ der Zustrom deutlich nach und setzte im Frühjahr 1786 verstärkt wieder ein. Die Mehrheit der Kolonisten kam im Juni und Juli 1786, die letzten im September dieses Jahres. Ende des Jahres 1787 erfolgte ein Einwanderungsstopp, die Ansiedlung neuer Kolonisten auf Staatskosten wurde eingestellt. Danach kam es nur noch zur Besetzung frei gewordener Bauernstellen.

Die Ackerflächen, die die deutschen Siedler übertragen bekamen, mussten die serbischen Bewohner von ihren Weidegründen abgeben. Bei der Verteilung unter die Ansiedler wurden von der Ansiedlungsbehörde Land für gemeinschaftliche Wiesen und Weiden (Hutweide), Äcker für den Pfarrer, den Schulmeister und die Handwerker zurückbehalten. Die Fläche und damit die Hofgröße, die eine Bauernfamilie erhielt, richtete sich nach der Zahl ihrer Mitglieder. Die Mehrheit der Bauern bekam eine halbe Session Ackerland. Da die Böden fruchtbar waren, reichte diese Größe aus, um die Familien zu ernähren. Siedler, die ein Startkapital aus der alten Heimat mitgebracht hatten, konnten weiteres Land dazukaufen.

Auf diese Weise bildete sich schon zu Beginn eine unterschiedliche Besitzverteilung heraus, die in der Folgezeit immer deutlicher zu Tage trat. Das zunächst herrschende Anerbenrecht, das dem ältesten Sohn den Hof als Erbe sicherte, hielt zwar den Besitz zusammen, führte aber dazu, dass ein Teil der Kinder landlos wurde, wenn es ihnen nicht gelang, in einem anderen Hof einzuheiraten. Im 19. Jahrhundert setzte sich mehr und mehr das Prinzip »gleiche Brüder, gleiche Kappen« durch. Nach dem Tod des Bauern wurde das Land unter den Kindern aufgeteilt. Dies führte zur Zersplitterung des Grundbesitzes sowie verstreuter Lage der Felder innerhalb der Gemarkung und verstärkte den Druck, den durch Teilung weggefallenen Grundbesitz durch geschickte Partnerwahl wieder auszugleichen. Etliche Familien verstanden es, dadurch und durch erfolgreiches Wirtschaften ihren Landbesitz auszuweiten. Die Paulis und Wernys sollten es dabei zu echter Meisterschaft bringen, während die Eschbachs und Boviers scheitern werden.

»Die reichen Bauern«, so meine Mutter,

> die konnten ja ihren Hals nicht vollkriegen, die haben doch alles Land zusammengekauft. Was ist denn den armen Bauern anderes übrig geblieben, als Land zu verkaufen, wenn sie krank geworden sind und Geld gebraucht haben für den Doktor! Manche sind ihr Land auch losgeworden, weil sie getrunken oder gespielt haben. Aber nicht nur von den Deutschen haben sie das Land abgekauft, auch von den Serben, sogar in anderen Dörfern haben die Grund gekauft. Die waren doch richtig landhungrig. Wir haben auch nur ein bisschen Land gehabt, aber wir haben ja nicht davon leben müssen. Wir haben es halt bearbeiten lassen.

Beides, sowohl das Anerbenrecht als auch die Realteilung, führten im Laufe der Zeit zu einem ständig wachsenden Anteil an Tagelöhnern und landlosen Landarbeitern. Schließlich teilten sich rund fünfzig Prozent der Bevölkerung weniger als sieben Prozent des Bodens. Zu Beginn des zwanzigsten Jahrhunderts wurde eine Flurbereinigung durchgeführt. In der Nähe des Dorfes wurde ein gemeinsames Weidegebiet der Bauern, die *Hutwoad*, ausgewiesen. Auch einzelne Kuhbesitzer konnten ihre Kuh gegen eine Gebühr tagsüber in die Obhut von Hirten geben. Die Kleinbauern erhielten ihre Felder in unmittelbarer Dorfnähe, der Grundbesitz der Großbauern lag vom Dorf entfernt. Um effektiver wirtschaften zu können, errichteten sie darauf sogenannte *Sallasche*, die von landlosen Bauernfamilien bewohnt und bearbeitet wurden. Diese arbeiteten selbstständig und erhielten für ihre Arbeit einen Teil der Ernte. »Die Sallasche«, so höre ich erzählen,

> lagen weit draußen, da sind die Kinder, die dort gelebt haben, oft nicht in die Schule gegangen. Im Sommer haben sie auf dem Feld helfen müssen, und im Winter war es

oft bitterkalt, da hätten sie sich doch die Zehen abgefroren bei dem weiten Weg und dem schlechten Schuhwerk.

1944, in dem Jahr der Flucht, werden in Brestowatz 1323 deutsche Familien mit 4436 Personen leben. Davon sind 22,9 Prozent Bauern, 19,5 Handwerker, 46,25 Tagelöhner oder Arbeiter in den Hanffabriken und Ziegeleien. Der Anteil der Großbauern innerhalb der Bauernschaft mit mehr als 100 Joch wird nur 14,88 Prozent betragen, 21,89 Prozent werden zu den Kleinbauern zählen, die zwischen 5 und 10 Joch (etwa 3 bis 6 ha) Land besitzen. Da Betriebsgrößen unter 5 Joch trotz der Bodengüte nicht ausreichen, um eine Familie zu ernähren, müssen sie Land dazupachten.

Die landwirtschaftlichen Flächen, die die Hofkammer einst so großzügig an die Neuankömmlinge verteilte, hatten die Serben von ihrem Weideland abgeben müssen. Darüber hinaus mussten sie einen Teil davon schon mit Winter- und Sommergetreide bestellen, damit die neuen Siedler bereits im ersten Jahr der Ansiedlung ernten konnten. Auch wenn sie das Saatgut von der ersten Ernte zurückbekamen, konnte es wohl kaum ausbleiben, dass ihnen die neuen Siedler als die Günstlinge des österreichischen Kaiserhauses erscheinen mussten, auf die sie neidisch blickten und denen sie mit wenig Wohlwollen begegneten. Und die fleißigen, technisch fortschrittlichen Bauern und Handwerker aus dem Westen Europas wiederum haben wohl wenig Verständnis aufbringen können für ihre serbischen Nachbarn. Wie lange mag es gedauert haben, bis sie anfingen, herablassend auf die Raitzen herunterzusehen? In ihren Augen erschienen diese mit ihrer Viehwirtschaft primitiv und arbeitsscheu. Diese Sichtweise prägte das Selbstbewusstsein der deutschstämmigen Bevölkerung grundlegend und dauerhaft.

Die Ankunft der Siedler

Da die ankommenden Einwanderer bis zum Bau ihrer Häuser untergebracht werden mussten, wurden sie zunächst in den schon bestehenden deutschen Nachbarorten einquartiert. Die künftigen Brestowatzer fanden vor allem in Filipowa Unterkunft, dem acht Kilometer entfernten Nachbarort. Als die Brestowatzer Siedler eintrafen, lebten dort bereits über tausend deutschsprachige Menschen, die seit über zwanzig Jahren Erfahrungen in der neuen Heimat gesammelt hatten und daher den Neuankömmlingen beratend zur Seite stehen konnten.

Der erste nachweisliche urkundliche Beleg einer Siedlung Brestowatz-Major stammt aus der Mitte des 16. Jahrhunderts und verdankt seine Existenz den Steuerzahlungen der Bewohner an das Erzbistum. Vorübergehend war der Ort in der ersten Hälfte des 18. Jahrhunderts in die Militärgrenze gegen die Türken einbezogen und überwiegend von Soldaten bewohnt. 1741 wurde das Militär abgezogen und eine bürgerliche Verwaltung eingesetzt. Fünf Jahre später wurden Serben aus dem Süden hier angesiedelt, an die die kaiserliche Hofkammer Land verpachtet oder auch verkauft hatte, um das entvölkerte Land wieder zu kultivieren. Bereits 1751 bauten die serbischen Bewohner eine griechisch-orthodoxe Kirche.

In diesem kleinen Dorf trafen 1786 die deutschen Siedler ein. Zunächst waren die Serben mit rund siebenhundert Einwohnern deutlich in der Mehrheit. Obwohl die Sterblichkeit unter den Kolonisten sehr hoch war – im ersten Jahr hatten die rund hundert Familien einhundertdreißig Tote zu beklagen –, holten die Brestowatzer den Rückstand schon bald ein. Kinderreiche Familien sowie der Zuzug aus Filipowa sorgten dafür, dass es 1820 etwa gleich viele serbische und deutsche Einwohner gab. In den folgenden Jahrzehnten gerieten die Serben immer stärker in die Minderheit. 1941 standen den rund viertausend deutschen nur noch etwas mehr als achthundert serbische Bewohner gegenüber.

Wie viele Ansiedler unter Joseph II. in den Ort kamen, geht aus den Quellen nur unklar hervor. Nach amtlichen Angaben wurden hundert Häuser für die neuen Siedler gebaut, so dass man von etwa vierhundert Personen ausgehen kann. Im Unterschied zu dem serbischen Ortsteil hatte das Straßennetz in dem neuen Ortsteil einen schachbrettartigen Grundriss mit drei Längs- und vier kürzeren Querachsen, in der Mitte lag der Kirchplatz.

Alle Ansiedler waren Katholiken. Der Anteil der Franzosen muss sehr hoch gewesen sein, denn es wurden jeweils ein zweisprachiger Pfarrer und Lehrer angestellt, damit sowohl in deutscher als auch in französischer Sprache unterrichtet beziehungsweise die Messe zelebriert werden konnte. Der hohe Anteil der Franzosen spricht dafür, dass viele der Brestowatzer Siedler tatsächlich aus dem Elsass und aus Lothringen stammten und sowohl deutschstämmige als auch französische Menschen von dort kamen.

Die Landwirtschaft der Ansiedler kam in den ersten Jahren nicht richtig in Schwung. Die Widrigkeiten der Natur und die Wirtschaftsweise der Altsiedler setzten ihnen zu. Beides bedrohte ihre Äcker und damit ihre Existenzgrundlage.

Während die Häuser der neuen Bewohner von denen der alten separiert waren, lagen ihre Felder verstreut zwischen dem Land der Serben und bildeten keine zusammenhängende Fläche in der Gemarkung. Diese Gemengelage serbischer und deutsch-französischer Felder führte unweigerlich zu Konflikten. Aus der Sicht der Siedler zertrampelte das frei herumlaufende serbische Vieh die ausgebrachten Saaten, fraß das Gemüse, den zur Winterfütterung angebauten Klee, weidete die deutsch-französischen Wiesen ab. Die Tiere der deutschen Bauern waren Arbeitstiere und kamen nur nachts auf die Weide. Aber dann war alles abgefressen und sie mussten sich mit den Überbleibseln zufriedengeben. Die serbischen Schweine und Schafe, so sahen es – laut Eimann – die Siedler, zogen durch die Gassen und fraßen das grüne Gras ab, das für die jungen Kälbchen und das Geflügel bestimmt war. Die serbischen Nachbarn schließlich bedienten sich großzügig an den Feldfrüchten der Neusiedler und ihrem Gemüse. Erst die Separation der Felder innerhalb der Gemarkung beschwichtigte den Streit der Nationen.

Die zweite Gefahr lauerte im Untergrund. Das Grundwasser war heimtückisch angestiegen und gefährdete noch im Jahr der Ankunft die neu errichtete Siedlung. Dörfer, Felder und Wiesen wurden überflutet. Die Felder vernässten, die Wiesen versumpften und die Brunnen wurden verunreinigt. Selbst die Luft wurde verpestet. In Gemeinschaftsarbeit versuchte man zunächst durch das Ausheben eines schrittbreiten Entwässerungsgrabens, das Wasser in ein Morastgebiet, einen Altarm der Donau, abzuleiten. Doch diese Maßnahmen reichten nicht aus, die Bedrohung durch das Grundwasser abzuwenden. Erst der Bau von zwei breiteren weitläufigen Entwässerungskanälen, den Vorläufern des Franz-Josephs-Kanals und des Franzenkanals, brachte den ersehnten Erfolg und machte den Weg frei für ein blühendes Land, von dem die Ansiedler geträumt hatten.

Voraussetzung für die Bewältigung der Startschwierigkeiten in der neuen Heimat war das unbedingte Zusammenhalten innerhalb der Gruppe. Alle, die eintrafen, hatten ihre alten Sozialstrukturen hinter sich gelassen und waren auf gemeinschaftliches Handeln, gegenseitige Unterstützung und Hilfe angewiesen. Gemeinsame Aufgaben und Ziele schweißten diese zufällig aufeinandergetroffenen Menschen eng zusammen und bildeten die Grundlage für ein starkes Zusammengehörigkeitsgefühl innerhalb der Gruppe der Deutschen. Durch dieses Wir-Gefühl grenzten sie sich zugleich von den serbischen Mitbewohnern ab und konnten sich auf diese Weise ethnisch behaupten.

Solidarität entwickelte sich so zum existenziellen Lebensprinzip der Siedler, das sie nachhaltig an die folgenden Generationen weitergegeben haben.

Die Boviers und die Paulis

Der Bauer Johann Bovier aus Dannelburg in Lothringen gehört zu denjenigen, die bereits in dem Jahr vor der Gründung des deutschen Kolonistendorfes in Brestowatz eintreffen. Er muss mit seinem knapp zehn Jahre alten Sohn den Winter in Filipowa verbringen. Vermutlich gehörte seine Frau zu den zahlreichen Toten des ersten Jahres nach der Ansiedlung. Die Sterbeliste dieses Jahres verzeichnet am 8. Februar den Tod einer Margareta Bovier.

In den kleinen Siedlerhäusern in Filipowa dürfte es in jener Zeit recht eng geworden sein. Das Zusammenleben von Altsiedlern und Neuansiedlern soll auch nicht immer konfliktfrei verlaufen sein. Dass es auch anders geht, stellt Johann Bovier unter Beweis. Er heiratet im Mai 1787 die verwitwete Maria Josefa Michel, die in Filipowa lebt, wo auch die Hochzeit gefeiert wird. Danach lebt das Paar gemeinsam in Brestowatz. Offenbar beherrscht der Französisch sprechende Lothringer nach dem ersten Jahr, das er unter deutschsprachigen Nachbarn verbracht hat, die deutsche Sprache gut genug, um eine deutschsprachige Frau zu heiraten. Sein Sohn wählt ebenfalls keine Frau aus den Reihen der Franzosen, sondern eine deutsche. Er heiratet im Februar 1800 Katharina Wegmann, die als Kind nach Brestowatz eingewandert ist. Die Germanisierung der Boviers nimmt ihren Lauf.

Fiel diesem Prozess auch die französische Schreibweise des Namens zum Opfer? Ich befrage die Ortssippenbücher. Sie weisen unterschiedliche Varianten aus: Bouvier, Bouwier, Bowier und Bovier. In der jüngsten Vergangenheit stehen nur noch die Varianten Bowier und Bovier nebeneinander, wobei die Schreibweisen auch innerhalb der Familien unterschiedlich gehandhabt werden. Einheitlich war ausschließlich die Aussprache: *Bowwjär.*

Ich ziehe die Ansiedlerlisten der Wiener Hofkammer zu Rate. Keine der Modifikationen finde ich darin wieder. Der einzige Name, der lautlich ähnlich klingt, ist am 20. 10. 1785 eingetragen: Johann Bauve. Diese Abwandlungen des ursprünglichen Namens können nicht nur daran liegen, dass er französischer Herkunft ist. Auch bei Namen, die im deutschen Raum beheimatet waren, gibt es verschiedene Versionen. Neben Werny taucht Werni, Werne, Verny und Wurni auf. Pauli steht im Wechsel mit Pauly. Neben Krebs kommt Krepsz, neben Eschbach Espach vor. Ein Wust von Namen. Wie die Einwanderer selbst einst ihren mitgebrachten Namen geschrieben haben, lässt sich kaum noch ermitteln. Fehlerquellen gab es viele. Schon im Zuge der Einwanderung können sich Hör-, Schreib- und Lesefehler eingeschlichen haben. Das Gleiche gilt für die handschriftlich geführten Kirchenbücher. Ich entscheide mich im Folgenden für die letzten Fassungen, auf die ich gestoßen bin, gelegentlich auch für die umgangssprachliche Form.

Jakob Pauli (mütterliche Linie), ebenfalls ein Bauer aus Lothringen und vermutlich wie der Johann Bovier Französisch sprechend, hat den Winter noch in der alten Heimat verbracht und erst im Frühjahr ein Schiff bestiegen, das ihn mit seiner Frau Franziska und seinem knapp neunjährigen Sohn, der wie der Vater Jakob heißt, die Donau abwärts nach Apatin bringt. Am 10. Mai 1786 kommen die drei in Brestowatz an, wo bereits viele Deutsche und Franzosen auf die Gründung ihres Dorfes warten. Der Sohn wird sich ebenfalls nicht unter den französischen Siedlern nach einer Frau umsehen. Er heiratet 1799 Anna-Maria Helfert, eine Deutsche.

Diese beiden Vorfahren machten es anders als viele meiner anderen Vorfahren in den Seitenlinien. Sie blieben mit Vorliebe ihrer alten Heimat treu, Landsleute heirateten untereinander, da wusste man, an wen man gerät. So heiratet ein Sendelbach aus Niedernberg in Hessen Katharina Stumm aus Biblis in Hessen. Matthias Werny aus Liptingen heiratet Agatha Rack aus Sentenhart. Beide Orte liegen in Baden-Württemberg, neunundzwanzig Kilometer voneinander entfernt. Matthias Milla aus Mähren heiratet Elisabeth Lepold, ebenfalls aus Mähren. So heiraten zunächst die Franzosen bevorzugt Franzosen, die Pfälzer Pfälzer, die Schwaben Schwaben. Doch schon bald kam es zur Durchmischung. Zunehmend wurde bei der Partnerwahl auf den Stand und das *Sach* geschaut, das Vermögen, vor allem den Landbesitz. Die nationale Herkunft spielte keine Rolle mehr und geriet in Vergessenheit. Brestowatzer heirateten Brestowatzer, aber auf keinen Fall Serben, Handwerker heirateten Handwerkertöchter, Bauern heirateten Bauerntöchter. Ehen zwischen Verwandten vierten oder fünften Grades waren an der Tagesordnung. »Man hat schon aufgepasst, dass nicht zu nah geheiratet worden ist«, so meine Mutter. Auch sie und ihr Mann waren verwandt, sie hatten gemeinsame Urgroßeltern. Bei ihrer Heirat waren sich beide dieser Tatsache nicht bewusst.

Auf diese Weise blieb der Umfang der Brestowatzer Familiennamen sehr begrenzt, die meisten kamen gehäuft vor.

Selbst die Verbindungen von Namen, die durch Eheschließungen erfolgten, wiederholten sich. Außer meinen Eltern lebte zur gleichen Zeit noch ein weiteres Ehepaar Franz Bovier und Maria geborene Werny in Brestowatz. »Mit denen«, so meine Eltern übereinstimmend, »haben wir nichts zu tun gehabt.« Die übliche Hintanstellung des Vornamens reichte in solchen Fällen nicht aus, um Verwechslungen zu vermeiden. Man griff daher auf die Berufsbezeichnung zurück, die ebenfalls an den Nachnamen angehängt wurde. Mein Vater war also entweder der *Bowwjär-Franz* oder der *Bowwjär-Klampfer*, meine Mutter entsprechend die *Bowwjär-Marisch* oder die *Bowwjär-Klampferin.*

Auch der Bestand an Vornamen, auf den zurückgegriffen wurde, war sehr gering. Man suchte nicht lange nach neuen Namen, gab es doch im Umfeld genügend, die sich seit Generationen bewährt hatten. So erhielten die erstgeborenen Jungen und Mädchen immer die Vornamen der Taufpaten. Das erste Mädchen wurde auf den Namen der Patin der erste Junge auf den des Paten getauft. Da gab es keine Ausnahme. Aber wer einmal Pate war, war immer Pate und hielt alle Kinder einer Familie über das Taufbecken. Er fiel damit als Namensspender bei dem folgenden Nachwuchs aus. Neue Quellen mussten erschlossen werden. Die Namen der Großeltern mussten herhalten. Vorrang hatte stets die väterliche Linie. Ehre, wem Ehre gebührt! Schließlich waren sie es auch, die den Nachnamen vererbten! Nur Toten gelang es, die Vornamen der Großeltern väterlicherseits vom Platz zu verdrängen. Der Wunsch, wenn schon nicht die Toten, so doch wenigstens ihren Namen weiterleben zu lassen, verhalf einem verstorbenen Großelternteil der mütterlichen Linie oder gar dem bereits vor der Geburt seines Sohnes verstorbenen Vater auf vordere Plätze.

Die Namensliste deckte auf diese Weise den Bedarf für immerhin sechs Kinder. Weit mehr als seit Ende des 19. Jahrhunderts noch gebraucht wurde. Die Großeltern gingen zunehmend leer aus. Die Eltern früherer Generationen, die oft zehn und mehr Kinder zur Welt brachten, griffen in ihrer Not auch noch auf ihre eigenen Vornamen zurück. Das reichte für acht Kinder, und mehr überlebten selten. Mit Vorliebe wurden die Namen bereits verstorbener Kinder, sei es aus Bequemlichkeit oder um den Verlust zu ersetzen, noch einmal an nachfolgende Geschwister vergeben. So wurden zwar nicht die Brestowatzer, wohl aber ihre Namen unsterblich. Keiner veraltete, keiner geriet in Vergessenheit. Neue Namen hatten es schwer, sich einen Platz auf der Namensliste zu erobern.

Namensanalysen

Namensanalysen der jugoslawischen Schulbehörde sollten 1925 den deutschen Teil der Brestowatzer Bewohner in Aufruhr versetzen. Empörung machte sich breit. *Was fällt denn den Serben ein! Wo hat's denn das schon mal gegeben? Da sind ja nicht mal die Ungarn drauf gekommen!*

Im Kampf um die deutsche Schule beziehungsweise die deutschen Schulkinder kam die serbische Regierung auf die Idee, in den deutschen Gemeinden die Namen der deutschen Schulanfänger auf ihre sprachliche Herkunft hin zu überprüfen. Nur Kinder mit rein deutschen Namen und damit vordergründig deutscher Abstammung durften die deutsche Schule besuchen. Kinder mit nichtdeutschen Namen, die sich aus dem Serbischen, Ungarischen, aber auch dem Französischen herleiten ließen, wurden ausgesondert und sollten in der serbischen Schule im Unterdorf eingeschult werden, auch wenn die Eltern sich zum Deutschtum bekannten und völlig eingedeutscht waren.

Kein schlechter Schachzug, dem Ziel der Assimilation aller nichtserbischen Mitbürger näherzukommen, trugen doch viele von denen, die sich zum Deutschtum bekannten, Namen, die keinen deutschen, sondern französischen, ungarischen oder auch slawischen Ursprung hatten. Die Träger dieser Namen, so die offizielle Begründung, seien ihrer Abstammung nach Serben, die im Zuge der Germanisierung und der Magyarisierung dem serbischen Volk entfremdet worden seien und nun zu ihrer wahren Herkunft zurückgeführt werden sollten.

Wo soll denn das hinführen? Das fragten sich die deutschen Brestowatzer, egal ob sie Vogel, Hermann, Krebs oder Krewenka, Dworski, Moullion, Bovier hießen. *Haben die Serben denn vergessen, wie's vor 1918 war, als sie selber von den Ungarn unterdrückt worden sind! Jetzt, wo die Serben die Herren sind, machen sie's noch schlimmer mit den anderen Nationen in ihrem Land, als die Ungarn es gemacht haben! Wenn die Serben nach dem Namen gehen, wie viele Deutsche bleiben denn da am Ende übrig? Die Serben, die würden sich ja jetzt am liebsten selber alle anderen Nationen einverleiben, die kriegen ihren Rachen nicht voll!*

Meine Großmutter, die zu dem Zeitpunkt der Namensanalysen den Familiennamen ihres zweiten Mannes, Richter, trug, mag erleichtert gewesen sein, dass ihre beiden Kinder aus der ersten Ehe mit dem nicht deutschstämmigen Namen Bovier nicht mehr zu jenen gehörten, die eingeschult werden mussten. Ihr Sohn war bereits aus der Schule entlassen und die Tochter besuchte die fünfte Klasse der deutschen Schule.

Alles in allem kamen die Deutschen in Brestowatz 1925 mit einem gewaltigen Schrecken davon. Die beabsichtigten Maßnahmen wurden in ihrem Dorf ebenso wie in den anderen deutschen Dörfern der Batschka nicht konsequent umgesetzt. Die Zahl der Deutschen war in diesen Dörfern so groß, dass die Serben ihr tatsächliches Ziel, die deutschen Klassen unter dreißig Schüler zu dezimieren, kaum erreichen konnten. Bei mehr als dreißig Kindern musste nämlich nach den gesetzlichen Bestimmungen eine deutsche Klasse eingerichtet werden, was die Serben unterlaufen wollten.

So ließen die Serben die Brestowatzer Kinder mit deutscher Muttersprache schließlich weiterhin in die deutsche Schule gehen und schickten ihnen stattdessen immer mehr serbische Lehrer, die von dem Nationalstaatsgedanken beseelt waren. Die Lehrer mit deutschen Namen gerieten im Brestowatzer Lehrerkollegium in die Minderheit. Immer mehr Lehrer an der deutschen Schule hießen Višković, Bošković oder Pilanić und sprachen nur mangelhaft Deutsch oder auch gar nicht, wie die Lehrerin Jelinka. Die deutschen Eltern atmeten auf, wenn ihre Kinder zu einem der deutschen Lehrer in die Klasse kamen, wie zum *Rapp-Freile* (Fräulein) oder dem *Höflich-Lehrer*, auch wenn der nach wie vor *ungarisch-g'sinnt* war. *Da konnte man doch sicher sein, dass sie Deutsch mit den Kindern sprechen, schlimm genug, dass viele Bücher im Unterricht serbisch sind. Aber wenn die Lehrer nur noch serbisch mit den Kindern reden können, wie sollen die denn dann was lernen. Wie viele von den Kindern verstehen denn schon serbisch? Haben die Serben denn vergessen, was sie Anfang 1919 versprochen und im September unterschrieben haben? Der Schutz der Minderheiten! Das war doch alles nur Scheegedue [Heuchelei]! Jetzt, wo die Friedensverträge unter Dach und Fach sind, und die Serben die Herren in der Batschka sind, machen die doch, was sie wollen! Jetzt zeigen sie ihr wahres Gesicht!*

Das deutsche Brestowatz entsteht

Im Mai 1786 wurde mit der Anlage der deutschen Siedlung in Brestowatz begonnen. Jakob Pauli kommt mit seiner Familie noch rechtzeitig an, um gemeinsam mit den anderen Siedlern seinen Hausplatz zugewiesen zu bekommen. Am Gründungstag hat er sich so wie die anderen Familienväter, die für die Ansiedlung in Brestowatz vorgesehen sind, in dem serbischen Dorf einfinden müssen. Auch Johann Bovier und sein Bruder Martin Bovier sind unter ihnen. In der Reihenfolge ihrer Ansiedlernummern stellen sie sich auf und erhalten nacheinander ihren Hausplatz zugewiesen.

Acht Tage nach Verteilung der Grundstücke beginnen sie mit dem Bau ihrer Häuser. Das Baumaterial für die neuen Häuser stellt ihnen die Ansiedlungsbehörde zur Verfügung. Um die weiten Wege aus dem Nachbardorf zu vermeiden und Zeit zu sparen, dürften auch hier, so wie Eimann es in Siwatz erlebt hat, die neuen Siedler während der Bauzeit bei den ansässigen Serben untergebracht worden sein, bei Menschen einer Nationalität, die sie bis dahin nicht kannten. Konflikte waren vorprogrammiert. Viele Familien zogen es daher vor, in provisorischen Hütten aus Rohr auf ihrem Hausplatz zu wohnen und den Bau ihres Hauses zügig voranzutreiben.

Gleich zu Beginn der Ansiedlung wählten die neuen Bewohner einen Ortsvorstand, der sich um die neuen Quartiere sowie die Verpflegung kümmerte. Bis sie sich selbst ernähren konnten, wurden sie auf Kosten des Wiener Hofes mit Lebensmitteln versorgt. Bereits im Juni wurden auch die als Starthilfe versprochenen Haus- und Arbeitsgeräte verteilt. Jede Familie erhielt: 1 Kuh oder 10 Gulden, 1 Bettstatt, 1 Strohsack, 1 Teppich, 1 Grabschaufel, 1 Mistgabel, 1 Spinnrad, 1 Mehlsieb, 6 Säcke, 1 Backkübel, 1 Axt, 1 Breithaue, 1 Brotschießer, 1 Wasserkübel und 50 Gulden für die Anschaffung weiteren Werkzeugs. Die Bauern unter meinen eingewanderten Vorfahren bekamen zusätzlich: 1 Melkkübel, 4 Pferde oder 22 Gulden anstelle 1 Pferdes, 1 Butterfass, 1 kurzen Zaum, 8 Zuggestänge, 2 Spannstricke, 1 unbeschlagenen Wagen, 1 Pflug samt Zubehör und weiteres bäuerliches Arbeitsgerät.

Die Habsburger Monarchen ließen sich die Ansiedlung meiner Vorfahren durchaus etwas kosten! Und diese wiederum mühten sich nach Kräften, damit diese Investition sich für sie selbst, ihre Kinder und den Kaiser bezahlt machte.

Der Ortsteil für die Neuankömmlinge wurde nördlich des serbischen Dorfes angelegt. Wie in den anderen Kolonistenorten hatte das Straßennetz einen schachbrettartigen Grundriss mit drei Längs- und vier kürzeren Querachsen, in der Mitte lag der Kirchplatz. Entlang der Straßen, die wegen der Feuersgefahr sehr breit waren, reihten sich die Hausplätze: 75–100 Klafter lang und 12–15 Klafter breit (Wiener Klafter: 1,896 m).

Alle Häuser wurden nach dem gleichen Plan vermessen und erbaut: 11 Klafter lang, 3 breit und 8 Schuh hoch (1 Schuh: 0,315 m). Der Abstand zwischen den giebelständigen Langhäusern musste mindestens 9 Klafter betragen. Die Häuser glichen einander wie ein Ei dem anderen. Von der Straße ausgehend lagen zwei Zimmer hintereinander, dahinter folgten die Küche, die Speisekammer und der Stall. Die Mauern der Häuser waren aus Lehm gestampft, das Dach mit Rohr gedeckt. Diese Baumaterialien standen in der Umgebung reichlich zur Verfügung, während Holz und Naturstein, woraus die Häuser in der alten Heimat überwiegend errichtet worden waren, fehlten. Für jeweils zehn Häuser wurde ein gemauerter Brunnen angelegt, der die Wasserversorgung sicherte.

Die Kolonisten erwiesen sich als tüchtige Häuslebauer. Bereits im August war bei fünfzig Häusern die Stampfarbeit beendet, bei dreißig in vollem Gang, bei den restlichen begonnen, so dass alle Häuser noch im Verlaufe des Sommers bezogen werden konnten. Die ersten Grundlöcher, aus denen der Lehm für den Bau der Häuser entnommen worden war, füllten sich mit Wasser. Die ersten Maulbeerbäume wurden an der Straße und in den Gärten angepflanzt, so wie es angeordnet war. Hofbeamte überwachten ihre Aufzucht. Am Wiener Hof dachte man nicht nur an die Siedler, sondern auch an die Seidenmanufakturen in der Hauptstadt des Habsburgerreiches, die Rohstoff brauchten.

Die Maulbeerbäume standen daher unter Schutz. Ein solch kostbarer Baum durfte nur mit behördlicher Genehmigung gefällt werden. Vor allem in ärmeren Familien stellte die Seidenraupenzucht eine willkommene zusätzliche Einnahmequelle dar. Die Regierung lieferte die Eier, die zur Züchtung der Kokons benötigt wurden, und holte die fertigen Gespinste zur Verwertung ab. Die Kinder übernahmen als emsige Kletterer das Pflücken der Blätter. Die Bezahlung für die Aufzucht war schlecht, so dass immer weniger Landwirte Maulbeerbäume pflanzten. Zum Ausgleich sorgten die Behörden für Neuanpflanzungen entlang der Straßen.

»Zu unsrer Zeit hat's ja schon keine Seidenraupen mehr gegeben. Da haben nur noch die armen Leute die reifen Maulbeeren gesammelt und Schnaps davon gebrannt. Die haben halt sonst nichts zum Ernten gehabt. Die andern haben ihren Schnaps ja von Trauben oder andrem Obst gebrannt«, erklärt meine Mutter rückblickend.

Die Konkurrenz aus China und Japan sowie die Erfindung der Kunstseide haben die Seidenraupen zu Beginn des 20. Jahrhunderts zunehmend verdrängt. Die Verbundenheit der Brestowatzer mit ihren Maulbeerbäumen blieb erhalten. Sie standen weiterhin vor jedem Haus und ihr Blätterdach warf für alle erholsamen Schatten auf die Gehwege. Den armen Bewohnern unter ihnen lieferten die reifen Beeren den Rohstoff für ihren Schnaps, der zum täglichen Leben dazugehörte. *Na, das hätt was gegeben, wenn die reifen Maulbeeren alle auf die Gehwege runtergefallen wären! Da hätt man ja nicht mehr gehen können. Die waren doch so weich und ganz schnell matschig. Aber so haben die armen Leute alle abgepflückt und die Gehwege sind sauber geblieben.*

Das Dorfleben

Das Dorfleben beschreibt der Kolonist Eimann zum Zeitpunkt der Ansiedlung als ein buntes Gewimmel von Sprachen, Trachten und Bräuchen. Verständigungsschwierigkeiten gab es nicht nur zwischen Serben, Deutschen und Franzosen, sondern auch zwischen den unterschiedlichen Dialektsprechern. Das Hessische hielt Eimann für am schwersten verständlich.

Der Gottesdienst fand zunächst auf dem freien Platz in der Mitte des Dorfes statt, dort wo später die Kirche gebaut werden sollte. Zu den Gottesdiensten brachte jede Volksgruppe ihre eigenen Gesangbücher mit Liedern und Gebeten in ihrem Heimatdialekt mit. Ein auf Dauer unhaltbarer Zustand. Aus Wien wurde daher die Einführung des Kurpfälzischen Gesangsbuchs veranlasst. Das ließ das Rheinfränkische zum unschlagbaren Favoriten werden, der seine Konkurrenten schon bald hinter sich ließ und sich als Einheitsdialekt durchsetzte. Die Siedler – von den Ungarn »sváb« (Schwaben) genannt – bezeichneten ihre gemeinsame Sprache als *schwowisch* (schwäbisch) und sich selbst entsprechend als *Schwowe,* auch wenn sie einst aus Frankreich kamen. Zu »Donauschwaben« sollten sie erst viel später werden.

Die starke Gruppe der Franzosen konnte ihre Sprache dank des zweisprachigen Pfarrers und Lehrers noch verteidigen. Sowohl die Messe als auch der Unterricht wurden in beiden Sprachen abgehalten. Nach dem Tod des bilingualen Lehrers und dem Weggang des zweisprachigen Pfarrers zu Beginn des 19. Jahrhunderts wurden beide Stellen mit nur Deutsch sprechenden Amtsträgern besetzt. Alle Proteste und Eingaben beim Wiener Hof nutzten den Franzosen nichts. Der größte Teil der Franzosen, der nicht dazu bereit war, auf seine Muttersprache zu verzichten, verließ daraufhin Brestowatz bereits 1809 wieder und zog ins benachbarte Banat, wo es rein französische Kolonistendörfer gab. Die wenigen, die blieben, wurden erfolgreich »schwäbisiert«, heirateten Schwaben, sprachen fortan schwäbisch, sangen schwäbisch, dachten schwäbisch. Die einzige Spur, die sie hinterließen, war die sogenannte *Franzosegass*, in der *Schwowe* wohnten. 1843 fand der Schulinspektor der bischöflichen Schulaufsicht keine Französisch sprechenden Schulkinder mehr vor.

1790 erhielten die Kolonisten endlich ihr erstes Bethaus, so wie die Siedlerhäuser aus Lehm gestampft und mit Schilfrohr bedeckt. Rund zwanzig Jahre später wollten sich die Katholiken nicht mehr mit dem bescheidenen Bau begnügen. Im serbischen Dorf stand eine viel größere, gemauerte Kirche. Die Bevölkerungszahl wuchs, in den Häusern und auch in der Kirche wurde es eng. Man konnte sich allmählich größere, aus Ziegelsteinen gemauerte Häuser leisten und ebenso ein großes Kirchengebäude. Aus eigenen Mitteln errichteten die Einwohner in ihrem deutschen Dorfteil nun ihre deutsche Kirche aus Ziegelsteinen und im Stil des österreichischen Barock. Ein Bau, auf den sie stolz sein konnten, der mit der griechisch-orthodoxen Kirche im Serbendorf mithalten konnte. Ende des 19. Jahrhunderts war die Kirche bereits wieder zu klein geworden und musste erweitert werden. Links und rechts der Sakristei entstanden zwei Seitenschiffe: die *Herreheisel,* in denen von da an die Lehrer, Ärzte, Beamten – die *Herreleit* – ihren Platz fanden, säuberlich getrennt von den Bauern und Handwerkern.

Und so steht die Brestowatzer Kirche heute noch, nur die barocke Turmspitze hat sie bei einem Unwetter einbüßen müssen. Der Ersatz ist weniger hoch und schlichter ausgefallen, und die Gläubigen, die in die Kirche strömen, fehlen. Der Stolz auf ihre Kirche verbindet die aus Brestowatz Geflohenen heute noch.

Trachten

Wenig Wohlwollen findet in Eimanns Augen auch die Kleidung der ersten Brestowatzer Bewohner. Die Männer trügen seiner Beschreibung nach dreieckige Hüte, deren Spitze nach oben zeige, lange tücherne Röcke, dazu die überwiegend kurzen ledernen Hosen, Strümpfe in verschiedenen Farben und Schuhe mit Schnallen.

Die Frauen seien mit verschiedenartigen Hauben und prächtigen Röcken bekleidet, die in den Hüften ziemlich wulstig gewesen seien, darüber trügen sie schmale Schürzen und Kittel, die Röcke seien so kurz gewesen, dass die verschiedenfarbigen Strümpfe und die Schnallenschuhe mit hohen Absätzen sichtbar gewesen seien.

Ich versuche mir das bunte Gewimmel am Sonntag vorzustellen, wenn sie sich in ihrer mitgebrachten Festtagskleidung zur Kirche begeben. Die Vielfalt dürfte noch weit größer gewesen sein, als sie aus der Beschreibung Eimanns hervorgeht. Auch hier gab es modische Varianten, die die regionale Herkunft der jeweiligen Träger erkennen ließen. Die Arbeitskleidung in der Woche dürfte sehr viel schlichter und einheitlicher gewesen sein. Bilder der Brestowatzer Maler Matthias Vogl und Sebastian Leicht zeigen Arbeiter auf dem Feld mit einfachen dunklen Hosen, hellem Hemd und dunkler Weste, die Frauen tragen auf ihren Gemälden lange dunkle Röcke, helle hemdartige Blusen und dunkle Schürzen.

Es verstrichen viele Jahre, bis die alte Kleidung durch neue Tracht ersetzt wurde, die Eimann viel geschmackvoller als die alten Trachten fand. Die moderne Kleidung ließ keine Rückschlüsse auf die räumliche Herkunft der Träger mehr zu. Die alten Identifikationsmuster wurden durch neue ersetzt. Immer stärker bildete sich das Zusammengehörigkeitsgefühl innerhalb der Stände heraus, immer mehr verwies die Kleidung auf die soziale Schicht des Trägers: Man ging *bäuerisch* oder *handwerkerisch,* man traf sich getrennt im Bauernwirtshaus und im Handwerkerwirtshaus, Bauernsöhne heirateten Bauerntöchter und Handwerker heirateten Handwerkertöchter.

In der Brestowatzer Kirche saßen sie alle schön sortiert nach ihrer Kleidung. Im Kirchenschiff saßen die *Weiwer* der Bauern und der Handwerker in ihren Trachten. Von den Bäuerinnen passten nicht viele in eine Bankreihe. Besonders am Sonntag, wenn alle in ihrer Sonntagstracht erschienen, brauchten sie mit ihren weit abstehenden Röcken viel Platz. Bis zu zehn lange schwere Röcke trugen sie übereinander. Manche besonders stolze Bäuerin schleppte sich mit noch mehr übereinander geschichteten Röcken ab. Sollte doch jeder sehen, was man sich leisten konnte. Der Oberrock war in eine Unzahl kleiner Plissee-Falten gelegt und bestand aus besonders edlem Stoff. Die jüngeren, ledigen Frauen bevorzugten kleine Blumenmuster, die verheirateten trugen eher einfarbige, meist dunkle Röcke. Die vordere Hälfte des Rockes bedeckte eine Schürze, seidig glänzend, so dass die ganze Pracht des Rockes nur von hinten sichtbar wurde, besonders dann, wenn die Trägerin, vorangehend, ihn mit jedem Schritt schwingen ließ. Zu den langen Röcken gehörte eine Bluse, die außerhalb des Hauses weitgehend unter einem Umhängetuch verschwand und daher nicht so aufwändig gearbeitet sein musste. Umso prächtiger musste dafür das Umhängetuch sein, das über der Brust gekreuzt und auf dem Rücken gebunden wurde, denn das sahen alle. Auch hierbei waren Blumenmuster beliebt, im Sommer auf seidigen Tüchern mit langen Fransen, im Winter aus Wolle zum Wärmen, denn ein Mantel über der Tracht, nein, das passte nicht, und unter den vielen Röcken wurde es den Trägerinnen ohnehin nicht kalt. Auf dem Kopf durfte bei den verheirateten Frauen das Kopftuch nicht fehlen.

Die Frauen der Handwerker kamen auf den Kirchenbänken mit weniger Platz aus als die Bauersfrauen. Ihre handwerkerischen Röcke unterschieden sich wenig von den bäuerischen, nur lagen weniger von ihnen übereinander, und sie standen deshalb nicht so weit ab. In der Regel beschieden sich die Frauen der Handwerker mit drei Schichten. Auch war der obere Rock nicht immer in Falten gelegt, glatte Röcke wurden zunehmend modern. Bei den Handwerkerinnen durfte die Schürze über dem Rock auch einmal fehlen, vor allem wenn es besonders festlich sein sollte wie beim Hochzeitsgewand. Zum Rock gehörte ein kittelartiges Oberteil, das häufig auf dem Rücken zugeknüpft wurde, auf Taille gearbeitet war, lange Ärmel und einen großen Kragen besaß. Das Oberteil wurde immer über dem Rock getragen und reichte bis zur Leiste, was die Trägerinnen schon ein bisschen *herrischer* erscheinen ließ, so wie die Frauen der reichen Kaufleute oder die Lehrerinnen. Die Frauen aus der Schicht der *Herreleit* trugen Kleidung, wie sie zur jeweiligen Zeit in Europa Mode war.

Das Kopftuch war im Sommer wie im Winter unentbehrlicher Bestandteil der Tracht, ohne Kopftuch ging eine verheiratete Frau nicht aus dem Haus. Genau wie die Bäuerin band die handwerkerisch gekleidete Frau ihr weit nach vorne gezogenes Kopftuch unter dem Kinn, legte es an den Seiten des Kopfes in drei akkurate Falten, so dass über der Stirn ein kleiner Dachvorsprung entstand, der weit nach vorne gezogen wurde und das Gesicht vor Sonne, Wind und Wetter schützte. Ein von der Sonne gebräuntes Gesicht, das hatten die armen Bauern und die Tagelöhner, die den ganzen Tag auf dem Feld arbeiten mussten, aber doch nicht die Frauen der Handwerker! Wenn das Kopftuch nicht nur schützen, sondern vor allem auch schön sein sollte, zum Beispiel am Sonntag beim Kirchgang, wurde ein Streifen Pappe zur Versteifung in die vordere Kante gelegt. Das richtige Binden des Kopftuches war eine Kunst, die jede echte *Schwowin* beherrschte.

Die Männer legten noch im Verlauf des 18. Jahrhunderts ihre Tracht ab, die Frauen bleiben der ihren bis weit ins 20. Jahrhundert hinein treu. Viele von ihnen trugen sie selbst nach der Flucht noch jahrelang.

Meine Großmutter trauert ihren übereinander getragenen Röcken lange nach:

> Die waren für die Bauersfrauen ganz praktisch. Wenn's geregnet hat, hat man einfach den obersten Rock über den Rücken und den Kopf geschlagen. Da ist man nicht nass geworden. Und wenn man auf dem Feld mal brunzen musste, hat man sich einfach ein bisschen breitbeinig hingestellt und keiner hat was davon gemerkt, Unterhosen haben die Frauen darunter nicht angehabt.

Regenschutz und Lokus zugleich, praktisch! Ihrer Tochter Lene erlaubte sie nicht, die praktische Tracht abzulegen. *In ihrem Haus haben Kleider nichts zu suchen!*

Nach ihrer Heirat macht sie, die *Guthe-Lene* in Stapar, was sie will, und ihr Mattheis lässt sie gewähren:

> Die Handwerkerröcke werden aufgetrennt und der Stoff zu Kleidern umgearbeitet. Gut, dass sie Damenschneiderin gelernt hat! Und für ihre beiden kleinen Mädchen näht sie gleich Kleidchen, mit Trachten hat sie da erst gar nicht angefangen.

In den letzten Jahren vor der Flucht wechseln immer mehr der Brestowatzer Frauen zwischen Röcken und Kleidern. Zu ihnen gehört auch die *Bowwjär-Marisch*, meine Mutter. »Wenn's noch länger gedauert hätt, wär ich ja auch derhom schon nur noch in Kleidern gegangen«, erinnert sie sich. Wollten die Mitglieder der Deutschen Frauenschaft dann doch nicht mehr länger in ihren undeutschen Röcken herumlaufen? Das Familienfoto, das 1943 vor dem Abschied ihres Mannes aufgenommen worden ist, zeigt *Marisch* jedenfalls noch in ihrer Handwerkertracht.

Ansiedlungsfeier

Im Jahre 1936, zur Einhundertfünfzig-Jahr-Feier der Ansiedlung, da sind sie, die Nachkommen der Ansiedler, noch im Geist und in der Tat vereint gewesen. Wochenlang sind Groß und Klein, Jung und Alt auf den Beinen, um den Ahnen zur Ehr und sich selber zur Freud ein Fest zu bereiten. Nur der *Pauli-Lies*, der war gar nicht nach Feiern zumute. Alle einhundertundfünfzig Jahre alten Orte – und davon gab es viele in der Batschka – bereiteten sich darauf vor, ihre Ahnen festlich zu ehren. *Schlimm genug, dass es damals keine Hundertjahrfeier gegeben hat. Aber jetzt wollten sie es den anderen, vor allem den Serben und den Ungarn zeigen, die sollten sehen, wozu die Schwowe im Stande sind. Na und erst die Abordnung aus dem Reich, die ihnen die Ehre geben will, soll staunen, wie deutsch sie hier in der Fremde geblieben sind.*

Kulturbund und Kirche arbeiteten Hand in Hand, wenn auch die Hand des Kulturbundes bereits die führende war. Ihr gemeinsames Werk gelang. Es wurde das größte Fest, das Brestowatz je gesehen hat und jemals sehen sollte.

Kühe und Schweine müssen zu Hause in ihren Ställen bleiben, damit auf der *Hutwoad* ein Zelt für die Festlichkeiten und Kundgebungen errichtet werden kann. Zwei Tage lang gehört die Weide nun den Zweibeinern. Diese strömen am 29. und 30. August 1936 dort zusammen. Selbst aus den Nachbarorten kommen sie angereist, um fröhlich zu feiern und den Festrednern aus den Reihen des Kulturbundes zuzuhören, wie sie überschwänglich reden von der großen Wohltat des Kaisers Joseph II., von der Pioniertat der Siedlermütter und Siedlerväter, die einst gekommen waren, um die neue Heimat am unteren Nibelungenstrome zu kultivieren, vom unermüdlichen Fleiß der Schwaben, der auf den morastigen Böden das herrlichste Ackerland hatte entstehen lassen, vom Erbe der Väter, das es zu erwerben und zu bewahren galt.

Das hören sie gern, das verdient Applaus.

Für noch stärkeren Applaus sorgen die Worte der Delegierten aus dem Reich. Wovon die Stimme des Reiches dann spricht, das hören sie noch lieber:

> … von der eminent nationalen Tat der Kolonisation, von der Verpflanzung des überströmenden Volkstums aus dem Westen des deutschen Reiches in den Osten, vom Nationalbewusstsein der Volksdeutschen an der unteren Donau, dem Brudervolk, von

dem Werk der Stammeserhaltung, vom Fortleben der Sitten und Mundarten der deutschen Heimat im Kolonisationsgebiet, von der Verwurzelung des deutschen Bauern mit seinem Boden, von der Überlegenheit der deutschen Kultur im Konkurrenzkampf mit den umliegenden fremden Völkern, von der Bewunderung des Führers, der ihnen Grüße mitgeschickt hatte.

Da können die Zuhörer ja wohl kaum anders, da müssen sie einfach »Heil« rufen. Aber da schreit der eine oder andere Weitsichtige vielleicht schon nicht mehr aus vollem Herzen mit.

In der Kirche versammeln sie sich wiederum, um ihrem Heiland zu danken und den großen Gott, den mächtigen König der Ehren, zu loben, und sie verspüren, was Wunder, wie er alles so herrlich regieret und sie erhält, wie immer es ihnen gefällt. Ihr Pfarrer *Atzel* zelebriert die heilige Messe. Der Chor lässt Lobgesänge erschallen. Der Bischof hat seinen persönlichen Sekretär Andreas Moullion geschickt, einen Brestowatzer Sohn, der die Festpredigt hält.

Da kann man schon stolz darauf sein. Zur Ansiedlungsfeier der Siwatzer in der Nachbargemeinde ist zwar ein Mitglied aus der königlichen Familie gekommen, weil die den Eimann haben mit seinen aufgeschriebenen Erinnerungen eines Kolonisten aus der Batschka. Ein königlicher Gast, das ist schon was, wenn es auch nur ein jugoslawischer ist. Aber der Eimann ist lange tot, und einen lebenden persönlichen Sekretär des Bischofs haben die Siwatzer schließlich nicht zu bieten. Und eine Familie wie die Stumpföggers, die seit 1806 nicht nur den Brestowatzer Chor leiten und die Brestowatzer Orgel spielen, sondern auch Brestowatzer Kinder unterrichten, können die Siwatzer erst recht nicht aufweisen. Und ihr Ahnendenkmal »Der Sämann«, während der Festtage feierlich auf einen Sockel gestellt, enthüllt und eingeweiht, *kann mit dem Eimann-Denkmal in Siwatz schon lange mithalten. Schließlich hat den Sämann ein echter Brestowatzer Künstler, der Sebastian Leicht, erschaffen.*

Die Krönung der Feierlichkeiten ist der Festzug mit dem Ährenkronenwagen, den vielen Wagen der Handwerker und Bauern, den Vereinen mit ihren Vereinsfahnen, den Trachtengruppen der Großen und der Kleinen, dem Sämann, der Bonbons sät, den Schnittern und Dreschern mit dem Dreschkasten, dem Motorpflug und dem Kunstdüngerstreuer, dem Wasserwagen der Feuerwehr und den Musikkapellen. Alles ist vertreten. Sie können zufrieden sein. Die Gäste reisen froh nach Haus, der Besuch in Brestowatz hat sich gelohnt. Die Delegation aus dem Reich wird auf dem Bahnhof feierlich verabschiedet. Lange winken die Zurückbleibenden ihnen nach. Sie fühlen sich verstanden, *endlich ist mal gesagt worden, was sie schon lange wissen, und jetzt werden die im Reich schon hören, was für ein treues Brudervolk da unten allein und so lange vom Mutterland vergessen in der Batschka lebt.*

Ja, die Brestowatzer haben schon was geschaffen, worauf sie stolz sein können, was sich sehen lassen kann.

Damit es auch alle sehen, wird es in den Schulräumen ausgestellt: die Kunstwerke ihrer Künstler Paul Lepold und Sebastian Leicht und die Kunst der Handwerker.

Auf einer Bühne im Zelt führt eine Laienspielgruppe das Volksstück »Der Ansiedler« auf. Da treten die Kolonisten auf, und sogar der Kaiser Joseph erscheint auf der Bühne. *Schön haben sie es aufgeführt und gezeigt, wie es vor hundertfünfzig Jahren alles war.*

Dass die meisten sowohl der Darsteller als auch der Zuschauer bereits zwanzig Jahre zuvor die Ankunft ihrer Vorfahren in der Batschka hätten feiern können, wissen diese Nachkommen der Siedler, die Wernys, die Eschbachs und die vielen anderen nicht mehr.

Karten erzählen Geschichte

Weitsichtig, diese klugen Herrscher in Wien. Sie schicken nicht nur Siedler zur Bewirtschaftung des Landes und Beamte zur Beaufsichtigung, sondern auch Fachleute, die das Land für sie vermessen und maßstabsgetreu kartieren. Sie scheuen weder Kosten noch Mühen, um ihre Herrschaftsräume zu erfassen. Handgezeichnete Karten dienen ihnen als Grundlage für die Verwaltung, Kontrolle und zur Planung wirtschaftlicher und militärischer Maßnahmen. Um wirkungsvoll zu regieren, brauchen sie immer wieder neue aktuelle Karten, die die fortschreitenden Veränderungen in ihrem Territorium festhalten. Veraltete Karten sind kein gutes Werkzeug zur Herrschaftsausübung. Insgesamt drei Vermessungskampagnen werden daher in dem Zeitraum von Mitte des 18. bis Ende des 19. Jahrhunderts durchgeführt.

Die damals entstandenen Kartenbilder entführen mich auf eine Fantasiereise in die Vergangenheit. Vorstellungsbilder von geografischen Räumen, Formen des Geländes, Lagebeziehungen, Siedlungsstrukturen werden lebendig.

Die erste »Josephinische Landesvermessung« (1782–1785), abgeschlossen ein Jahr vor der Ansiedlung meiner Brestowatzer Vorfahren:

Mein Blick fällt auf ein kleines Haufendorf mit unregelmäßigem Straßennetz, in der Mitte eine Kirche, verstreut liegen die Häuser darum herum, das Ganze wird umschlossen von einem schmalen Gürtel von Gärten und Obstgärten. Prestowaz – so die dazugehörende Ortsbezeichnung – das Serbendorf, das meine Vorfahren angetroffen haben, als sie erwartungsvoll der Zuweisung ihres Landes entgegensahen. In der Gemarkung, die den Ort umgibt, liegt, von einigen kleinen Weingärten abgesehen, nur Weideland. Soweit das Auge reicht: flaches Land ohne Erhebungen, im Norden und Osten vor allem Sümpfe entlang eines Altarms. *Wie sollten sie hier Ackerbau betreiben! Doch die Kolonisten in den bereits vorhandenen Nachbardörfern Filipowa, Doroslow und Weprowaz haben es schon geschafft, dann schaffen sie es auch.*

Die geplanten Kolonistendörfer mit regelmäßigem schachbrettartigem Grundriss lassen sich auf den ersten Blick von dem unregelmäßigen Verteilungsmuster der Häuser in den serbischen Dörfern wie Prestowaz und Szibacs im Norden unterscheiden. Diese typisch planmäßige Dorfanlage entdecke ich auch in Stapar. Meine Irritation ist groß. Der Grundriss passt nicht zu den Bewohnern! In *Stabari*, da lebten Serben. So hörte ich es auch von der Lene Guth, meiner Tante, und sie muss es wissen, schließlich ist sie nach ihrer Hochzeit 1932 zu ihrem Mann nach Stapar gezogen, wo sich fünf deutsche Handwerkerfamilien zwischen Serben niedergelassen hatten. Dass sie mitten unter den Nachkommen von Piraten wohnten, haben sie offenbar nicht gewusst!

Mein Stolpern über den Grundriss von Stapar führt mich auf ein schauriges Kapitel der Ansiedlungsgeschichte. In der Mitte des 18. Jahrhunderts hatten sich die Bewohner zweier Dörfer in der Nähe Apatins darauf spezialisiert, Schiffe mit Siedlern auf der Donau zu überfallen und auszurauben; auch Menschen wurden geraubt und an ungarische Großgrundbesitzer verkauft. Um des Treibens Herr zu werden, wurden die Dörfer aufgelöst und die Bewohner umgesiedelt. Zu diesem Zweck war 1752 die Siedlung Stapar nach dem Muster der übrigen Kolonistendörfer angelegt worden. Hätten die neuen Bewohner von Brestowatz das gewusst, sie hätten noch verächtlicher auf die *Roaze* geblickt, mit denen sie ohnehin nichts zu tun haben wollten.

Ein Sprung hinein in die Mitte des 19. Jahrhunderts, hinein in die Brestowatzer Welt der Niederkorns, der Enkel und Urenkel der Ansiedler:

Das kleine serbische Haufendorf und das kleine deutsche Kolonistendorf mit Schachbrettgrundriss, das im 18. Jahrhundert nördlich davon entstanden ist, sucht das Auge auf der Karte der »Franziszeischen Landaufnahme« (1819–1869) vergebens. Beide Dörfer sind inzwischen zusammengewachsen, die Grundrisse miteinander verschmolzen. Trotz der hohen Sterblichkeitsrate stieg die Zahl der deutschen Bewohner schnell an. In der Mitte des 18. Jahrhunderts war sie bereits auf über zweitausend gewachsen. Längst bildeten die Deutschen in dem Dorf die Mehrheit. Sie brauchten mehr und mehr Häuser, mit deren Bau sie die Lücke zwischen den beiden Siedlungskernen geschlossen haben. Die katholische Kirche, die zur Zeit der Gründung den Mittelpunkt der deutschen Ansiedlung bildete, rückt an den Rand des nun großen Dorfes, das von einem einheitlichen schachbrettartigen Straßennetz überzogen ist, daneben der Ortsname *Bresztovacz*. Die Häuser – nicht mehr die kleinen Kolonistenhäuser und nicht mehr aus Lehm gestampft – reihen sich entlang der Straßen dicht aneinander. Sie umschließen rechteckige Gärten. In der südlichen Dorfhälfte liefern Straßenkreuzungen in der Nähe der Kirche, die keinen rechten Winkel aufweisen, Hinweise auf das einstige Haufendorf. Der griechisch-orthodoxe Friedhof südlich des Ortes und der katholische Friedhof an der Nordwestseite des Dorfes verweisen zudem auf die einstige ethnische Zweiteilung. Um das ehemalige deutsche Dorf herum liegen sieben Grundlöcher, die den Ansiedlern den Lehm zum Bauen ihrer ersten Häuser lieferten. Ein Grüngürtel umschließt immer noch die Siedlung, aber er ist schmaler geworden und Ziehbrunnen sind darin errichtet worden. Ackerfluren erstrecken sich zwischen den Dörfern, selbst im Norden, wo die Siedler Sumpfgebiete angetroffen haben. Entwässerungsgräben, mit deren Anlage noch im Herbst der Ansiedlung begonnen wurde, haben Ackerbau möglich gemacht. Ein versumpfter Altarm, der nördlich des Dorfes entlangzieht, bleibt noch eine Quelle für Überschwemmungen und sorgt für Ernteausfälle.

Im Umland verstreut liegen in nahezu regelmäßigen Abständen weitere Dörfer mit ganz ähnlichem schachbrettartigem Grundriss, dem unverkennbaren Grundriss der Kolonistendörfer. Landstraßen vernetzen die einzelnen Dörfer. An den Verbindungsstraßen nach Stapar und Filipowa sind Bäume gepflanzt worden – Maulbeerbäume.

Drei bis vier Jahrzehnte später zogen erneut Kartografen durch die Batschka. Das Ergebnis ihrer Landvermessung führt mich in das Brestowatz, in das die Generation meiner Großeltern hineingeboren wurde und das sich bis zum Zeitpunkt der Flucht wenig verändert hat, außer dass es zwischendurch zweimal den ungarischen Namen Szilberek trug. Vieles, was mir aus Erzählungen vertraut ist, kann ich darin verankern:

Die Maulbeerbäume, die nun beidseitig entlang aller Straßen stehen, die aus dem Ort hinausführen; der Kalvarienberg mit den Kreuzwegstationen; das Grundloch in der Nähe der *Worschtgass*, in dem mein Vater gebadet hat; die Hutweide mit den Ziehbrunnen zwischen dem großen Fischwasser und dem Dorf, wo die Hundertfünfzig-Jahr-Feier stattfand, wohin der Kuhhüter bis zum

Schluss die Kühe tagsüber führte und wo diejenigen, die nicht geflohen waren, 1945 schließlich selbst zusammengetrieben werden sollten.

Die Hutweide ist der Rest, der von dem Weidelandgürtel übrig geblieben ist, der zuvor den gesamten Ort umgeben hat. Weitere Entwässerungsmaßnahmen, die inzwischen durchgeführt worden sind, haben zusätzliches Ackerland geschaffen, das bis an den Rand der Besiedlung reicht. Der versumpfte Altarm ist ausgehoben worden, so dass sich das Grundwasser darin sammeln kann; der etwas entferntere der beiden Entwässerungsgräben, den bereits die Ansiedler gezogen hatten, wurde zum Franz-Josephs-Kanal erweitert. Spuren harter Gemeinschaftsarbeit, die die Bewohner in der zweiten Hälfte des 19. Jahrhunderts leisteten, um Ernteausfälle zu verhindern und ihren zunehmenden Landhunger zu stillen, der die reichen Bauern immer reicher und die armen immer ärmer werden ließ.

Im Grundriss des Dorfes, das auf der dritten Karte als Bresztovác bezeichnet wird, bemerke ich im Vergleich zu der vorangegangenen Karte außer geringfügiger zusätzlicher Bebauung am Ortsrand kaum Veränderungen. Das überrascht, da die Zahl der deutschen Einwohner sich in dem Zeitraum auf über 4000 erhöht und damit verdoppelt hat. Es müssen viele Menschen unter einem Dach der immer größer gewordenen Häuser zusammengewohnt haben. Die Anzahl der Serben, die gemeinsam mit den Deutschen in dem Dorf lebten, war im Verlauf des 19. Jahrhunderts immer mehr zurückgegangen. Viele verkauften ihr Haus und ihr Land gegen gutes Geld an die in ihren Augen gierigen Deutschen und ließen sich in serbischen Dörfern der Umgebung nieder.

Das Brestowatz, Backi Brestovac, das ich 1968 zum ersten Mal und 1989 ein zweites Mal besuchte habe, zeigt immer noch den gleichen schachbrettartigen Ortsplan wie das einstige deutsche Kolonistendorf. Die Bebauung reicht heute entlang der großen Ausfallstraßen über die ehemalige Dorfgrenze hinaus, im Nordwesten wurde der Ort durch eine von beiden Seiten dicht bebaute Straße erweitert. Mit einem leichten Schlängeln fügt sie sich in das alte Schachbrettmuster ein. Selbst die Tradition der giebelständigen Häuser wurde weitgehend fortgesetzt. Nur noch in einem der Häuser im Dorf lebt eine deutschstämmige Familie, in fast allen anderen leben Menschen, die die Nachfolge und das Erbe der Donauschwaben, wie sie seit den zwanziger Jahren des vorigen Jahrhunderts genannt werden, übernommen haben und die überwiegend aus der Lika im heutigen Kroatien, aber auch aus Mazedonien oder Bosnien-Herzegowina hierher umgesiedelt worden sind.

Dem Ende entgegen

Spielball der Nationen

Die Letzten meiner Vorfahren, die in Brestowatz lebten und es verlassen haben, verlassen mussten, war die Generation meiner Großeltern, meiner Eltern und meiner Brüder. Sie wurden zurückgebracht in die Heimat ihrer Ahnen, die längst nicht mehr die ihre war. Ihr *derhom* war Brestowatz, ihr geliebtes *Schwowedarf* in der Batschka – egal ob es Szilberek hieß wie in der ungarischen Zeit oder Bački Brestovac wie in der serbischen Zeit – freiwillig hätten sie es nie verlassen. In ihm waren sie geboren worden, hatten ihre Kindheit und ihre Jugend dort verbracht, die Älteren hatten dort geheiratet, dort waren sie eingebettet in das soziale Gefüge der Dorfgemeinschaft. Für diejenigen, die als Erwachsene davonziehen mussten, sollte es für immer der Ort ihrer Sehnsucht bleiben.

Fern von Brestowatz kam ich 1947 *dohaus* im nordhessischen Obersuhl auf die Welt, hineingeboren in eine Brestowatzer Familie, in eine Brestowatzer Verwandtschaft und in die kleine Gruppe ehemaliger Brestowatzer Bewohner, die es nach Obersuhl verschlagen hatte. Sie alle vereinte die gemeinsame Vergangenheit. Erinnerungsfetzen, Stichwörter und Andeutungen genügten, und alle wussten Bescheid. Nur ich nicht. Neugierig hörte ich ihren Rückblicken zu, adaptierte ihre Erinnerungen und identifizierte mich mit ihrem *derhom*, ohne konkrete Vorstellungen davon zu haben. Nach allem, was ich von ihnen vernommen habe, wurde der Begriff in meiner kindlichen Fantasie zu einem Ort, in dem alles schöner, größer und besser war als in der Welt, in der ich lebte.

Im Erwachsenenalter trat zur Neugierde das Bedürfnis hinzu, mehr über sie, ihr Dorf und ihre Geschichte, die ich nur vom Hörensagen kannte, zu erfahren. Nach und nach stellten sich Zweifel an ihren verklärten Rückblicken ein: War alles wirklich so schön in Brestowatz? Waren sie wirklich nur Opfer, wie sie es darstellten? Verbarg sich hinter der bereitwillig mitgeteilten Vergangenheit eine zweite Schicht, eine verschwiegene Vergangenheit?

Diese Gedanken ließen mich nicht mehr los. Ich wollte alle Facetten ihres Lebens in Brestowatz erfassen, auch die düsteren, nicht um anzuklagen oder sie an den Pranger zu stellen, sondern um Klarheit zu gewinnen. Ich wollte verstehen, wie sie als jugoslawische Staatsangehörige, die sie zum damaligen Zeitpunkt waren, und in einer Entfernung von mehr als 1000 Kilometern in den Sog

Nazideutschlands geraten konnten. Gezielte Recherchen und Befragungen noch Lebender sollten Gewissheit bringen. Je mehr Fragen ich stellte, je zielgerichteter ich fragen konnte, desto deutlicher traten auch dunkle Seiten hervor, die sie in ihren Erzählungen unterschlagen haben – Erinnerungen, die sie verdrängen wollten. Ich wollte Klarheit über beides: die Erfolgsgeschichte der Ansiedlung, aber auch über die Verstrickungen, in die sie sich im Laufe der Zeit hineinziehen ließen.

Wollte ich der Wahrheit näherkommen, konnte ich mich nicht länger nur mit ihren eigenen Aussagen und ihren mündlichen Überlieferungen begnügen. Sowohl die individuellen Erinnerungen als auch das kollektive Gedächtnis hatten sich als verfälscht und lückenhaft erwiesen. Ich brauchte zuverlässigere Quellen. Jahre der Recherche und der distanziert-kritischen Auseinandersetzung folgten. Alte Fotografien, Dokumente, Archive und einschlägige Literatur wurden zu den wichtigsten Trägern von Informationen.

Wissen, das helfen soll, sie und ihr Handeln besser zu verstehen und Wirkungszusammenhänge zu erfassen. Wissen, das zugleich auch Erklärungshilfen bereitstellt, ähnliche Erscheinungen in unserer heutigen Welt zu begreifen.

Rituale

Zwei Dorfszenen, eingefangen von Fotografen in den dreißiger Jahren des 20. Jahrhunderts, regen die Vorstellungskraft an.

Die Haustür zur Straßenfront öffnet sich, eine Frau mit einem Stuhl in der Hand tritt heraus, setzt sich auf den Gehweg in den Schatten der Maulbeerbäume. Sie sitzt nicht lange allein, eine andere Frau mit Stuhl kommt den Gehweg entlang, setzt sich neben sie, von allen Seiten kommen sie jetzt mit ihren Stühlen, einige Mütter mit ihren Kindern gesellen sich dazu. Die Reihe wird immer länger, formiert sich zu einem leichten Bogen, damit man sich besser unterhalten kann. Zu meiner Überraschung kommen vor das große barockisierte Haus auch Männer mit Stühlen und verlängern die Reihe der Frauen. Da gehören sie in meiner Vorstellung nicht hin! Vielleicht wollen sie nur mit auf das Bild! Eigentlich verbringen die die Sonntagnachmittage beim Kartenspiel, getrennt von den *Weiwern*, oder im Wirtshaus. Und Sonntagnachmittag ist es: Die Frauen in der sonntäglichen Tracht der Bäuerinnen, mit akkurat gefaltetem Kopftuch, mehreren Röcken übereinander, der kurze Schatten, der des Maulbeerbaums, erreicht die Gruppe noch nicht. Gut, dass das Kopftuch das Gesicht beschattet!

Abb. 5 Nachbarsleute treffen sich am Sonntagnachmittag auf der Gasse

Szenenwechsel

Der lange Schatten des Fotografen reicht weit in das Bild hinein, der der Maulbeerbäume erreicht die Front des Hauses und beschattet die Köpfe der sechs Frauen. Bis auf eine Ausnahme tragen sie kein schwarzes Kopftuch, sondern nur kleine Kappen, die den Hinterkopf bedecken. Alle haben gleichermaßen lange dunkle Röcke an mit einer Schürze, helle hemdartige Blusen ohne Kragen, gestrickte Schuhe – die typische häusliche Kleidung, die die Frauen in der Woche tragen. Wohlhabende Bäuerinnen, die es sich – ähnlich wie die Frauen der Handwerker – leisten können, an den Abenden in der Woche keiner Arbeit nachgehen zu müssen. Auch der Fliesensockel des Hauses verweist auf wohlhabende Bewohner.

Zwei der Gesichter erkenne ich: Franziska Werny, die zweite Frau meines Großvaters, und ihre gemeinsame Tochter Eva, Anwohner der Franzosengasse. Am nördlichen Ende dieser Straße im alten deutschen Dorfkern unweit der Hutweide muss sich diese Szene abspielen:

> Auf der Gass ist man ja nur im Sommer mit den Nachbarsleuten gesessen, im Winter ist man in der Kameradschaft »die Roj gegangen«, jeden Abend bei einem anderen. Die Männer haben Karten gespielt, und die Frauen haben gestickt oder gestrickt. Da ist

Abb. 6 Bäuerinnen sitzen am Feierabend in der Abendsonne zusammen

> nichts gegessen oder getrunken worden. Man saß zusammen und hat sich erzählt. Die Bauersfrauen sind in die Spinnstuben gegangen,

erinnert meine Mutter sich,

> an Maria Lichtmess war Schluss mit den Spinnstuben. Maria Lichtmess, Spinnen vergess und am Tag z'Nacht ess, hat es geheißen.

Eine Winterszene

Eine Gruppe von fünfzehn fleißigen Spinnerinnen hat sich in der Mitte der dreißiger Jahre vor dem Säulengang eines Bauernhauses dem Fotografen gestellt. Die kleine Rosel Heim mit ihrem Hündchen durfte mit auf das Bild. Alle Abgebildeten tragen ihre Tracht mit den wärmenden Umhängetüchern, auch die beiden Kinder. Die Bäuerinnen neben ihren Spinnrädern, in der vorderen Reihe sitzend, in der hinteren stehend, die hellen Hanffasern auf den Spinnrädern kegelförmig aufgetürmt, von Zierbändern zusammengehalten.

Ein geregeltes Leben, geregelter Tagesablauf, geregelter Wochenablauf, geregelter Jahresablauf gaben ihnen Halt und Sicherheit, förderten das Gemeinschaftsge-

Abb. 7 Bäuerinnen kommen an Winterabenden zum Hanfspinnen in Spinnstuben zusammen

fühl, grenzten sie von den *Roazen* ab und stärkten ihr Selbstbewusstsein. Jeder wusste, wo er hingehörte und wie er sich zu verhalten hatte. Da war die große Gemeinschaft der *Schwowe*, die soziale Schicht, die Verwandtschaft, die Familie und die Kameradschaft. Überall hatte man seinen festen Platz und seine Verhaltensregeln.

Die Kameradschaften bildeten sich schon früh und hielten ein Leben lang. Die Freundinnen und Freunde aus der Schule und aus der Nachbarschaft treffen sich in ihrer Gruppe nach dem Unterricht. Bis zu zwanzig können da zusammenkommen. Sie verbringen ihre Freizeit gemeinsam, treffen sich sonntags vor und nach dem Kirchgang, gehen am Samstagabend gemeinsam zum Tanzen, feiern die Feste gemeinsam. Auch nach der Hochzeit bleiben die Kameradschaften bestehen, die mitgebrachten Kameradschaften der Ehepartner bilden eine neue Einheit. Wer dazugehören will, muss sich an die Spielregeln halten. Individualität ist nicht gefragt. Wer gegen die Regeln verstößt, wie die *Pauli-Lies*, die sich scheiden lässt, gerät ins Abseits, wird zum Außenseiter. Ihre Tochter Maria, meine Mutter, lernt daraus.

Die Kameradschaft der *Werny-Ev*

Zehn junge Kameradinnen, Seite an Seite, in zwei Reihen hintereinander, in dunkler festlicher Tracht posieren vor der Kamera. Bauerntöchter im heirats-

Abb. 8 Kameradschaft der Eva Werny

fähigen Alter, ein weißes Taschentuch in der rechten Hand, glatt nach hinten gekämmte Haare, jede die von der Patin zur Taufe geschenkten Ohrhänger in den Ohren, das Goldkettchen von der Firmpatin um den Hals, gleicher ernster Blick in die Kamera. So könnten sie gerade aus der Kirche kommen oder auch zum Tanzen gehen und sich auf dem Weg dorthin beim Fotografen getroffen haben, um sich vor seinem halboffenen Vorhang ablichten zu lassen.

Kameradschaft des *Gantner-Sepp*

Vor dem gleichen Vorhang mit etwas anders fallenden Falten an einem anderen Tag vierzehn junge Kameraden. Die jungen Männer in der vorderen Reihe aufrecht auf Stühlen sitzend, die Hände auf den Oberschenkeln, die Kameraden in der zweiten Reihe stehend. Genauso ernst wie die Kameradinnen blicken sie in die Kamera. Auch sie in festlicher Kleidung, dunkler Anzug, alle in modischen Zweireihern, mit weißem Hemd.

Meine Fantasie malt sich aus, wie sie im Bauernwirtshaus aufeinander treffen: Im Tanzsaal sitzen die Mädchen an den Wänden entlang aufgereiht, die jungen Männer im Wirtsraum beim Wein. Wenn die Blaskapelle im Tanzsaal zu spielen anfängt, lassen die jungen Männer die Gläser stehen, stürzen in den Saal, um als

Abb. 9 Kameradschaft des Josef Gantner

erster bei dem hübschesten Mädchen oder der Auserwählten zu sein. Draußen vor den Fensterscheiben stehen die Mütter und beobachten das Treiben im Saal. Verklingt die Musik, ziehen sich die jungen Burschen wieder in den Schankraum zurück.

Wenn man verheiratet war, ist man nicht mehr jeden Samstagabend tanzen gegangen. Nur an Silvester und am Faschingsdienstag, da haben die Wirte Fischpaprikasch [Fischgulasch] im Kessel gekocht. Das hat man daheim ja nicht machen können, da sind dann alle in ihre Wirtshäuser gegangen, und nach dem Essen hat man auch ein bisschen getanzt. Und dann noch mal an Kirchweih, am Sonntag nach Maria Namen, da ist man abends auch tanzen gegangen. Vormittags war da erst eine Messe in der Kirche mit Orchester, von da sind die Männer ins Wirtshaus, die Frauen nach Hause gegangen und haben gekocht. Am Nachmittag war Rummel mit Englischreiterei [Karussell] und Verkaufsständen.

Und jedes Jahr am Pfingstdienstag sind alle mit dem Pfarrer nach Doroslo ans Brinndl [Brunnen] gepilgert, wo die Heilige Mutter Gottes einer Gänsemagd erschienen ist. In unsrer Zeit ist man ja nicht mehr zu Fuß gegangen, da sind alle mit Fuhrwerken hingefahren. Dort waren auch Englischreiterei und viele Verkaufsstände. Die Kinder haben Lezelder-Figuren [Lebkuchenfiguren] gekriegt, und zum Schluss hat man sich ein Fläschchen mit Wasser aus dem Brinndl gefüllt und mitgenommen.

Prozessionen hat's ja noch mehr gegeben. In der Fastenzeit sind alle am Kalvarienberg zusammen von einer Kreuzwegstation zur anderen gepilgert. Und dann die große Auferstehungsprozession in der Osternacht! In Vollmondnächten haben sie früher auch die Monstranz um die Kirche herumgetragen. Aber das war dem neuen Pfarrer doch zu viel, das hat der ganz schnell abgestellt.

Am 25. April, am Markustag, sind alle mit dem Pfarrer durch die Felder gezogen, und der hat die Saat geweiht. Und dann am Schloßentag im Juni sind wieder alle hinter dem Pfarrer her auf die Felder gegangen. Da hat der die Felder gesegnet, dass die Frucht vom Hagel und Unwetter verschont bleibt. Das ist geblieben.

An Fronleichnam ist die Prozession durch das ganze Dorf gezogen, vorne her gingen die Muttergottes-Moadle [Mädchen], ganz in Weiß mit weißen Spitzenhäubchen, und vier von ihnen durften die Muttergottes aus der Kirche tragen, die anderen die Banner, rechts und links von den Muttergottes-Moadle ist die Feuerwehr in ihren Uniformen marschiert, und alle anderen sind hinter ihnen hergegangen.

Für die Zeit, in der sie nicht mehr alle vereint hinter den Mutter-Gottes-Mädchen hergegangen sind, ist in ihren Erinnerungen kein Platz.

Zerfall der Donaumonarchie

Während die Serben in Brestowatz 1919 den Zerfall der Donaumonarchie eine Woche lang feierten und reichlich Böller abschossen, brach für viele ihrer deutschen Mitbewohner eine Welt zusammen. Seit ihrer Ansiedlung identifizierten sie sich mit dem Habsburger Hof. Diese Verbindung verlieh ihnen Sicherheit, und das Wissen, dass ihr Kaiser die gleiche Sprache sprach wie sie, stärkte ihr Selbstbewusstsein und ihr Überlegenheitsgefühl gegenüber den Angehörigen der anderen Nation, den Serben in ihrem Dorf. *Und nun sollen ausgerechnet die Serben die Oberhand gewinnen! Waren sie nicht immer kaiser- und königstreue Untertanen gewesen, hatten für den Kaiser gegen die Serben gekämpft und viele hatten dabei ihr Leben verloren! War das alles umsonst?*

Nach der Mobilmachung Österreich-Ungarns waren am 4. August 1914 bei rund dreihundertfünfzig Brestowatzern die Einberufungsbefehle zur kaiserlichen und königlichen Armee eingetroffen. Einer der Einberufenen war der Bauernsohn Nikolaus Boos, fünfundzwanzig Jahre alt. Er ließ seine junge schwangere Frau Theresia *(Rees)*, die er erst Anfang des Jahres geheiratet hatte, allein zurück. Der Abschied dürfte schwergefallen sein. Dennoch war insgesamt die Begeisterung für den Krieg groß. Die einrückenden Soldaten zeigten sich siegesgewiss und glaubten an einen schnellen Sieg. »Das wird ein kurzer Ausflug, zum Frühstück sind wir wieder zurück«, scherzten sie übermütig und sangen »Serbien muss sterbien«.

Nikolaus ist einer der ersten Brestowatzer, die in diesem Krieg ihr Leben verloren haben. Wie fast alle anderen war er zum Kriegsdienst nach Galizien beordert worden, wo russische Truppen bereits kurz nach Kriegsbeginn in das zur Donaumonarchie gehörende Gebiet eingedrungen waren. Am 8. Dezember des ersten Kriegsjahres kam er in Galizien ums Leben, eine Woche nach der Geburt seiner Tochter Veronika. Sie wird Opfer des Zweiten Weltkriegs werden – eine der Brestowatzerinnen, die im serbischen Internierungslager in Gakowa zu Tode kommen werden.

Insgesamt mussten rund hundert der Brestowatzer Kriegsteilnehmer im Ersten Weltkrieg ihr Leben lassen. Manche von ihnen hinterließen Frauen. Blieben vor dem Krieg Witwen selten lange allein, so waren die Chancen, einen Mann zu finden, während der Kriegsjahre gering. Das änderte sich 1919 schlagartig. Die meisten der Kriegsteilnehmer waren noch jung und waren unverheiratet in den Krieg gezogen. Sie kehrten im heiratsfähigen Alter zurück und strebten danach, eine Familie zu gründen. Vor dem Traualtar herrschte Hochbetrieb.

Einer der Kriegsheimkehrer ist auch Johann Pauli, der zweitälteste Bruder Elisabeth Paulis. Mit dreiundzwanzig Jahren ist er in den Krieg aufgebrochen, mit siebenundzwanzig Jahren kehrt er nach Brestowatz zurück. Er hat das Kriegsende in einem Lazarett in Wien verbracht und kommt – wie viele – lungenkrank in sein Elternhaus in der Kirchgasse zurück, in dem seine Mutter mit ihrem zweiten Mann, Georg Bernhardt, lebt. Die Bernhardts – typische Brestowatzer »Patchwork-Familie«: Es gibt ihre Kinder – die *Pauli-Kinder* –, von denen nur noch die Jüngste, Elisabeth, im Haus wohnt, seine Kinder – die mitgebrachten beiden *Bernhardt-G'schwister* – und die Kinder aus der gemeinsamen Ehe. Matthias, das älteste Kind der Magdalena Bernhardt, verwitwete Pauli, war zu dem Zeitpunkt achtunddreißig, das jüngste Kind, die Tochter Maria, elf Jahre alt.

Johanns Stiefvater drängt den Zurückgekehrten zur Heirat. Da ist die Boos-Witwe, die Tochter seines Bruders, *die wär doch die Richtige für ihn. Das ererbte Pauli-Geld und der stattliche Boos-Grundbesitz, das passt doch hervorragend zusammen. Da können sie doch andre für sich arbeiten lassen, da macht's nichts, dass er krank ist. Da ist doch beiden Seiten gedient.*

Der Totenschein für den im Krieg gebliebenen Ehemann lässt auf sich warten, der Stiefvater drängt. *Verlorene Zeit! Aber ohne Totenschein ist in Brestowatz nichts zu machen, da sieht's über der Donau anders aus. Dort drücken sie jetzt schon mal ein Auge zu, und der Pfarrer traut auch ohne Totenschein. Die Hochzeit vom Bruder Niklos in Ilok ist eh bald.*

Der sechsundzwanzigjährige Nikolaus Pauli hat das vom Vater ererbte Geld mittlerweile in einem gutgehenden Geschäft angelegt, für das er immer wieder unterwegs ist. In Ilok im benachbarten Syrmien verliebt er sich in die hübsche Olga Seitz, neunzehn Jahre alt, die Tochter deutschstämmiger Eltern. Die Hochzeit ist für den 24. November in der Heimatstadt der Braut festgesetzt. Johann Pauli folgt seinem Bruder nach Ilok. Noch vor dessen Hochzeit heiratet er dort die Kriegerwitwe Theresia Boos. Die Doppelhochzeit wird in großem Rahmen gefeiert. Die Verwandten aus Brestowatz reisen an und setzen mit der Fähre über die Donau. Eine aufregende Reise, nicht nur für die Kinder. *Na, und die Braut, schön ist sie; das muss man dem Niklos lassen, Geschmack hat er. Aber er ist selber ja auch ein stattlicher Mann, mit seinem Geschäft gehört er jetzt zu den Herreleit, 'ne Bäuerin aus Brestowatz ist dem nicht mehr gut genug.*

Das Hochzeitsbild vom November 1919

Ein dunkles Oval auf weißem Grund umrahmt die Oberkörper des Brautpaars, die beiden Köpfe nah beieinander. Das weiße Kleid und der weiße Schleier, der über den kurzgeschnittenen dunklen Haaren der Braut hoch aufgetürmt ist und ihre Schultern umhüllt, sticht dem Betrachter ebenso wie der große Strauß weißer Chrysanthemen ins Auge. Daneben der Bräutigam mit Schnauzbart. Sein dunkler Anzug hebt sich kaum vom Hintergrund ab, hebt aber das weiße Hemd mit hochstehendem Kragen umso mehr hervor.

Brestowatzer Bräute, egal ob *bäurisch* oder *handwerkrisch*, sehen anders aus. »Von denen ist doch keine Weiß und mit Schleier gegangen, und natürliche Blumen hat auch keine gehabt!«

Zwei Hochzeitsbilder, die ziemlich genau zwanzig Jahre später entstanden sind, bestätigen meine Mutter. Im Januar 1937 heiratet ihr Bruder, der Bauernsohn Wilhelm Werny, die Bauerntochter Magdalena Boos, im November 1939 der Bauernsohn Josef Gantner die Bauerntochter Eva Werny, ihre Halbschwester. In der Kirche wird Eva unter dem Familiennamen Leicht getraut. Ihr geschiedener Vater Franz Werny konnte seine zweite Frau Franziska Leicht nur standesamtlich heiraten, die Kirche verweigerte ihren Segen. Vor dem Pfarrer gilt Eva daher als uneheliches Kind ihrer unverheirateten Mutter.

Die beiden Fotografien nebeneinander rufen Verblüffung hervor. Bis in Details hinein reichen die Übereinstimmungen: Die jugendlichen Gesichter der

Abb. 10 Die weiße Braut, 1919

frisch Vermählten. Sie kaum siebzehn, er kaum zwanzig Jahre alt. Braut und Bräutigam stehen Seite an Seite nebeneinander, steif und teilnahmslos geradeaus in die Kamera blickend. Das bäurische Festgewand der Bräute endet kurz oberhalb der Knöchel, an den Füßen schwarze Lackschuhe mit Riemchen über dem Spann. Die Schwarz-Weiß-Fotografien verbergen die Farbe der Kleidung, die Schürzen scheinen schwarz zu sein mit quer verlaufenden Biesen im unteren Teil, der weit abstehende Rock und das kittelartige Oberteil heller, aber auch in einem gedeckten Farbton; der glänzende Stoff ist gleichmäßig von kleinem Blütenmuster durchzogen; das Oberteil mit großem Kragen, mehreren kleinen Falten an den Seiten, um die Taille ein Gürtel aus dem gleichen Stoff mit einer Schnalle. Diagonal über die Brust von der Schulter bis zur Taille ein Band aus kleinen weißen künstlichen Blüten, auf dem glatt nach hinten gekämmten Haar ein weißes Spitzenhäubchen; in der rechten Hand, von einem Rosenkranz umwickelt, ein weißes Taschentuch; um den Hals ein dünnes Goldkettchen mit einem kleinen Anhänger, dem traditionellen Geschenk der Firmpatin. Die jungen Männer im dunklen Anzug, auf der rechten Brust der weiße Schmuck des Bräutigams, zwei Blüten von einem Kreis umrahmt, darunter eine weiße Schleife. Die auffälligsten Unterschiede: Wilhelms Anzug ist einreihig, zum weißen Hemd trägt er eine dunkle Krawatte; Josefs Anzug ist doppelreihig, auf dem weißen Hemd ist keine Krawatte zu erkennen.

Auf einem Laufsteg schreiten in meinem Kopf Bräute hintereinander her: Meine Urgroßmütter, meine Großmütter, eine gleicht der anderen, weitere Fotografien erübrigen sich.

Die Braut in Weiß zieht nach der Hochzeit mit ihrem Ehemann Nikolaus Pauli nach Brestowatz. Für die Kinder ist sie die *Olga-Neni*, eine *Besel* wie die Brestowatzerinnen will sie nicht sein. Diese ungarische Verwandtschaftsbezeichnung galt immer noch als vornehm. Daran änderte sich auch nichts, als der ungarische Ortsnamen und die Straßennamen durch serbische ersetzt wurden, und Ungarisch nicht mehr länger Amts- und Unterrichtssprache geblieben ist.

Johann Pauli zieht nach der Hochzeit zusammen mit der kleinen Stieftochter und seiner Frau in deren großes Haus ein. Dreieinhalb Jahre nach der Hochzeit erliegt er den Erkrankungen, die er sich im Krieg zugezogen hatte. Sein Sohn Martin *(Marzi)* ist bei seinem Tod zwei Jahre alt. Ihm werden keine Erinnerungen an seinen Vater bleiben.

Die Brestowatzer fanden sich schließlich damit ab, dass sie nicht mehr zur Donaumonarchie gehörten, sondern zum Königreich der Serben, Kroaten und Slowenen. Die Österreicher hatten schon lange nichts mehr zu sagen, und den Ungarn trauerten sie ohnehin nicht nach. Sie vertrauten darauf, dass die Serben aus eigener Erfahrung wussten, was es heißt, unterdrückt zu werden, und aus diesem Wissen heraus sich gegenüber den anderen Volksgruppen toleranter zeigen würden.

Nur einige wenige der Deutschen machten daher aus Anhänglichkeit an Ungarn von dem Optionsrecht Gebrauch, das ihnen aufgrund der völkerrechtlichen Vereinbarungen ermöglichte, bis Januar 1922 nach Österreich oder Ungarn zu übersiedeln. Unter den Optanten war die Schwester meiner Urgroßmutter mit ihrer Familie. Sie ließen sich in Gara westlich der Donau nieder. Dort wird meine Großmutter nach ihrer Flucht aus dem Lager in Gakowa 1946 einen Unterschlupf finden. Alle anderen Brestowatzer blieben nach dem Ersten Weltkrieg ihrem Brestowatz treu. *Was sollten sie da in Brestowatz alles aufgeben, ihr Feld, ihr Haus, ihre Werkstatt, die konnten sie doch nicht mitnehmen! Und hier alles verkaufen und, wer weiß wo, wieder was Neues kaufen. Nein! Hier wissen sie, was sie haben, und was Besseres finden sie eh nirgendwo. Mit den Roaze zusammen leben sie jetzt schon über hundert Jahre, mit denen kommen sie doch aus!*

Abb. 11 Bauernhochzeit: Wilhelm Werny und Magdalena Boos, 1937

Abb. 12 Bauernhochzeit: Josef Gantner und Eva Werny, 1939

Und diejenigen, die nicht viel Feld hatten, das sie zurücklassen hätten müssen, schöpften Hoffnung. Im Februar 1919 nahm die neue Regierung das Gesetz für eine Agrarreform in Angriff: Das Feld sollten diejenigen bekommen, die es tatsächlich auch bearbeiten. Großgrundbesitzer sollten enteignet werden und das Land an landlose Bauern und Kleinstbauern verteilt werden. Bei der Durchführung des Vorhabens zu Beginn der zwanziger Jahre gingen fünfzehn Prozent des »schwäbischen Bodens« verloren, kein Deutscher bekam Land. Ernüchterung! *Ha, haben die uns vergessen? Zählen unser Leit für die nix? Wo soll das hinführen?*

Verbitterung setzte ein und führte unter den deutschstämmigen Bewohnern zu einer Auswanderungswelle. Das beliebteste Ziel waren die Vereinigten Staaten.

Dagegen zogen viele der Serben, die nach den Verträgen von Trianon noch in Rumpf-Ungarn lebten, in das serbische Staatsgebiet. Auch in Brestowatz traf 1924 eine Gruppe solcher Optanten ein. Am östlichen Ortsrand entstand als kleines Anhängsel die *Obdande-Gass,* die Optantengasse. Vierundvierzig serbische

Familien wurden hier neu angesiedelt. Ihre Enttäuschung war groß, kamen sie doch in ein Dorf, in dem überwiegend deutschsprachige Bewohner lebten, die die neuen Mitbewohner keineswegs begeistert aufnahmen, und auch die Serben im Dorf kümmerten sich wenig um sie.

Den Optanten wird nur ein kurzes Dasein in Brestowatz gewährt sein. 1941, nach dem Einmarsch der Ungarn, werden sie aus der Batschka ausgewiesen. *Das haben sie nun davon, dass sie nicht zu Ungarn gehören wollten!*

Königreich der Serben, Kroaten und Slowenen

Im 1918 neu gegründeten Staat, dem Königreich der Serben, Kroaten und Slowenen, zu dem die deutschen Brestowatzer nun gehörten, mussten sie sich wieder einmal Sorgen um ihre Sprache machen. Szilberek wurde wieder zu Bački Brestovac und die ungarischen Straßennamen, die 1904 nach dem Inkrafttreten des Ortsnamensgesetzes eingeführt worden waren, wurden durch serbische Namen ersetzt. Darum kümmerten sich die Brestowatzer wenig. Die Heime und die Bernhardts wohnten weiterhin in der Kirchgasse, die Wernys in der Franzosengasse, die Richter-Maria mit ihren Kindern Franz und Magdalena Bovier in der *Worschtgasse*, zum Wochenmarkt gingen sie nach wie vor an die Kreuzung der Bahnhofsgasse und Staparer Straße. Sie blieben zuversichtlich. *Die Herren in Belgrad haben doch versprochen, dass die deutschen Schulen das gleiche Recht haben sollen wie die serbischen. Die haben doch selber lange genug erleben müssen, dass sie nicht zu ihrem Recht gekommen sind. Die werden schon dafür sorgen, dass es den anderen Volksgruppen unter ihnen nicht so geht, wie's ihnen selber unter den Ungarn gegangen ist.*

Doch da irrten sich die deutschen Brestowatzer. Dem muttersprachlichen Unterricht, den die Serben 1918 nach der Okkupation den Minderheiten großzügig zugestanden hatten, um ihr Wohlwollen zu erzielen, wurde schnell ein Ende gesetzt. Schon 1920, nachdem die Grenzen des neuen Königreichs völkerrechtlich anerkannt worden waren, sahen die Serben keinen Grund mehr, weiterhin auf die Minderheiten Rücksicht zu nehmen. Ihr Ziel war es, ihrer eigenen Sprache und damit ihrer eigenen Nationalität zum Vorrang zu verhelfen. Darin unterschieden sie sich nicht von den Ungarn.

Kein Wunder, hatten doch beide Völker in ihrer Geschichte gleiche Erfahrungen gesammelt. Beide Nationen hatten sich Jahrhunderte lang der Herrschaft fremder Völker unterordnen müssen. Länger noch als die Ungarn waren die Serben in der Hand der Osmanen. Bereits Ende des 14. Jahrhunderts geriet das

Reich der Serben in die Vasallität des Osmanischen Reiches und ging im Verlauf des 15. Jahrhunderts ganz darin auf. Während in Ungarn die Türken bis zum Ende des 17. Jahrhunderts dominierten, blieb Serbien sogar bis 1878 unter der türkischen Herrschaft. Nach den Türken waren es die Österreicher, die beide Nationen unter ihre Oberherrschaft zwangen. Die Jahrhunderte lange Fremdherrschaft hatte sowohl die Ungarn als auch die Serben misstrauisch werden lassen gegenüber allem Fremden. Dieses Misstrauen erhielt zudem dadurch Auftrieb, dass sowohl Ungarn als auch Serbien Vielvölkerstaaten waren und beide ihr Streben nach einem Nationalstaat durch die anderen nationalen Gruppierungen bedroht sahen.

Mit dem Ausbruch des Ersten Weltkrieges war der nationalpolitische Traum der Serben von einem großserbischen Reich, in dem alle Südslawen unter serbischer Herrschaft vereint sein sollten, in greifbare Nähe gerückt. Noch im Jahr des Kriegsausbruchs, 1914, hatte die serbische Nationalversammlung die Vereinigung aller unter österreichischer Herrschaft lebenden Südslawen und Serben als Kriegsziel erklärt. Das Geschehen auf dem Kriegsschauplatz entwickelte sich zunächst jedoch in eine andere Richtung. Die Mittelmächte drangen 1915 weiter nach Serbien vor, besetzten die Hauptstadt Belgrad. Die serbische Regierung zog sich daraufhin ins Exil nach Korfu zurück. Der Traum von Großserbien schien zu zerplatzen. 1917 jedoch verstärkte sich die Hoffnung wiederum, dass der Traum der Serben Wirklichkeit werden könnte. Die Entente-Mächte hatten die Zerschlagung der Donaumonarchie zum Kriegsziel erklärt. Sollte dies gelingen, dann stünde eine politische Neugestaltung des Raumes bevor. Die Serben meldeten ihre Forderung an, alle Serben, Kroaten und Slowenen künftig in einem autonomen Staat zu vereinen, und nahmen Verhandlungen mit diesen Volksgruppen auf. Noch im Sommer 1917 einigten sich die serbische Regierung und ein Ausschuss der Südslawen in der Deklaration von Korfu darauf, unter der serbischen Dynastie Karađorđović ein gemeinsames Königreich zu gründen.

Das Kriegsgeschehen verlief für dieses Vorhaben günstig. Den serbischen Truppen gelang im Verlauf des Jahres 1918 die Rückeroberung der serbischen Gebiete. Am 29. Oktober beschloss der serbische Nationalrat in Zagreb daraufhin die Loslösung aus dem österreichisch-ungarischen Staatenverband, angespornt durch die im Oktober erfolgte Erweiterung des Vierzehn-Punkte-Programms des US-amerikanischen Präsidenten Wilson, in dem die Befreiung aller slawischen Völker aus der deutsch-österreichischen Herrschaft gefordert worden war. Die Gründung der Tschechoslowakei war am 28. Oktober erfolgt, einen Tag zuvor. Am 31. Oktober löste Ungarn die Realunion mit Österreich.

Die Entente-Mächte standen auf der Seite der Serben, so dass die Mittelmächte bereits einen Tag nach der serbischen Deklaration Belgrad räumten. Die Serben sahen damit ihre Chance gekommen, auch die ursprünglich von Serben besiedelten Gebiete in Südungarn zurückzuerobern. Bereits Anfang November überschritten serbische Truppen die ungarische Grenze. Sie drangen nach Norden vor und besetzten das Gebiet bis zur Nordgrenze des ursprünglichen serbischen Siedlungsraumes, der von einer Linie begrenzt wird, die nördlich von Subotica und Sombor verläuft und die Batschka umfasst. Am 25. November 1918 erklärte die serbische Nationalversammlung unter Berufung auf das Selbstbestimmungsrecht der Völker, das im Friedensprogramm der Entente festgelegt war, die Batschka als staatsrechtlich, politisch und wirtschaftlich von Ungarn losgelöst. Nachdem italienische Truppen von Westen her in das Habsburgerreich einmarschierten, hielten die Serben die Stunde für gekommen, die Vereinbarungen der Deklaration von Korfu in die Tat umzusetzen. Der serbische Prinzregent Alexander proklamierte, schneller als erwartet, am 1. Dezember den autonomen Staat »Königreich der Serben, Kroaten und Slowenen«.

Kaum waren die Kriegsteilnehmer der österreich-ungarischen Armee wieder zurück, wurden im Februar 1920 bereits die ersten Rekruten zur Ableistung des Wehrdienstes im neuen Königreich einberufen. Die jungen Deutschen im Dorf verweigern den Gehorsam und folgen dem Einberufungsbefehl nicht. Die Serben im Dorf geraten in Aufruhr. Die Ortspolizei holt Verstärkung im serbischen Nachbardorf Stapar, nimmt die Rädelsführer fest und sperrt sie im Keller des Gemeindehauses ein. Einige von ihnen sollen auch verprügelt worden sein. *Jetzt wollen die Serben ihnen zeigen, wer die neuen Herren sind, aber das lassen sie sich nicht bieten.* Dem serbischen Bürgermeister gelingt es am nächsten Tag, die Gemüter zu beruhigen und den Boykott aufzulösen. Die deutschen Brestowatzer sind gewarnt, ihr Misstrauen gegen die Serben wächst. Immer noch hoffen sie, bei Ungarn zu bleiben.

Die Batschka und mit ihr Brestowatz lagen damit in einem Gebiet, dessen Vertretung der serbische Nationalrat beanspruchte und das durch eine Demarkationslinie von Ungarn abgetrennt war. Völkerrechtlich waren diese Gebietsansprüche noch nicht anerkannt. Die endgültigen Grenzen sollten durch Friedensverhandlungen festgelegt werden, die 1920 in Pariser Vorstädten folgen sollten. Am 4. Juni 1920 unterzeichnete Ungarn den Friedensvertrag von Trianon. Ungarn verlor achtundsechzig Prozent seines früheren Staatsgebietes und neunundfünfzig Prozent seiner früheren Bevölkerung. Die Batschka und ihre Bewohner wurden dem neu entstandenen Königreich der Serben, Kroaten und Slowenen zugeschlagen.

Sie lebten wiederum in einem Vielvölkerstaat, zu dem außer den Deutschen Serben, Kroaten, Slowenen, Ungarn, Albaner, Türken, Rumänen und andere gehörten. Griechisch-Orthodoxe, Katholiken, Protestanten, Muslime und Juden lebten als buntes Gemisch nebeneinander und mussten miteinander auskommen. Die Serben konnten mit knapper Mehrheit ihren Führungsanspruch in diesem Völkerkonglomerat durchsetzen und verfielen in den gleichen Fehler, den sie zuvor den Ungarn verübelt hatten. Genau wie diese konnten sie sich nicht vom Nationalstaatsgedanken lösen. Gleiche Verhältnisse riefen gleiche Verhaltensweisen hervor. Wie einst die Ungarn in ihrem Vielvölkerstaat, so betrachteten nun auch die Serben alles Fremde als Gefahr für ihre Führungsrolle. Selbst die Kroaten, eine der drei staatstragenden Nationen, konnten ihre Selbstverwaltung nicht gegen die Serben durchsetzen; wie viel weniger konnten es da die anderen Minderheiten.

Die Minderheitenschutzverträge von St. Germain, die die Rechte der Minderheiten in dem Gebiet der ehemaligen Donaumonarchie sicherstellen sollten, wurden 1919 von den Vertretern der Serben unter Protest unterschrieben. Danach mussten sie den Minderheiten das Recht zugestehen, eigene Schulen und andere Erziehungseinrichtungen zu unterhalten.

Unter den Serben

So blieb in den Brestowatzer Schulen zunächst alles beim Alten. Serbische Inspektoren übernahmen statt der ungarischen die Schulaufsicht. Die serbische Sprache wurde Unterrichtsfach in allen Klassen. Ziel war es, dass die Schüler lernen sollten, vorgelesene serbokroatische Texte ins Deutsche zu übersetzen und in der Fremdsprache nacherzählen zu können. *Das kann ja auch nicht schaden*, darin waren sich die Brestowatzer einig.

Franz Bovier, mein Vater, kommt gerade in die fünfte Klasse. Anders als die meisten der deutschen Kinder hat er keine Mühe, die vorgelesenen serbischen Texte zu verstehen und nachzuerzählen. Er wohnt in der *Worschtgass*, dort, wo serbische Familien neben deutschen leben. Ursprünglich waren dort die Serben unter sich gewesen, aber in der zweiten Hälfte des 19. Jahrhunderts kauften immer mehr Deutsche den Serben Häuser und Felder ab. Die Grundstücke im Dorf waren durch das schnelle Wachstum der Bevölkerung knapp geworden. Die

Einwohnerzahl der Deutschen war 1895 bereits auf 4700 gestiegen. Da war die Nachfrage nach Häusern groß, und im *Roaze*-Viertel lagen die Preise deutlich unter dem, was für freiwerdende Häuser im deutschen Ortsteil bezahlt werden musste. So wurde das serbische Viertel allmählich von Deutschen unterwandert. Die deutschen und die serbischen Kinder spielten miteinander auf der Straße und verständigten sich in beiden Sprachen.

Geschriebene serbische Texte mit den Schriftzeichen dagegen sind auch für Franz genau wie für seine anderen Mitschüler ein Buch mit sieben Siegeln. Das Erlernen der völlig andersartigen Schriftzeichen im serbischen Alphabet macht große Mühe, die meisten schaffen es nicht und wollen es auch gar nicht schaffen. Schließlich ist ihre Sprache die deutsche Sprache.

Doch was war ihre Sprache tatsächlich? Sie redeten in ihrer *schwowischen* Mundart in der Schule ebenso wie nach der Schule zu Hause, während die Texte in den Schulbüchern in der deutschen Hochsprache verfasst waren. Das konnten sie lesen und verstehen, aber in der Hochsprache zu schreiben, fiel schwer. Der Rechtschreibteufel hatte da ein leichtes Spiel.

Den Zugeständnissen, die den Minderheiten zunächst gemacht wurden, wurde schnell ein Ende gesetzt. Schon 1920, nachdem die Grenzen des neuen Königreichs völkerrechtlich anerkannt worden waren, sahen die Serben keinen Grund mehr, weiterhin auf die Minderheiten Rücksicht zu nehmen. Wiederum bekamen die Brestowatzer die Folgen vor allem auch in ihren Schulen zu spüren.

Die nicht-kirchliche deutsche Schule in Brestowatz wurde zur Staatsschule, in der mindestens eine Klasse mit serbischer Unterrichtssprache eingerichtet werden musste. Dabei hatten die Gemeinden weiterhin für den Unterhalt der Schule zu sorgen, während der Staat die Besoldung der Lehrer übernahm – eine Methode, zu der davor schon die Ungarn gegriffen hatten: Die Lehrer wurden zu Staatsbeamten mit dem Auftrag, die Minderheiten auf das allmähliche Aufgeben ihrer Sprache und die Übernahme der Kultur der Staatsnation vorzubereiten.

Serbische Lehrer kamen, die Schulleitung wurde dem Serben Tornjansiki übertragen. Diese neuen Lehrkräfte sprachen nur unzulänglich Deutsch, die neue Lehrerin Julica kein einziges Wort.

Ja, wo soll denn das noch hinführen! Die wollen aus allen Serben machen. Dabei haben sie unter den Ungarn geklagt, dass sie wie im Kerker gehalten werden, jetzt wird's für uns noch schlimmer wie im Kerker! Gut für die Kinder, die noch zu einem von unsren Lehrern kommen. Bei denen weiß man doch wenigstens, wo man dran ist. Was macht's da, dass mancher noch immer ungarisch g'sinnt ist.

Maria Werny, meine Mutter, gehört zu den Kindern, die Glück haben. Sie wird 1921 eingeschult. Die geburtenschwachen Jahrgänge des Ersten Weltkriegs machen sich bemerkbar. Deutlich weniger Kinder als sonst sitzen in der ersten Klasse auf den Schulbänken, und sie werden vom *Marzi-Lehrer* aus der Stumpfögger Lehrerdynastie unterrichtet, die seit der Ansiedlung das Brestowatzer Schulleben prägte. Es drohte die Gefahr, dass für diesen Jahrgang auf Dauer keine deutsche Klasse erhalten blieb, da nicht die Mindestzahl von dreißig Kindern zusammenkam. Die Zusammenlegung zweier Klassen schuf Abhilfe und führte zugleich die Geschwister Maria Werny und Wilhelm Werny im Klassenraum zusammen. Einen gemeinsamen Schulweg hatten Bruder und Schwester nicht. Er ging zum Vater und der Stiefmutter ans Ende der Franzosengasse, sie in das Haus der Großmutter und des Stiefgroßvaters in der Kirchengasse, ein paar Häuser hinter der Kirche.

Auf einem Klassenfoto aus dem Jahr 1927 steht Maria rechts hinter dem Lehrer, zwei Reihen weiter am rechten Rand steht Wilhelm Werny, ihr ein Jahr jüngerer Bruder. Der *Marzi-Lehrer*, umgeben von achtundvierzig Schülern der fünften und sechsten Klasse, sitzt, man könnte fast sagen, er thront mit überschlagenen Beinen, beide Hände auf den Oberschenkeln, bekleidet mit einem Anzug, in der ersten Reihe. Alle Blicke sind ernst auf die Kamera gerichtet, kaum ein Lächeln zeigt sich auf einem Gesicht.

In der Schule gab's nichts zu lachen, die Lehrer waren streng. Da hat sich keiner zu mucksen getraut, alle waren mucksmäuschenstill. O weh, wenn da einer getuschelt oder gelacht hat, da hat's gleich was mit dem Rohrstock gegeben. Die hatten's ja auch verdient. Aber die armen Kinder, die schlecht gelernt haben, wenn die was nicht gewusst haben, war auch der Rohrstock dran. Das war doch nicht gerecht, die konnten doch nichts dazu, dass ihnen das Lernen schwergefallen ist. Und der Pfarrer im Religionsunterricht, der war noch schlimmer. Wenn einer am Sonntag nicht in der Kirche war, hat's Schläge gegeben. Einmal hat er ein Kind, das weit draußen auf dem Sallasch gewohnt hat, im Winter gefragt, warum es am Sonntag nicht in der Kirche war. Der Junge hat gesagt, es war so kalt und lag so viel Schnee, und er hat keine Schuhe gehabt. Da hat der Pfarrer ihn verprügelt, statt dass er ihm Schuhe gekauft hätte.

Was hat man schon in der Schule gelernt? Die Bücher waren serbisch. Wie viele Kinder haben schon Serbisch gekonnt! Man hat sich halt die kyrillischen Wörter zusammengestoppelt und auswendig gelernt, was in den Büchern stand. Das hat man aufgesagt, aber man hat nicht gewusst, was man sagt. Nicht mal Serbisch hat man so gelernt. Ein Wunder, dass man überhaupt was gelernt hat.

Das überrascht meine Mutter noch im Nachhinein.

Im gleichen Jahr, in dem das Klassenbild gemacht worden ist, kommt Maria aus der Schule. Der Stiefgroßvater entscheidet:

> Was anfangen mit ihr? Zum Arbeiten ist die doch noch viel zu schwach! Die geht noch mal ein Jahr auf die serbische Schule, dass sie wenigstens Serbisch lernt.

Maria überredet ihre Freundin, mit ihr gemeinsam die serbische Schule zu besuchen, damit sie nicht allein unter den Serben sein musste. Die beiden sprechen weiterhin Deutsch miteinander. Serbisch gelernt haben beide auf diese Weise in dem Jahr nicht.

Die Letzten

Die Ehe Elisabeth Paulis und Franz Wernys

Während auf der großen Bühne der Welt Truppen verfeindeter Völker gegeneinander kämpfen und die österreichisch-ungarische Monarchie zerfällt, bekriegen sich von 1914 bis 1919 im Wernyschen Haus in der Franzosengasse in Brestowatz zwei miteinander verheiratete Menschen – Elisabeth Werny geborene Pauli und Franz Werny. Eine Ehe zerfällt. Die Hochzeit der beiden hatte am 28. Juni stattgefunden, einen Monat bevor Österreich-Ungarn den Serben den Kriegs erklärte.

Elisabeth will den Werny-Franz nicht. Sie protestiert, *sie liebt einen anderen, und er hat eine andere geliebt. Soll er die doch heiraten! Sie will keinen, von dem eine andere ein Kind kriegt.* Es hilft nichts, der Stiefvater bleibt unerbittlich. *Sie ist noch zu jung, weiß nicht, worauf es ankommt, Hauptsache, das Sach stimmt, alles andere findet sich dann von allein. Sie soll froh sein, dass der Werny-Franz sie nimmt, ohne Grundbesitz nimmt sie kein andrer reicher Bauer. Und ein Zimmermann wie der Kaß, der passt nicht zu einer Pauli. Beim Werny hat sie ausgesorgt, der hat Grund genug, der kann andre für sich arbeiten lassen, bei dem muss sie nicht mit auf's Feld, muss sich nicht die Hände dreckig machen.*

Das Geld, das Elisabeth von ihrem Vater geerbt hat, zählt bei Bauern nicht, da zählt nur Feld, mit dem sie ihre Gier nach Land befriedigen können. Und Feld zu kaufen, gibt es schon lange keines mehr in Brestowatz. Nein, Feld, das sie in eine Ehe einbringen kann, hat sie nicht, das Feld, das sie von ihrem Vater geerbt hat, noch bevor sie auf der Welt war, ist verkauft und der Erlös mündelsicher bis zur Heirat oder Volljährigkeit für sie angelegt worden. Dieses Geld soll nach der Eheschließung in Kriegsanleihen übertragen werden, so vereinbaren es der künftige Ehemann und der Stiefvater der Braut.

Der Tag, an dem im Gemeindehaus und beim Pfarrer das Aufgebot bestellt werden soll, wird festgelegt, der Hochzeitstermin ist drei Wochen später. *Schluss und aus.* Der Tag kommt, und der Bräutigam kommt, um die Braut abzuholen. Elisabeth ignoriert den Termin, zieht sich nicht um; soll er doch zum Standesamt gehen, mit wem er will, mit ihr nicht. Schläge des Stiefvaters lassen ihr keine Wahl. Sie gibt sich in dieser Runde geschlagen. Das Aufgebot wird bestellt.

Aber sie gibt nicht auf. Sie werde am Altar »Nein« sagen, beteuert sie, auch noch am Morgen der Hochzeit. Sie lässt sich kämmen und ankleiden, vom Bräutigam und den Hochzeitsgästen zum Gemeindehaus führen, sagt »Ja« vor dem

Standesbeamten, lässt sich im Hochzeitszug zur Kirche führen. Noch steht das letzte »Ja« aus, die letzte Chance zu entkommen.

Der Hochzeitszug nähert sich dem Tor zum Kirchenhof, von der Kirche aus kommt ihnen ein kleiner Zug entgegen, ein Täufling mit Paten und Großmutter. Am Tor treffen beide Gruppen aufeinander. Der Taufzug tritt zur Seite, damit das Brautpaar mit den Gästen zur Kirche schreiten kann, der Täufling wird den Vorbeiziehenden zur Besichtigung entgegengehalten.

Zufall oder Fügung? Hat der Teufel im Hintergrund höhnisch grinsend seine Hand im Spiel und präsentiert die fleischgewordene Sünde des Bräutigams? War es Elisabeths Schutzengel beim letzten Versuch, sie zur Umkehr zu ermahnen und vor Schlimmerem zu bewahren?

Keiner der Vorbeiziehenden sagt etwas, alle wissen Bescheid, die Braut und der Bräutigam, die Gäste und das ganze Dorf: Das Neugeborene ist unmittelbar zuvor von dem Pfarrer Johann Bach auf den Namen Helena Vogel getauft worden – Mutter Franziska Vogel, ledig, Vater Franz Werny, zur Ehe aufgeboten mit Elisabeth Pauli, in diesem Moment Richtung Traualtar schreitend. Dem Pfarrer bleibt keine Zeit, zwischen Taufe und Trauung den Ornat zu wechseln.

Und dann hat sie doch »Ja« gesagt.

Alle atmen auf, der Hochzeitsfeier im Bauernwirtshaus steht nichts mehr im Wege.

Wer »A« sagt, muss auch »B« sagen. Ein knappes Jahr später stellt Elisabeth augenscheinlich unter Beweis, dass sie sich ihren ehelichen Pflichten nicht entzogen hat: Am 11. April 1915 wird die Tochter Maria Werny geboren. Kaum war das erste Kind auf der Welt, wird Elisabeth schon wieder schwanger. Das zweite Kind, der Sohn Wilhelm, genannt *Willam*, kommt am 16. April 1916 auf die Welt. *Na also, es klappt doch mit den beiden,* so die allgemeine Meinung.

Tut es nicht! Elisabeth hat den Kampf angesagt. Ihr Stiefvater rät dem jungen Ehemann zur Geduld und zum *Schöntun*. Franz ist verzweifelt: »Aber wie soll er ihr schöntun, wenn sie ihm nur noch den Arsch hinstreckt.« Da weiß auch der Schwiegerstiefvater keinen Ausweg mehr.

Einen Weg aus ihrer ehelichen Not findet Elisabeth. Sie besinnt sich ihrer Jugendliebe. Die Gelegenheit ist günstig, seine Ehefrau ist zur Hebammenausbildung in der Stadt. Die Luft ist rein. Elisabeth besucht ihn, besucht ihn immer öfter. Gerede im Dorf bleibt nicht aus. Das geht so lange gut, bis Franz Werny seine Frau in flagranti erwischt. Aus ist es mit der Kameradschaft, aus ist es mit der Ehe. Elisabeth weigert sich, in das eheliche Haus zurückzukehren, sucht Zuflucht im Elternhaus.

Skandal in Brestowatz! Offenkundiger Ehebruch! *Das gibt's doch nicht in Brestowatz!* Ihr Mann schickt Boten, die Elisabeth dazu bewegen sollen, zu ihm zurückzukehren, *alles ist vergessen und alles vergeben.* Sie bleibt standhaft. Auch als ihr älterer Bruder Johann sie, die Schande der Familie, zu Boden prügelt, gibt sie nicht nach. Es hilft nichts, sie will nichts mehr mit diesem Mann zu tun haben, sie will die Scheidung.

1919 also rechtskräftige Scheidung. Noch größerer Skandal in Brestowatz! *Scheidung, wo gibt's denn so was noch einmal in Brestowatz! Dabei hat sie ihn doch hintergangen, nicht er sie. Der würde sie ja trotzdem behalten. Sie hat's doch wirklich gut gehabt bei ihm. Das hat er nicht verdient, dass sie ihn sitzenlässt. Aber der find' schon 'ne andre. Da sind genug, die gern Herrin in so einem großen Haus wären. Und dann den Mädchennamen auch noch annehmen! Ha, ist die jetzt ganz und gar von Sinnen! Das sie ihm das antut!*

Elisabeth hat die Schlacht gewonnen, aber ihr inneres Gleichgewicht verloren. Ihre Verluste sind hoch. Sie ist den Mann und den verhassten Namen zwar los, aber sie steht mittellos da. Mit der Niederlage der Habsburger geht auch ihr Geld verloren, sie ist besitzlos geworden und muss selbst für ihren Lebensunterhalt sorgen. Auf eine zweite Ehe kann sie nicht hoffen, kein Mann in Brestowatz wird eine Frau mit ihrer Vergangenheit heiraten. Sie muss mit dem Makel der geschiedenen Frau leben. Bei ihrem Bruder *Niklos* findet sie Unterstützung. In seinem großen Geschäftshaus kann sie den Haushalt führen und ein bisschen Geld verdienen. Auf eines ihrer beiden Kinder muss sie verzichten. Im Scheidungsurteil ist festgelegt, dass der Vater das Sorgerecht für den Sohn Wilhelm, *Willam*, die Mutter das für die Tochter Maria erhält. Ihren kleinen Jungen muss Elisabeth daher beim Auszug aus dem ehelichen Haus zurücklassen, nur das inzwischen vierjährige Mädchen darf sie mitnehmen.

Franz Werny verliert durch die Scheidung seine Frau und seine Tochter, die materiellen Verhältnisse bleiben jedoch unangetastet. Sein Ruf ist angekratzt, aber das Mitgefühl der Dorfbewohner ist auf seiner Seite. Das uneheliche Kind und die sitzengelassene Mutter bewerten sie als die Narrheit eines stürmischen jungen Mannes – verzeihlich, und an der Scheidung trifft ihn in ihren Augen keine Schuld. Dennoch beeinträchtigt die Scheidung sein weiteres Leben. In der Kirche geschlossene Ehen sind unauflöslich, eine kirchliche Trauung kommt nicht mehr in Frage – in Brestowatz ein Hindernis bei der Suche nach einer neuen Frau. Franziska Leicht ist dazu bereit, sich mit einer Trauung durch den Standesbeamten zu begnügen und auf die kirchliche Zeremonie zu verzichten. Im Oktober

1921 kommt die gemeinsame Tochter Eva Werny zur Welt. Wenige Tage danach wird sie in der Kirche getauft. Der Eintrag im Taufregister: »Eva Leicht« – »Mutter Franziska Leicht«, der Namen des Vaters fehlt. Aus der Sicht der Kirche das zweite uneheliche Kind des Franz Werny.

Der inzwischen fünf Jahre alte *Willam* hat eine neue Familie bekommen und kann in seiner gewohnten Umgebung bleiben. Mit Vater, Stiefmutter und Halbschwester wächst er auf.

Maria Werny

Willams Schwester Maria hingegen muss sich – getrennt von Vater und Bruder – an ein neues Zuhause gewöhnen. Ihre Mutter, die sich im Haus ihres Bruders Niklos aufhält, sieht Maria nur selten.

Das Joch der Scheidung ihrer Eltern lastet ihr Leben lang auf Maria. Am Bett meiner über neunzigjährigen, dement gewordenen Mutter sitzend, höre ich sie sagen:

> Ich hab nicht verstanden, warum meine Eltern auseinandergegangen sind. Ich hab sie doch beide so gern gehabt. Ich hab so geweint, ich war doch noch so klein.

Maria ist bei der Trennung ihrer Eltern vier Jahre alt. Sie kommt ins Haus der Großmutter und des Stiefgroßvaters. Dort wächst sie mit den beiden jüngsten Kindern der Bernhardt-Großeltern auf. Die älteren Kinder der Bernhardts sind schon verheiratet und leben nicht mehr bei den Eltern. Sie muss sich ausgeliefert vorgekommen sein und als Außenseiterin gefühlt haben. Dazu kommt ihr Name. Eine *Moari*, ihre sechs Jahre ältere Tante, gibt es bereits in ihrem neuen Zuhause. Um Verwechslungen zu vermeiden, wird sie von nun an *Marisch* (ungarische Abkürzung) genannt. Alle Verwandten um sie herum – auch ihre Mutter – heißen Pauli oder Bernhardt, nur sie heißt Werny. Wie soll ein vierjähriges Kind das alles verstehen? Es wird auch keine Versuche gegeben haben, es ihr zu erklären. Wer hätte das auch tun sollen? Ihre Mutter war verfangen in eigenen Problemen.

Marischs Vater widerstrebte die Unterbringung seiner Tochter bei den Großeltern: *Wenn das Kind nicht bei der Mutter ist, dann gehört das Kind zum Vater, jedenfalls nicht zu den Großeltern.*

Am Sonntag nach dem Kirchgang nimmt er deshalb seine kleine Tochter mit in sein Haus. Entrüstung im Hause Bernhardt: *Der hat doch gar kein Recht auf das Kind, dem werden die Bernhardts es schon zeigen. Was Recht ist, muss Recht bleiben. Das ist doch Entführung! Das Kind gehört zu ihnen. Genug, dass er den Jungen zugesprochen gekriegt hat.* Am Sonntag darauf nimmt Maria Bernhardt ihre kleine Nichte wieder mit in das bernhardtsche Haus. Das Tauziehen um die kleine Marisch geht hin und her. Der Vater droht damit, unter den Umständen das Sorgerecht einzuklagen.

Es war zum Verrücktwerden! Die Mutter will ihre Tochter nicht auch noch verlieren. Gemeinsam mit den Eltern sucht sie nach einer Lösung des Problems. Sie kann künftig mit ihrem Mädchen zusammen das kleine Sommerhaus auf dem bernhardtschen Grundstück bewohnen. Tagsüber ist sie im Haus des Bruders, zum Schlafen kommt sie nach Hause. So wächst die kleine Maria Werny weiterhin im Hause der Bernhardt-Großeltern auf, einem Bauernhaus.

Rückblickend erzählt meine Mutter:

Bis ich zwölf war, bin ich auch wie die Moari in bäurischer Tracht mit den vielen Röcken übereinander gegangen. Aber als ich aus der Schule gekommen bin, hat meine Mutter gesagt, dass ich handwerkerisch gehen soll und hat mich ins Handwerkerwirtshaus zum Tanzen geschickt, weil ich einmal einen Handwerker heiraten sollte. Die Moari ist immer bäurisch gegangen, weil die ja auch einen reichen Bauern heiraten sollte. Drum ist sie auch ins Bauernwirtshaus Kopschitz zum Tanzen gegangen. Da sind aber nur die reichen Bauern hin, die Tagelöhner und Feldarbeiter haben ihr eigenes Wirtshaus beim Lerner gehabt. Dorthin musste meine beste Freundin, die Helen, gehen, weil sie keinen Vater hatte und ihre Mutter nur Magd war. Wir waren bis dahin immer zusammen. Sie ist auch bei ihren Großeltern aufgewachsen, die ganz in der Nähe gewohnt haben. Sie war ein Jahr älter und ist ein Jahr vor mir in die Schule gekommen. Aber dann ist sie sitzengeblieben und musste ein Jahr wiederholen, und dann waren wir wieder zusammen. Nach der Schulzeit war's dann vorbei. Sie musste bei einem Metzger dienen gehen, und ich bin mit einer anderen Freundin noch ein Jahr auf die serbische Schule gegangen und hab andere Kameradinnen gefunden, mit denen ich zusammen gegangen bin und mit denen ich zum Tanzen ins Handwerkerwirtshaus gegangen bin.

Die Männer haben ihre Kameradschaft gehabt, und die Frauen haben ihre Kameradschaft gehabt. Da ist man aber auch schon nicht mehr in die Schule gegangen. In einer Kameradschaft waren nur Jungen oder nur Mädchen, die zusammen gegangen sind. Na, das hätte was gegeben, wenn Jungen und Mädchen da zusammen gewesen wären!

Auch beim Tanzen im Wirtshaus waren die Burschen und die Mädchen getrennt. Die Männer waren im Wirtsraum und haben dort was getrunken und sich unterhalten oder Karten gespielt, die Mädchen sind im Tanzsaal rundum auf Bänken an den Wänden entlang gesessen und haben nur darauf gewartet, dass die Musik einsetzt und die

Burschen rüberkommen und zum Tanzen auffordern. Oh weh, die armen Mädchen, die da sitzen bleiben mussten! Ein Tanz, das war nicht so schlimm, aber manche sind den ganzen Abend sitzen geblieben, weil keiner mit ihnen tanzen wollte. Und die Mütter, die haben draußen vor den Fenstern gestanden und reingeguckt und aufgepasst, wer da mit wem tanzt. Getrunken haben die Mädchen nichts. Wenn die Musik nicht gespielt hat, dann hat man sich halt unterhalten. Von acht bis zehn haben sie Blasmusik gespielt, das war eine richtige Kapelle von zehn Musikanten, später war dann nur noch einer, der die Ziehharmonika gespielt hat. Aber da waren auch nicht mehr viele da zum Tanzen.

Klare ständische Gliederung, die Orientierung bot. Man wusste, wie man sich zu kleiden hatte, in welches Wirtshaus man zum Tanzen zu gehen hatte, wen man zu heiraten hatte, wo man seine Kameradschaft fand. Kameradschaften gliederten die jeweiligen Stände und hielten ein ganzes Leben. Wehe dem, der ausbrach!

Helens Geschichte

Dass Helen – die Kinderfreundin meiner Mutter – ihre Halbschwester ist, davon erfuhr ich erst, als ich bereits neunzehn Jahre alt war. Weitere vier Jahrzehnte hat es gebraucht, bis ich Helen Menrath zum ersten Mal begegnet bin. Aus ihrem Mund erfahre ich, wiederum Jahre später, ihre Geschichte:

Ich war unehelich, ich war immer nur die Arme, mit mir wollten die Wernys nichts zu tun haben, und dabei haben wir Kinder doch nichts dazu gekonnt. Ich hab mit meiner Mutter und Großmutter nicht weit von Bernhardts gewohnt, und bei ihnen hat die Marisch mit ihrer Mutter gewohnt. Es waren ja ihre Großeltern. Wir haben von klein auf immer zusammen gespielt. Da haben wir noch nichts davon gewusst, dass wir Schwestern sind! Ich war viel bei ihr daheim. Ihre Mutter und ihre Großmutter waren immer gut zu mir. Die Leute haben oft gesagt: »Na, da kommen sie ja, die zwei Schwestern.« Wir haben uns nichts dabei gedacht und haben geglaubt, das sagen sie halt, weil wir immer zusammen sind – wie Schwestern. Alle haben es gewusst, nur wir nicht. Meine Mutter hat mir nie gesagt, wer mein Vater ist, und hat nie über ihn gesprochen. Ich weiß nicht, warum er sie nicht geheiratet hat. Sie war halt nur Magd bei ihnen auf dem Hof. Warum sie`s gemacht hat, ich weiß nicht. Ob es Liebe war? Deine Großmutter, die Lies-Besel, hat den Franz deshalb ja nicht heiraten wollen, aber sie hat ihn nehmen müssen.

Wenn ich mit der Marisch bei ihr zu Hause gespielt habe und sie zu ihrem Vater geschickt worden ist, dann hat ihre Mutter gesagt: »Geh nur auch mit.« Ich bin halt mitgegangen und hab auch immer was gekriegt. Zu Hause hab ich es auf den Tisch gelegt und gesagt, von wem ich es hab und dass die anderen sich auch davon nehmen sollen. Meine Großmutter hat genommen, meine Mutter hat nie genommen. Sie hat immer gesagt: »Du hast es gekriegt, du musst es auch essen.« Ich wusste ja nicht, warum sie nichts genommen hat. Die Marisch und ich sind auch zusammen in die Schule gegangen. Ich bin ein Jahr älter als sie und ein Jahr früher reingekommen, aber in der ersten Klasse bin ich sitzengeblieben, und dann waren wir wieder immer zusammen, bis wir tanzen gegangen sind.

Von da an sind wir nicht mehr zusammen gegangen. Die Marisch hat bei den Handwerkern getanzt und ich bei den Tagelöhnern. Nachdem wir beide verheiratet waren, habe ich sie nur noch zweimal gesehen, solange wir in Brestowatz waren. Ich hab im Garten gearbeitet, und sie ist auf dem Fahrrad mit Heu für die Kuh vorbeigekommen, aber wir haben nichts zueinander gesagt. Das andere Mal war auf einer Hochzeit. Da hat unser Nachbar geheiratet und wir waren geladen. Der Werny-Franz war Firmpate vom Bräutigam, und drum waren er und seine Kinder auch auf der Hochzeit. Es war das einzige Mal, wo wir alle zusammen waren. Das hat er nicht ertragen. Er hat sonst nie getrunken, aber an dem Tag hat er so viel getrunken, dass er vollkommen besoffen war. Er hat das nicht ausgehalten, dass wir alle zusammen waren.

Einmal hab ich mit den Kindern auf der Straße gespielt, da sind Leute vorbeigegangen, und ich habe gehört, wie die gesagt haben: »Das ist eine echte Werny.« Ich bin nach Hause gerannt und hab gefragt, wie ich heiße. Meine Großmutter hat gesagt: »Wie sagen sie denn in der Schule zu dir?« – »Helen Vogel.« – »Na, also, dann weißt du doch, wie du heißt.«

Wann die Marisch erfahren hat, dass wir Schwestern sind, weiß ich nicht. Ich war schon sechzehn, als ich erfahren habe, wer mein Vater ist. Ich hab in einer Metzgerei gedient und einmal die Straße gekehrt, als ein Mann vorbeigekommen ist und gesagt hat: »Na, Helen, kehrst du die Gass?« Hinterher hat mich die Metzgerin gefragt: »Weißt du, wer der Mann vorhin war, Helen? Das war dein Vater«, hat sie gesagt.

Die Ev, die er dann noch mal mit seiner zweiten Frau gekriegt hat, ist immer in die Metzgerei einkaufen gekommen. Da hab ich sie einmal gefragt: »Was macht deine Mutter?« – »Die ist im Bad.« So war das bei den reichen Bauern, die Frauen sind zur Kur, weil sie krank waren, aber es war nur zum Vergnügen. So reich war er, aber für mich hat er nicht mal ein Sack Frucht (Getreide) übrig gehabt. Wir hätten es brauchen können. Er hat meiner Mutter nie was für mich bezahlt. Einmal habe ich in einer Schublade ein Notarschreiben gefunden, da standen die Namen Franz Werny und Franziska Vogel drin, aber ich hab es ja nicht lesen können, weil es auf Ungarisch war, und meine Mutter hat nichts gesagt. Anscheinend hat es aber einen Prozess gegeben.

Franz Bovier

Gärtner oder Kunstmaler wollte er werden, der Franz Bovier, wenn er schon nicht Bauer werden konnte wie sein Vater. Für ihn, den Anton Bovier, hat das Land, das er von seinem Vater geerbt hat, nach der Teilung mit der Schwester Anna, gerade noch gereicht, um eine Familie zu ernähren. Auf zusätzliches Land von der Mutter Anna Milla hatte er nicht hoffen können, sie hatte es ihrem zweiten Mann übertragen und so als Erbe für ihre Dörner-Kinder gesichert. Ihre *bowwjärschen* Kinder gingen leer aus. Ein Weg, den viele Brestowatzer beschritten!

Das, was für seinen Sohn Franz übrig bleibt, reicht nicht mehr, um seine Existenz als Bauer zu sichern. Will er nicht als Tagelöhner oder Knecht enden, muss er ins Lager der Handwerker wechseln. Ein sozialer Abstieg in den Augen der Brestowatzer.

Franz erlernt einen Beruf, aber er wird nicht Gärtner und auch nicht Kunstmaler, das Schicksal weist ihn auf eine andere Bahn. Die Weichenstellung erfolgt 1919, als seine schon früh verwitwete Mutter wieder heiratet und ihm mit Peter Richter einen Klempner ohne eigene Kinder, dafür mit einer eigenen Werkstatt als Stiefvater beschert. Was Wunder denn, dass der kleine Franz dazu ausersehen wird, diese Werkstatt einmal zu übernehmen. So muss er, als es 1922 aus der Schule kommt, das Klempnerhandwerk erlernen. »Gut«, hat er gesagt, »ich mach's, aber nur, wenn ich nicht zu ihm, dem Stiefvater, in die Lehre gehen muss.« Aber er muss. *Wozu Lehrgeld zahlen, wenn ein Meister im eigenen Haus ist.* Franz hat keine Wahl, er beginnt die Lehre beim Stiefvater. Das Schicksal hatte nun doch ein Einsehen, die Lungenkrankheit, die der Stiefvater sich im Ersten Weltkrieg zugezogen hatte, wird schlimmer. Im Laufe des Jahres 1923 kann er die Werkstatt nicht weiter betreiben, ein Jahr darauf stirbt er. Ein anderer Lehrherr für Franz muss her. Sein Onkel Franz Eschbach, der Bruder der Mutter, springt ein. Er ist, o glückliche Fügung des Schicksals für die Mutter, Klempner im benachbarten Hodschag (Odžac) und nimmt den Neffen als Lehrling in seiner Werkstatt auf – lehrgeldfrei. Auch dieser Onkel hatte seinerzeit das Klempnerhandwerk erlernen müssen, um die Nachfolge für die Werkstatt seines Ziehvaters, bei dem er aufgewachsen war, sicherzustellen. Im Kopfbilderbuch taucht das »ausgewanderte Bild« auf mit dem jungen Mann im hellen Anzug, der hinter der *Klampfer-Großmutter* steht, seiner Ziehmutter.

Ein kleines Trostpflaster für den *Klampfer-Lehrjungen Franz*, er kommt aus Brestowatz hinaus, wenn auch nur in die benachbarte Stadt, und auf den künftigen Meister wartet bereits eine komplette Ausstattung an Werkzeug.

Doch der *Bowwjär-Franz* denkt nach der Lehrzeit nicht daran, in Hodschag zu bleiben oder gar nach Brestowatz zurückzukehren. Vier Monate hält er es noch in Hodschag beim Onkel als Geselle aus, dann lockt die Stadt. *Er will erst mal was von der Welt sehen und was erleben! Nach Brestowatz kommt er noch früh genug!* Zunächst führt sein Weg nach Neusatz (Novi Sad) an der Donau, wo er im August 1926 bei einem serbischen Meister seinen Dienst antritt. Aber er bleibt nicht lange bei ihm. Schon im darauffolgenden Januar zieht er weiter. Die Hauptstadt – oder doch zumindest ihre Nähe – zieht ihn an. Er landet in Semlin; die Donau hat es ihm angetan. Kleinformatige Fotoabzüge zeigen ihn in Badehose als kühnen Schwimmer am Donauufer. Bei einem Kopfsprung ins Wasser ist er wohl zu kühn gewesen, ein spitzer Stein verletzt ihn an der Stirn und hinterlässt lebenslang eine Narbe am Haaransatz.

1932 hält er, dreiundzwanzigjährig, die Zeit für gekommen, eine eigene Werkstatt zu leiten, ein Weib zu nehmen und eine Familie zu gründen. Nirgendwo geht das so bequem wie in Brestowatz, wo das Werkzeug und die Geräte bereitliegen und wo auch genug junge Mädchen darauf warten, dass einer in das Wirtshaus kommt, sie zum Tanzen auffordert und sie dann schließlich zur Frau nimmt. Als künftiger Werkstattbesitzer, der eine Frau ernähren kann und zudem aus der Stadt zurückkommt, verspricht er sich gute Chancen, und *mit einem Mädchen aus Brestowatz geht er kein Risiko ein, da weiß er, wo er dran ist.*

So fährt er denn nach Brestowatz, geht am Samstagabend zum *Menniger-Wirt* ins Handwerkerwirtshaus, fordert die im Saal auf einen Tänzer wartende Maria Werny zum Tanzen auf und hält um die Hand der noch nicht einmal Siebzehnjährigen an.

Dem Bernhardt-Großvater, dem Stiefgroßvater, bei dem meine Mutter aufgewachsen war, kommt der Antrag des jungen Klempners gerade recht. »Das Kind ist sechzehn, da wird's Zeit zum Heiraten! Zur Bäuerin ist das schmächtige Ding doch nicht geschaffen!« Zumal vorauszusehen ist, dass da kein Bauer auf sie wartete, der reich genug gewesen wäre, dass sie selber nicht auf dem Feld hätte mitarbeiten müssen, so wie es bei den Paulis und Bernhardts der Fall war. Da hätte sie mehr Land mitbringen müssen. *Drum besser einen jungen, noch armen, aber aussichtsreichen Handwerker, der fleißig und sparsam ist, der kann es wenigstens noch zu was bringen.*

Der leibliche Vater legt sein Veto ein: *Keinen Schwiegersohn, der nicht einmal das Geld hat, den Stoff für den Hochzeitsanzug zu bezahlen; seine Tochter hat einen Bauern zu heiraten.*

Zwei Seiten drängen auf Maria ein:

> Was soll sie tun, wem soll sie folgen. Es ist doch ihr Vater, auch wenn die Eltern geschieden sind. Aber beim Bernhardt-Großvater im Haus, da lebt sie. Und ihre Mutter und die Bernhardt-Großmutter sagen auch, sie soll den Bowwjär-Franz heiraten.

Die Mehrheit siegt, die Entscheidung fällt zu Franz' Gunsten. Maria Werny ist die Sorge los, es könnte vielleicht keiner kommen und sie, die Tochter geschiedener Eltern, fragen, ob sie ihn wolle.

> Worauf sollte sie warten? Ihr Leben lang für andere Leute nähen, will sie auch nicht. Bis zur Hochzeit machen das viele, und nähen können, schadet auch nicht, wenn man verheiratet ist. Da kann man schon viel sparen, wenn man die Hemden und die Weißwäsche nicht nähen lassen muss,

hatte der Großvater gesagt.

Folgsam lernt sie nach der Schule daher nähen. Da kam es ganz gelegen, dass ihre Mutter Geld an eine Familie verliehen hat, die inzwischen in Sombor lebt und wo die Frau Hemdennäherin ist. Die Familie kann die Schulden nicht bezahlen, das Geld der Mutter schien schon verloren. Jetzt kann es zurückgeholt werden: Maria geht ein Jahr in Kost, Logis und Lehre zu ihnen nach Sombor, damit sind sie quitt. Die Entscheidung, dass sie einmal die Frau eines Handwerkers werden sollte, war ohnehin schon gefallen. Wozu sonst hätte ihre Mutter ihr mit dreizehn Jahren die vielen bäurischen Röcke weggenommen, sie in Handwerkertracht gesteckt und ins Handwerkerwirtshaus zum Tanzen geschickt?

1932: Das Jahr der Feste

Am 22. März wird im Lerner Wirtshaus in Brestowatz eine Goethe-Feier veranstaltet. Den einhundertsten Todestag des deutschen Dichterfürsten kann der gerade wiedererstandene Kulturbund doch nicht unbeachtet verstreichen lassen. *Man muss doch zeigen, was deutsche Kultur hervorgebracht hat. Da können die Ungarn nicht mithalten. Und die Serben! Die erst recht nicht.* Und wie feiert man einen solchen Jahrestag? Mit einer Ansprache natürlich über Leben und Werk, damit die Brestowatzer auch wissen, wen sie da feiern. Mit Gedichten, damit die Brestowatzer auch wissen, warum sie ihn feiern, und mit einer Theateraufführung: »Gretchen und Faust im Kerker«. Damit die Brestowatzer auch sehen, wie es in der Welt zugeht. *Es hätte ja alles noch gut werden können, Faust will Gretchen noch retten, sie will nicht mehr. Aber die weiß auch nicht mehr, was sie tut. Die ist doch schon ganz durcheinander. Das kommt davon, wenn sich ein einfaches Mädchen mit einem Studierten einlässt.*

Am 3. Mai wird im Menninger Wirtshaus in Brestowatz Hochzeit gefeiert, eine Doppelhochzeit gleich. Das ist festlicher, auf jeden Fall ist es billiger, wenn es in einem geht. Und dass sie für ihre zwei Kinder nur eine Hochzeit ausrichten muss, kommt meiner Großmutter Maria Richter, inzwischen zum zweiten Mal Witwe geworden, nur recht. Die beiden Bräute sind kaum älter als Gretchen, Maria Werny ist gerade siebzehn, Magdalena Bovier ist achtzehn Jahre alt; die Bräutigame sind keine *Studierten* wie Faust, sondern zwei junge Handwerksmeister, ein Klempner, der *Bowwjär-Franz* aus Brestowatz, und ein Steinmetz, der *Guthe-Mattheis* aus dem Nachbardorf *Stabari* (Stapar), einem serbischen Dorf mit nur fünf deutschen Familien. Eine deutsche Frau konnte er unter ihnen nicht finden, und eine Serbin zu heiraten, kommt nicht in Frage. Deshalb geht er am Wochenende zum Tanzen ins Brestowatzer Handwerkerwirtshaus, um nach einer Braut Ausschau zu halten. Er hat Erfolg! Magdalena Bovier nimmt seinen Antrag an.

Die Feier fällt auf einen Dienstag, wie alle Handwerkerhochzeiten in Brestowatz. Dienstags ist im Wirtshaus Ruhetag und der Handwerkerwirt überlässt da seinen Handwerkergästen den Saal umsonst. »Derhom hat doch keiner Hochzeit im Hause gefeiert, da wär ja auch gar nicht genug Platz gewesen für die ganze Verwandtschaft und die Kameradschaften. Und bei einer Doppelhochzeit doch schon ganz und gar nicht, wer hat denn schon so große Häuser gehabt?« erklärt meine Mutter mir.

Und wie feiert man eine solche Hochzeit? Natürlich wie alle Hochzeiten in Brestowatz: Tagelang kommen vorher die Hochzeitsköchinnen ins Haus, backen und kochen den ganzen Tag. Am Morgen der Hochzeit werden alle Köstlichkeiten ins Wirtshaus getragen. Die Braut wird gekämmt und angezogen. Man lässt sich das Kleid einiges kosten, das Kind heiratet ja nur einmal.

Die Bräutigame kommen mit den anderen Gästen, um ihre Bräute zum letzten Mal aus ihrem Elternhaus abzuholen. Der eine kommt an diesem sonnigen Spätfrühlingstag in das Bauernhaus der Großeltern der Braut in der Kirchengasse, wo sich die Paulis, die Bernhardts, die Heims und die Kameradschaft der Braut und des Bräutigams versammelt haben, der andere in das Haus der Brautmutter in der Wurstgasse, wo die Guths, die Boviers, die Eschbachs und die Kameradschaften eingetroffen sind. Die Blasmusik spielt wie immer beim Abschied aus dem Elternhaus: »Schön ist die Jugend in frohen Zeiten, schön ist die Jugend, sie kommt nicht mehr.«

Nein, sie kommt nicht mehr, auch wenn sie vor kurzem erst angefangen hat. Den Gästen kommen die Tränen, die Mütter weinen, Väter, die weinen könnten, fehlen. Der eine, weil er vor langer Zeit gestorben ist, der andere, weil er die Hochzeit der Tochter mit dem abgelehnten Schwiegersohn boykottiert. Nicht einmal die Tür hat er geöffnet, als die Verlobten gekommen sind, um ihn zur Hochzeit einzuladen. Die beiden ziehen die Konsequenzen – nie wieder werden sie an seiner Haustür anklopfen.

Die Gäste in der Kirchgasse runzeln die Stirn: *Soweit hat's kommen müssen, dass die Marisch einen Handwerker heiratet, der nichts hat, nicht mal den Stoff für den Hochzeitsanzug hat er bezahlen können, den hat der Pauli-Niklos ihm gegeben, und er soll ihn nach und nach abbezahlen. Da wird der Niklos aber lange warten müssen!*

Die eine Braut wird am Arm des Bräutigams, begleitet von den Gästen und den Musikanten, durch die Kirchgasse und durch die Staparer Straße geführt; die andere kommt mit ihrem Geleitzug von der Wurstgasse über die Staparer Straße. Am Gemeindehaus treffen sie aufeinander, die Bräute in den gleichen Kleidern, die eine in Hellgrau, die andere in Beige. Das erste Mal »Ja« sagen, während die Gäste und die Musikanten draußen warten. Danach marschieren beide Gruppen, vereint in einem langen Hochzeitszug, zur Kirche. Die Gassen sind gesäumt von Schaulustigen. *Eine Doppelhochzeit sieht man nicht jeden Tag! Noch dazu eine, von der gesagt wird, dass der Brautvater nicht mit von der Partie sein will! Da muss man doch sehen, ob er das wirklich einhält!*

Als der Zug in die Kirchengasse einbiegt, steht hinter einem Eingangstor ein junger Mann und weint. Er darf nicht an der Hochzeitsfeier der Schwester teilnehmen. Die Eltern waren geschieden, deshalb schieden sie auch die Geschwister.

Die cremefarbene und die hellgraue Braut nehmen mit ihren Bräutigamen und den Trauzeugen den Ehrenplatz vorne am Alter ein. Die Kapelle spielt und die Hochzeitsgäste singen: »Wem künd' ich mein Entzücken, wenn freudig pocht mein He-erz?« Die Brautpaare hatten sich für die Trauung die Schubert-Messe aus dem Gesangbuch ausgesucht.

Gehen wir davon aus, dass die Herzen der beiden Brautpaare an jenem 3. Mai gepocht haben, als der Pfarrer sie fragte, ob sie, die Maria Werny, ihn, den Franz Bovier, zum Mann nehmen wollte. Sie wollte und er wollte sie auch zum Weibe nehmen. Und auch die Magdalena wollte den Matthias und der Matthias die Magdalena. Der Pfarrer liest aus dem Briefe des heiligen Paulus: Die Frauen seien

Abb. 13 Handwerkerhochzeit: Franz Bovier und Maria Werny, 1932

ihren Männern untertan, denn der Mann ist das Haupt seines Weibes. Na, da haben sie wohl so genau nicht hingehört, wer war denn da wem untertan in den vielen Jahren ihrer Ehe?

Die heilige Kommunion nehmen die frisch Vermählten gemeinsam ein. Es bleibt vorerst auch das einzige Mal. »Genug, dass man bei der Hochzeit beichten und zur Kommunion gehen muss! Danach ist das was für die Frauen!«, ist die Meinung der jungen Ehemänner.

Der Kantor Martin Stumpfögger III. – der vierte Vertreter der Stumpfögger-Generation – spielt die Orgel. Die Gemeinde und die *Petchner-Kathi* singen: »Mein Heiland, Herr und Meister! ... sprach einst das Wort des Heiles: Der Friede sei mit euch!« Wo ist er denn geblieben, der Frieden, der da mit ihnen sein sollte?

»Segne, Herr, mich und die Meinen, segne unsern Lebensgang! Alles unser Tun und Wirken sei ein frommer Lobgesang!« singen alle zur Entlassung aus vollem Halse. Auch aus dem frommen Lobgesang ist nichts geworden; zu vernehmen war meist Kriegsgeheul.

Nach der Messe verlassen die Frischvermählten die Kirche und gehen zum Fotografen, um dieses Ereignis für sich und die Nachkommen festzuhalten.

So kommt ein Bild des einen Handwerkerbrautpaars – das Hochzeitsbild meiner Eltern – schließlich auch in meine Hände. Es unterscheidet sich nur wenig von den beiden Bildern der Bauernhochzeit, die etwa fünf Jahre später entstanden sind:

Das Brautpaar in der gleichen Haltung. Das seidene Kleid der Braut Maria schlichter, der Stoff heller und ohne Muster. Der Rock, ohne Schürze, fällt schmaler nach unten und bedeckt die Waden; die Schuhe im gleichen Farbton wie das Kleid; das kittelartige Oberteil weniger aufwändig verarbeitet als bei den Kleidern der beiden Bäuerinnen; auch bei diesen beiden Bräuten Schuhe mit Riemchen, ein Schnallengürtel in der Taille, das Goldkettchen von der Firmpatin um den Hals; ein Band aus künstlichen Blümchen quer über die Brust, etwas kürzer als bei den beiden Bauernbräuten; ein weißes Spitzenhäubchen auf dem Kopf. In der Hand fehlen das Taschentuch und der Rosenkranz. Der Bräutigam Franz genau wie bei den beiden anderen Brautbildern in dunklem Anzug und weißem Hemd mit heller Krawatte, Blütenkranz mit Schleife an der Brust.

Das Hochzeitsbild des zweiten Paares kann ich nirgendwo auftreiben, aber ich habe keinen Zweifel daran, dass die Beschreibung genauso ausfiele, zumal die Farben der Kleider auf der Schwarz-Weiß-Fotografie nicht zu unterscheiden wären.

Nach dem Fototermin begeben sich die beiden Paare ins Wirtshaus, wo die anderen Gäste bereits auf die Brautleute warten. Beim Essen sitzen sie friedlich nebeneinander, löffeln gemeinsam mit den Gästen, dem Pfarrer, dem Kantor und dem Doktor die Geflügelsuppe mit den Leberknödeln, essen das Geflügelfleisch mit Soßen. Danach gab es Babrigasch [Gulasch], schön scharf, das gehörte dazu, anschließend Gebratenes von Kalb, Schwein und Geflügel, dazu Selleriesalat und Krautsalat, zum Abschluss gezogene Kässtrudeln.

Inzwischen ist es bald vier Uhr, und für die, die immer noch etwas essen können, wird zum Wein der Kuchen auf den Tisch gestellt. Die ersten Gäste verabschieden sich, der Pauli-Niklos mit seiner Frau Olga, der einstmals weißgekleideten Braut aus Ilok, und ihren beiden Kindern, Erschi und Olga.

> Die haben erst gar nicht kommen wollen. Die Olga-Neni hat sich doch kurz davor erst in den Kopf geschossen und war blind. Dann sind sie aber doch gekommen und halt nicht lange geblieben. Der Niklosvedder war ja fix und fertig, als das passiert ist, er ging im Zimmer auf und ab und hat immer nur gesagt, warum hat sie mir das angetan. Es hat überhaupt niemand verstanden, warum sie das gemacht hat, die haben doch so gut zusammengelebt. Na, und meine Mutter, die war doch bei ihnen im Haus, die war mit den Nerven auch am Ende,

so meine Mutter.

Weitere Schatten, die über der Feier liegen.

Nach dem Essen spielen die Musikanten zum Tanz, alle tanzen mit der Braut einen Ehrentanz. Die armen Tänzer, sie haben bei dieser Hochzeitsfeier gleich zweimal die Ehre! Um zehn Uhr gibt es noch einmal ein *Babrigasch* zur Stärkung, damit bis zum Morgen durchgetanzt werden kann. Das machen allerdings nur die Gäste, den Bräuten wird nach Mitternacht das Häubchen abgenommen und einer ausersehenen Nachfolgerin aufgesetzt. Danach ziehen sich Braut und Bräutigam zurück.

»Derhom«, so meine Mutter,

> haben die Mädchen doch nicht gewusst, was auf sie zukommt, wenn sie heiraten. Da hat einem doch keiner vorher was gesagt. Man hat halt alles mit sich geschehen lassen. Und man hat sich ja kaum gekannt!
>
> Wann hat man sich denn vor der Hochzeit gesehen? Beim Tanzen im Wirtshaus und in der Kirche. Man hat doch nicht gewusst, wen man heiratet. Ich hab ihn halt geheiratet, weil der Bernhardt-Großvater gesagt hat, dass ich ihn heiraten soll.

Die geraubte Braut

»Wie war's denn«, rechtfertigt meine Mutter ihre folgsame Heirat,

> bei der Heimin? Die hat sich rauben lassen, weil sie um alles in der Welt den Heim hat heiraten wollen. Und was war dann, als sie ihn gehabt hat? Die sind doch gar nicht miteinander ausgekommen. Der hat sie doch immer nur herumkommandiert, und sie hat sich ja auch nichts gefallen lassen, die kann ihr Maul doch nicht halten. Da war doch immer Streit. Der hat doch sogar noch andere gehabt. Nicht nur eine! Wenn der nicht im Krieg geblieben wär, wär das doch auch nicht gut gegangen.

Die geraubte Braut in Brestowatz! Schon wieder ein Skandal in der Familie! Die Brestowatzer haben wieder was zu reden. Erst die ältere Tochter geschieden, und jetzt das!

»Raub war das zwar nicht«, höre ich von der Tochter der »Geraubten«,

> es gab weder einen Räuber noch eine Geraubte. Die Posse verlief so: Die sechzehnjährige Maria Bernhardt verliebt sich Mitte der zwanziger Jahre des 20. Jahrhunderts in

Andreas Heim, Sohn des Ziegeleibesitzers in Brestowatz. Sie will ihn unbedingt heiraten. Die Eltern sind dagegen. Andreas gilt im Dorf als Raufbold. Die Bernhardts sind anständige Bauersleute, die wollen einen solchen Typ nicht in der Familie haben. Außerdem hat die Familie Heim zu wenig Grundbesitz, und nur der zählt. Dass die Ziegelei mehr Gewinn abwirft als die Bernhardtschen Felder, interessiert nicht.

Heims lassen sich nicht einschüchtern. Schließlich sind sie doch auch wer. Andreas' Mutter macht sich, so wie es sich gehört, auf den Weg, um bei den Eltern der Auserwählten um deren Hand anzuhalten. Das ganze Dorf liegt zwischen der Ziegelei und dem Bernhardtschen Haus. Das ganze Dorf weiß, wohin ihr Weg führt. Sie klopft an die Tür. Keine Reaktion, Bernhardts machen ihr nicht auf. Sie muss unverrichteter Dinge umkehren. Das ganze Dorf weiß, wo sie unverrichteter Dinge herkommt. Der Tochter ist das zu dumm. Sie packt heimlich ihr Bündel, verlässt das Elternhaus und geht zu einer Freundin. Von dort holt sie der Andreas, ihr künftiger Mann, am nächsten Tag ab und nimmt sie mit in sein Elternhaus.

Schande!

Der Dorfgendarm wird ausgeschickt, die abtrünnige Tochter zurückzuholen. Sie weigert sich. Der Gendarm kann nichts machen, das Mädchen ist sechzehn. So kehrt er erfolglos ins Bernhardtsche Haus zurück. Kurze Zeit später heiratet die Maria ihren Andreas. Die Eltern und Verwandten der Braut bleiben der Hochzeit fern. Erst das Enkelkind, das sich anderthalb Jahre nach der Hochzeit einstellt, erweicht das Herz der Bernhardt-Großeltern und stimmt sie versöhnlich.

So wie die Heimin, so wollte es meine Mutter nun doch nicht machen. Immerhin entzog sich ihre sechs Jahre ältere Tante auf diese Weise erfolgreich der umsichtigen Fürsorge ihres Vaters. Sie heiratete keinen, den ihr Vater wollte. In dieser Schlacht blieb sie die Siegerin, ihre Beute musste sie allerdings schon bald mit Viktoria, genannt Vitar, teilen.

Das hat sie jetzt davon, dass sie sich um nichts in der Welt hat davon abhalten lassen, den Heim zu heiraten, mag ihr Vater gedacht haben. *Das hätte sie auch bei einem haben können, der mehr Feld gehabt hätte! Drum*, so sagte er sich, *prüfe, wer sich ewig bindet, ob sich auch gnung Sach z'sam findet.* So hat er selber es beim ersten Mal gemacht, und so hat er es auch beim zweiten Mal gemacht, als er 1898 meine Urgroßmutter Magdalena Krebs, die Witwe des Johann Pauli, ehelichte. Ja, er wusste, worauf es ankam, wenn man den Bund fürs Leben schließt. Vereinten sich auf diese Weise nicht nur die Bernhardtschen und die Krebs-Paulischen Herzen, sondern auch die beträchtlichen Bernhardtschen und Krebs-Paulischen Vermögen. Schließlich musste man ja sehen, dass das durch die Erbteilung geschrumpfte Vermögen durch die richtige Heirat wenigstens wieder auf den alten Stand kam.

Man wollte ja nicht weniger sein als vorher, und die Kinder sollten einmal nicht weniger kriegen, als man selber gekriegt hat. *Wo sollte das denn sonst einmal enden? Ein Bernhardt oder Pauli soll doch nicht irgendwann einmal zum Tagelöhner werden und sich bei einem reichen Bauern verdingen müssen, der klüger war.*

Drum trachtet er bei seinen Kindern, seinen Stiefkindern und seiner Stiefenkelin, die in seinem Haus aufwächst, danach, dass es auch der richtige Hafen ist, wenn sie in den Hafen der Ehe fahren. Wenn nötig, nimmt er selber das Steuer in die Hand. Immerhin brauste ihm dabei zweimal ein so heftiger Sturm entgegen, dass er schließlich aufgeben musste. Ausgerechnet die jüngste Tochter Maria und der älteste Stiefsohn Matthias setzen ihren eigenen Willen durch. Während bei der Tochter die Angst vor der Schande und dem Sitzenbleiben zum Einlenken der Eltern führte, verhalf auch ein voreheliches Kind dem Stiefsohn nicht dazu, die Einwilligung der Eltern zur Heirat mit seiner Auserwählten zu erhalten. Nur weil sie nicht genug *Sach* gehabt hat, hat sein Stiefvater »Nein« gesagt, auch dann noch, als seine *Susann* ein Kind gekriegt hat. Gerede im Dorf! *Der Pauli-Mattheis lässt die doch sitzen. Was soll er denn machen, wenn seine Eltern nicht einwilligen.*

Mattheis gibt nicht nach. Sobald er volljährig ist und ihm sein angelegtes Geld aus dem Erbe von seinem Vater ausgezahlt werden muss, heiratet er die *Susann.* Sein Sohn ist bei der Hochzeit schon fast vier Jahre alt. Von den Brestowatzern hat er genug! Er kauft eine Hanffabrik in einem anderen Dorf und zieht mit seiner Familie dorthin.

Maria Eschbach

Auch der Anton Bovier lässt Maria Eschbach, meine Großmutter, die mit fünfzehn Jahren schwanger geworden ist, dem Gerede der Leute zum Trotz nicht sitzen. *Na, das hat sie jetzt davon, dass sie sich mit dem Bowwjär-Toni eingelassen hat. Jeden Tag wird sie dicker, des kann sie doch schon lang nicht mehr verbergen. Der heiratet die doch nicht! Das lassen seine Leit* (Eltern) *doch nie zu! Die bringt doch nix mit!* höre ich die Brestowatzer in meiner Vorstellung sagen. Von meiner Großmutter selbst werde ich davon nie etwas hören, obwohl sie ihre Lebensgeschichte gern entfaltet hat. Die peinliche Muss-Ehe klammerte sie aus.

Tonis Leit, das sind zu dem Zeitpunkt seine Mutter Anna geborene Milla und Jakob Dörner *(Dernie),* mit dem seine Mutter in zweiter Ehe verheiratet ist. Sein Vater, Annas erster Mann Ludwig Bovier, war im Alter von siebenunddreißig Jahren gestorben. Auch sie war bereits seine zweite Frau, die er nur zwei Monate nach dem Tod der ersten geheiratet hatte. Zwei Verwandte, die wie so oft in Brestowatz – »untereinander geheiratet haben, aber weit genug auseinander, sie waren schon Geschwistrichkindskinder [Kinder von Cousins und Cousinen]«, wie es in der Familienüberlieferung hieß. Die beiden Kinder aus dieser Ehe wachsen bei der Mutter und dem Stiefvater auf einem großen Bauernhof, umgeben von viel Feld, einem großen Weingarten und Fischwasser etwa zehn Minuten außerhalb des Dorfes, auf. Der Stiefvater widmet sich vor allem der Jagd und dem Angeln, die Feldarbeit machen andere für ihn. Eine Schwiegertochter wie die Maria Eschbach passt da nicht in sein Bild: Ein Waisenkind, das bei einer Tante auf einem kleinen Bauernhof aufgewachsen ist, dort ebenso wie die anderen Familienmitglieder hart arbeiten musste, so wie eine Magd, ein Erbteil fiel für sie nirgendwo ab.

Anton Bovier stört das nicht. Im Oktober 1908, ein halbes Jahr nach seinem zwanzigsten Geburtstag, heiratet er die hochschwangere Maria. Vermutlich der früheste Zeitpunkt, zu dem er ohne Zustimmung der Eltern heiraten konnte. Das väterliche Erbe, das Anton mit seiner Schwester teilen muss, wird ihm bei der Heirat übertragen und reicht gerade noch, um als Bauer eine Familie zu ernähren. Das junge Paar kauft in der *Worschtgass*, im serbischen Viertel, in dem die Preise niedriger sind, ein Haus, in das auch Mieter einziehen, die ein kleines monatliches Einkommen sichern. Einen Monat nach der Hochzeit kommt das erste Kind des Paares zur Welt. Es stirbt drei Monate nach der Geburt. Das zweite Kind, der Sohn Franz, kommt genau ein Jahr nach der Hochzeit zur Welt, vier Jahre später die Tochter Magdalena.

Im August 1913 sitzt Maria am Krankenbett ihres Mannes und stillt ihre kleine Tochter.

> Die Lene war ja noch ein Duddelkind. Ich habe ihm halt erzählt. Ha, was ist das? Der sagt gar nichts mehr, wenn ich was frag. Ich geh ans Bett. Großer Gott, der bewegt sich gar nicht mehr. Ich hab nur noch schreien können.

Die herbeigeeilten Mieter holen den Arzt, der nur noch den Tod feststellen kann: Herzversagen.

Als das Trauerjahr vorüber ist, sind in Brestowatz Männer Mangelware. Der Erste Weltkrieg hatte vor allem die ledigen Männer an die Front geführt. Die junge Witwe, zweiundzwanzig Jahre alt, bleibt mit ihren beiden kleinen Kindern allein. Sie verkauft das Haus und kauft wiederum in der *Worschtgasse* ein kleineres. Sie ist schwere Arbeit aus ihrer Jugend gewöhnt, und sie muss nun wieder hart arbeiten, um den Lebensunterhalt für sich und ihre Kinder zu sichern. Für die Kinder bleibt ihr wenig Zeit. Sie sind oft bei den *Dernie-Großeltern,* während die Mutter auf dem Feld arbeiten muss. Zur schweren Bodenbearbeitung ordnet der Schwiegervater Dörner Knechte mit Gerätschaft ab. Zum Ausgleich leistet Maria bei Bedarf Handarbeit auf seinem Hof. Ihr Einkommen ist gering, aber sie schafft es durch unermüdlichen Fleiß, die Existenz der vaterlosen Familie zu sichern. Im Sommer kommt eine willkommene Einnahmequelle hinzu. Im Garten des neuen Hauses steht ein großer Aprikosenbaum mit riesigen Früchten, die jedes Jahr von Händlern aus der Stadt abgeholt und gut bezahlt werden.

Im Juli 1919 heiratet Maria zum zweiten Male, eine der vielen Ehen, die in dem ersten Jahr nach dem Krieg geschlossen worden sind. Peter Richter ist bei Kriegsbeginn als Einundzwanzigjähriger zur Habsburger Armee einberufen worden, wie die meisten kehrt er mit angeschlagener Gesundheit und psychisch krank zurück. Für Maria Richter wird das Leben leichter. Ihr Mann eröffnet eine Klempnerwerkstatt, sie arbeitet nur noch selten auf dem Feld. Verkaufen kann sie es nicht, es ist das väterliche Erbe der Kinder, das sie lediglich bis zu deren Volljährigkeit nutzen kann. Sie überlässt es anderen Bauern, die nur wenig Land besitzen, zur Bearbeitung, sie erhält ein Zehntel der Ernte. So ist die Familie gut versorgt.

> Der Stiefvater war gut zu uns Kindern, und unsre Mutter hat jetzt mehr Zeit für uns gehabt. Es ist uns besser gegangen. Aber er hat ja so viel getrunken, immer mehr. Wenn er nicht gestorben wär, hätt er noch alles vertrunken,

erinnert sich ihre Tochter *Lene*.

Nach sechs Jahren ist Maria Richter erneut Witwe. Die Lungenkrankheit, die Peter Richter aus dem Krieg mitgebracht hatte, der Konsum von Alkohol – vermutlich, um die schrecklichen Kriegserlebnisse zu vergessen – kennzeichnen die Ehejahre. War sie erleichtert? Sie war wieder allein mit den Kindern, doch die waren inzwischen fast erwachsen, um sie musste sie sich keine Sorgen mehr machen. Franz ist bereits Lehrling, Lene muss noch ein Jahr die Schule besuchen. Danach will sie nähen lernen.

Maria Richter muss erst einmal wieder alleine für den Lebensunterhalt sorgen. Sie nimmt erneut Mieter ins Haus, bearbeitet einen Teil der Felder und lässt andere Teile bearbeiten. So sichert sie sich ein Einkommen, nicht viel, aber es reicht für ein bescheidenes Leben.

1940 entschließt sie sich zum dritten Mal, eine Ehe einzugehen und heiratet den zwölf Jahre älteren Matthias Bauschert, der zwei Jahre zuvor zum dritten Mal

Witwer geworden war. An seiner Seite wird sie – und das schon wenige Jahre später – Brestowatz verlassen.

Für Franz und Lene wird er der zweite Stiefvater. Eine familiäre Beziehung zu ihm und seinen Kindern können sie nicht mehr aufbauen. Beide leben in ihren eigenen Familien, die Tochter mit zwei kleinen Töchtern im Nachbardorf Stapar, der Sohn mit zwei kleinen Söhnen in Brestowatz. Für die Enkelkinder wird ihre Großmutter von der *Richter-* zur *Bauschert-Omammi.*

Die junge Familie

1932 trifft es sich gut, die *Klampfer-Großmutter* ist zur rechten Zeit alt und krank geworden. Sie hat keine eigenen Kinder, die sich um sie kümmern können. Ihre Nichte Maria Richter geborene Eschbach springt ein und nimmt die alte Tante zu sich ins Haus. Im Gegenzug darf ihr jungverheirateter Sohn, der Klempnermeister Franz Bovier, mit dem Werkzeug und seiner jungen Frau in das leer gewordene Haus einziehen.

Alles läuft planmäßig. Die Werkstatt geht gut, die Aufträge kommen, Dachrinnen, Kannen, Töpfe, Backbleche werden angefertigt. In der Stadt hat der junge Meister gelernt, worauf es ankommt, was modern ist. Die Kunden sind zufrieden. Ein Geselle wird eingestellt und Lehrlinge werden ausgebildet. Die Frau des Meisters nimmt die Aufträge entgegen und gibt die fertigen Teile aus, wenn er selbst nicht da ist. Die Einnahmen sind gut. Noch im ersten Jahr kann der Stoff für den Hochzeitsanzug bezahlt werden.

Das erste Kind, der Stammhalter, kommt am 23. Februar 1933 auf die Welt, knapp zehn Monate nach der Hochzeit, so wie es sich in Brestowatz gehört. Und er hat es eiliger, auf die Welt zu kommen, als erwartet. Die Schwiegermutter Maria Richter, die bei der Hausgeburt assistieren soll, wird von der Hebamme noch einmal nach Hause geschickt. *Das dauert noch!* Kaum zu Hause, kommt der Lehrling mit dem Fahrrad und holt sie zurück. *Der Franzi ist da.*

Die Taufe ist wie üblich bereits am nächsten Tag. Eine Tradition, die sich aus der Erfahrung der Ansiedler und deren frühen Nachkommen heraus entwickelt hat. Viele der Neugeborenen starben schon gleich oder kurz nach der Geburt. Eile war geboten, wollten sie die Kleinsten nicht als Heidenkinder mit der Erbsünde sterben lassen. Sie sollten doch alle kleine Engel werden. Dieser Grund für schnelles Handeln bestand im zwanzigsten Jahrhundert nicht mehr, aber so wie es ihre Vorfahren gemacht haben, so machten sie es weiterhin. Sie hielten auch hier der Tradition die Treue.

Die Wahl der Paten folgte ebenfalls einer alten Sitte: Die Paten suchte man grundsätzlich im Kreis der Kameradschaft aus. Zwei Ehepaare vereinbarten dabei, gegenseitig die Patenschaft für alle ihre Kinder zu übernehmen, die Männer für die Jungen der Partnerfamilien, die Frauen für die Mädchen – eine Vorgehensweise, die zur Anfangszeit der Ansiedlung passt, als ein Mangel an potentiellen Paten bestand. »Nach der Geburt ist eine Woche lang die Godel (Patin) jeden Tag gekommen und hat Hühnersuppe gebracht«, erzählt mir meine Mutter. Bei ihr musste die *Godel* nur zweimal ihren Godelpflichten nachkommen, im neunzehnten Jahrhundert bedeutete das Godelsein in vielen Fällen Dauereinsatz. Schwangerschaften nahezu jährlich waren bei verheirateten Frauen im gebärfähigen Alter die Regel.

Die Nachfolge für die *bowwjärsche* Werkstatt ist gesichert.

Der Stammhalter Franz ist da. Damit man weiß, ob vom Vater Franz oder vom Sohn Franz die Rede ist, nennen sie ihn *Franzi.*

»Mit dem zweiten Kind haben wir uns dann Zeit lassen können. Man war inzwischen auch schlauer!«, erklärt mir meine Mutter. Coitus interruptus – es klappt. Nach fünf Ehejahren wird es Zeit für das zweite Kind. Bei einem soll es nun doch nicht bleiben. Schließlich können sie sich ein weiteres leisten. Am 28. November 1937 kommt das zweite Kind zur Welt. Es hat es noch eiliger als sein großer Bruder Franz, so eilig, dass dem Vater, der gerade vom Bau zurückkommt, nichts anderes übrig bleibt, als über den Zaun auf das Nachbargrundstück vom *Pollich-Doktor* zu springen, um dessen Frau – eine Gynäkologin – zu holen. Als beide gemeinsam zurückkehren, kommt das Kind gerade. Da der Name des Paten »Franz« schon vergeben ist, wird der zweite Sohn – wie üblich – nach seinem verstorbenen Großvater Anton Bovier benannt. Als der frisch auf die Welt gekommene Toni seiner im gleichen Haus lebenden Pauli-Großmutter, der *Lies*, gezeigt werden soll, dreht diese sich mit einer abwehrenden Handbewegung um, ohne einen Blick auf ihren neugeborenen Enkel zu werfen:

> ›Och, schunn widder oo Bub!‹ – Weiter hat sie nichts gesagt. Sie wollt halt keine Buwen. Aber da war sie ja auch schon nicht mehr richtig im Kopf«,

so meine Mutter rückblickend.

1938 stirbt die *Klampfer-Großmutter*. Ihr Haus erbt zum Schrecken der Hausbewohner der Onkel Franz Eschbach, der bei ihr aufgewachsen war. Er verkauft es, ohne den Bewohnern etwas davon zu sagen. Sie trösten sich:

Mit den beiden Kindern, der Werkstatt, dazu noch die kranke Pauli-Lies, die aufgenommen werden musste, ist es ohnehin zu eng in dem Haus geworden.

Die Entscheidung, ob sie ein größeres Haus kaufen sollen, war ihnen damit abgenommen. Neue Adresse: Stapar Straße 54, Karađjorđjeva ulica, die offizielle Bezeichnung. Sie haben in den wenigen Ehejahren schon genug zusammengespart, um das Haus bar bezahlen zu können, und größer und schöner ist es obendrein, die Lage zentraler, nicht weit vom Gemeindeamt, der Post und dem Wochenmarkt entfernt, für die Kinder später einmal näher zur Schule.

Die Werkstatt geht in der neuen Umgebung noch besser, ein zweiter Geselle wird eingestellt. Mit den Lehrlingen zusammen ist es eine große Runde, die am Mittagstisch zu verköstigen ist. Der Meister hält mit dem Fortschritt mit, zeigt Mut zum Risiko und geht dazu über, auf Vorrat zu produzieren. Neben der üblichen Auftragsarbeit werden in der Werkstatt fortan auch Milchkannen in größerer Zahl hergestellt, ohne dass sie *ogschafft* (in Auftrag gegeben) worden waren. Einen Teil der Kannen nimmt ein herumziehender Händler regelmäßig ab, der andere Teil wird selbstständig vermarktet. Hoch auf einem Wagen voller Kannen fahren der Meister und seine Frau als Händler ihrer eigenen Ware nach Hodschag auf den Wochenmarkt, mit einem leeren Wagen, so sie Glück haben, und meist haben sie Glück, kehren sie nach Brestowatz zurück.

Die Werkstatt vom *Bowwjär-Klampfer* war auf dem besten Wege zur *bowwjärschen* Kannenmanufaktur zu werden, wäre sie nicht von der Weltgeschichte überrollt worden.

Es ist gut gegangen – wie häufig in Brestowatz. Das gemeinsame *Sach*, die gemeinsamen Kinder, gleiche Verhältnisse, gleiche Vita, gleiches Strickmuster, die Kameradschaft, in der die gesamte Freizeit verbracht wurde, all das ergab offensichtlich vielfach eine zuverlässigere Grundlage für den Bestand des Zusammenlebens als die Liebe, die doch nur blind macht, und wenn die Blindheit vorbei ist, dann kommt die Ernüchterung. Wozu also die ganze Gefühlsduselei um die Liebe?

Das Wort *liewe* (liebe) existiert im Brestowatzerischen nur als Adjektiv, am häufigsten gebraucht in ironischen Wendungen wie *die liewe leit* (die lieben Leute), als Substantiv oder Verb habe ich dies Wort bei keinem Brestowatzer über die Lippen kommen hören. Was hätte auch damit bezeichnet werden sollen?

Ihre Sprache spiegelt ihr Bewusstsein wider.

Wes Sprach' ich sprech, des Geist ich bin

Königreich Jugoslawien

Die serbischen Machtansprüche stürzten das Königreich 1928 in eine schwere Krise. Vor allem die Kroaten wehrten sich gegen die zunehmende Übermacht der Serben. Nachdem der Vorsitzende der Kroatischen Bauernpartei und Führer der Opposition von einem serbisch-nationalistischen Abgeordneten im Belgrader Parlament erschossen wurde, brachen die Kroaten die Beziehung zu Belgrad ab, die staatliche Einheit war in Gefahr. König Alexander löste das Parlament auf und setzte die Verfassung außer Kraft. Der König übernahm die Regierung. Das Königreich erhielt 1929 einen neuen Namen, Jugoslawien (jug = Süden). Alle Einwohner sollten sich nur noch als Süd-Slawen, Jugoslawen, fühlen.

Die Deutschen in Brestowatz waren damit zu Jugoslawen geworden. *Wie gut, dass der König durchgegriffen hat, da sieht man, wohin es mit den Serben führt. Wenn die nicht mal vor den Kroaten Halt machen, dann doch vor den Deutschen schon ganz und gar nicht!*

Wiederum schöpften sie Hoffnung.

Die neue Regierung verabschiedete schon bald ein neues Volksschulgesetz, das die Bedürfnisse der Minderheiten stärker berücksichtigte. Der muttersprachliche Unterricht wurde verbessert und sollte in den Volksschulen durchgehend erteilt werden. Ab der dritten Klasse kam Serbisch als Fremdsprache hinzu. Die Minderheiten durften private Kindergärten, Bürgerschulen, Gymnasien, landwirtschaftliche Schulen und Lehrerbildungsanstalten errichten.

Das ließen die Brestowatzer Deutschen sich nicht zweimal sagen und nahmen 1930 die Einrichtung eines privaten deutschen Kindergartens in ihrem Dorf in Angriff. *Na, endlich, jetzt durften die Kinder doch wieder deutsche Reime lernen und deutsche Lieder im Oveda* (Kindergarten) *singen! Und in Apatin in der Bürgerschule und auf dem Gymnasium durften die Schüler wieder auf Deutsch lernen. Wenn dann schließlich die ersten Lehrer von der neu eingerichteten deutschen Lehrerfortbildungsanstalt aus Werwas* (Vrbas) *kommen werden, dann wird es auch wieder besser bestellt sein um die deutsche Schule!*

Tatsächlich ging es mit der deutschen Schule bergauf. Die »Schulstiftung der Deutschen im Königreich Jugoslawien« wurde 1931 gegründet. Die Brestowatzer

Deutschen ließen sich nicht lumpen. Alle waren sich einig: *Den Schulverein, den muss man unterstützen, der tut was für unser Leit! Da können die Serben nicht mehr mit ihnen machen, was sie wollen! Dann können die Lehrer, die kommen, doch wenigstens wieder Deutsch! Die roazischen Lehrer brauchen sie bald nicht mehr. Die sollen doch an die raozische Schule gehen, wo sie hingehören! Die deutsche Schule geht Serben nichts an? Lange genug haben die den Deutschen diktiert, was in der deutschen Schule zu machen ist!*

Die Forderung nach Selbstverwaltung der deutschen Schulen wurde immer lauter. Immer mehr Unterstützung bekam diese Forderung durch das Deutsche Reich. Bis in die zwanziger Jahre des zwanzigsten Jahrhunderts hatte sich Deutschland wenig um seine Auswandererkinder in Südosteuropa gekümmert. Die Bündnistreue zu den Habsburgern und damit auch zu Ungarn hielt das deutsche Kaiserreich davon ab, Interesse an den Deutschstämmigen in Ungarn zu zeigen. Der Anschein, sich einzumischen, sollte vermieden werden.

Nach dem Ersten Weltkrieg, in der Weimarer Republik wiederum musste Deutschland alles unterlassen, was vor allem aus französischer Sicht als erneutes Großmachtstreben hätte gedeutet werden können. Erst Ende der zwanziger Jahre setzte eine verstärkte Hinwendung Deutschlands nach Südosteuropa ein, bei der zunächst wirtschaftliche Motive im Vordergrund standen. Jugoslawien als Agrarland bezog vorwiegend industrielle Produkte aus Deutschland, während Deutschland im Gegenzug Agrarprodukte abnahm. Davon profitierten auch die von der Landwirtschaft lebenden Brestowatzer. Die Nachfrage nach ihrem Mais und Zuckerrüben, vor allem nach ihrem Hanf stieg und erzielte gute Preise. Es ging wirtschaftlich bergauf. *Ja, ihr König und das Deutsche Reich, die tun schon was für sie. Wer hat sich denn vorher schon um sie gekümmert!*

Der Schutz der Minderheiten spielte für Deutschland anfangs noch keine Rolle. Eine solche Entwicklung zeichnete sich erst um 1930 ab, nachdem Deutschland als Mitglied in den Völkerbund aufgenommen worden war. Von diesem Zeitpunkt an setzte sich Deutschland für den Minderheitenschutz ein. So forderte es von Jugoslawien ein neues Schulgesetz, in dem der national-kulturellen Identität der Schüler Rechnung getragen werden sollte. Parallel zu dieser Forderung leistete Deutschland der deutschen Minderheit finanzielle Unterstützung, damit diese sich gegen den Druck der Staatsnation behaupten konnte. Zunächst war diese reichsdeutsche Hilfe auch noch nicht mit dem Versuch einer Bevormundung verbunden, sondern hatte vor allem die Unterstützung des kulturellen Lebens und der Weiterbildung zum Ziel, um der Entwurzlung entgegenzuwirken.

Das Reich schickte Schulbücher für den Unterricht, Bücher für die Gemeindebücherei und Märchenbücher für die Kinder, Rechtschreib- und Schreibmaschinenkurse wurden durchgeführt. Das gefiel den Deutschen.

Wes Sprach ich sprech', des Geist ich bin! Wussten doch alle am Kampf um die Nationalitäten Beteiligten, dass kein Ort besser geeignet war, zur Pflanzstätte des richtigen Geistes zu werden, als die Schule. So wurde die Schule zunehmend zum Schauplatz konkurrierender nationaler Interessen. Zunächst waren es die Ungarn gewesen, danach die Serben, zum Schluss wieder die Ungarn, daneben auch Deutschland, die versuchten, alle Kinder, nicht nur die deutschen, sondern auch die der anderen Minderheiten, auf die richtige Seite zu ziehen. Darüber, welches die richtige Seite war, entschied die staatstragende Nation. Die Entscheidung war immer gut, so lange sie der eigenen Nation zugutekam.

Und dabei hatte doch alles so vielversprechend angefangen.

Der Start der Brestowatzer Schule

Dem Kaiser im fernen Wien lag nicht nur das materielle, sondern auch das geistige und seelische Wohlergehen seiner Siedler am Herzen. So sorgte er dafür, dass bereits im ersten Winter viele der Angekommenen ihre Kinder zu einem lese- und schreibkundigen Siedler schicken konnten, der ihnen den ersten Unterricht erteilte. Schließlich sollten ihre Kinder es in der neuen Heimat zu etwas bringen. Vermutlich saßen unter den vielen Kindern, die sich im Klassenraum zusammendrängten, auch die gleichaltrigen Jakob Pauli und Anna Maria Helfert, die einmal die Ehe miteinander schließen werden.

Im zweiten Jahr der Ansiedlung richtete ihr Kaiser Joseph II. den Siedlerkindern bereits ein Schulhaus ein und schickte ihnen einen Schullehrer, wusste doch der weise Herrscher des aufgeklärten Absolutismus, dass alles, was er zum Gedeihen seiner Siedler beitrug, zu seinem eigenen Gedeihen führen werde. Auf soliden Grundlagen sollte daher die Siedlerschule stehen. Es sollte eine Schule sein, deren Charakter katholisch und deren Unterrichtssprache Deutsch für die deutschen Kinder und Französisch für die Kinder der Franzosen war, die gemeinsam mit den deutschen Einwanderern angesiedelt worden waren. Während das Schulgebäude einfach war, nur aus einem Raum bestand und wie die Häuser der Siedler aus Lehm gestampft und mit Stroh gedeckt war, waren dem Kaiser für seine Schulen nur die besten Lehrer gut genug. Ihnen sollte es an nichts fehlen, darum stellte er für den Unterhalt des Lehrers eine halbe Session Land und während der Freijahre, der ersten zehn steuerfreien Jahre nach der Ansiedlung, jährlich fünfundsiebzig Gulden sowie Getreide bereit. Das war zwar weniger als das, was er dem Pfarrer überließ, doch schließlich war der Pfarrer nicht nur damit beauftragt, sich um das Seelenheil seiner Gemeinde zu kümmern, er musste auch noch die Oberaufsicht über die Schule führen. *Und so eine doppelte Respektsperson, die zudem auch noch hatte studieren müssen und Latein konnte, musste schließlich auch besser ausstaffiert sein als nur eine einfache Respektsperson.*

Der junge Lehrer Gottlieb Amadeus Thiel aus den schlesischen Erblanden wurde von den Schulreformern am Wiener Hof auserwählt, die Fortschrittlichkeit der kaiserlichen Schulen nach Brestowatz zu bringen. So unterrichtete er dort bereits ein Jahr nach der Ansiedlung die Kinder der Siedler, stattete sie mit dem Rüstzeug für das Leben aus, Lesen und Schreiben, später auch noch Rechnen, vor allem aber führte er sie gemeinsam mit dem Pfarrer auf den Weg des rechten Glaubens und sorgte dafür, dass sie als gute Christen die richtigen Lieder zum Lobe des Herren singen lernten. Die Schulbücher dürften sich kaum von denen unterschieden haben, die in dem benachbarten Siwatz verwendet worden sind. Die wichtigste Grundlage bildete der Katechismus. Ihn galt es brav zu lernen. Vielleicht kamen, so wie in Siwatz, auch in Brestowatz noch das »Noth- und Hilfsbüchlein für Bauersleut« sowie der »Gesundheitskatechismus« ergänzend hinzu, die auch in der alten Heimat hilfreich gewesen waren.

Noch gab es keine allgemeine Schulpflicht, aber die Schultür stand für alle Kinder offen, die Mädchen durften genauso gut wie die Jungen hindurchgehen. In dem aus Lehm gestampften Schulhaus in Brestowatz wurde kein Unterschied gemacht zwischen den Geschlechtern. Die Söhne und die Töchter der Siedler waren in einer Klasse zusammengefasst und saßen gemeinsam in einem Raum, die Mädchen rechts, die Jungen links, lernten das Gleiche, und die Mädchen durften genauso lange die Schule besuchen wie die Jungen.

Im Unterschied zu den Geschlechtern war der Unterricht für die beiden Einwanderernationen getrennt. Lehrer Thiel unterrichtete die Kinder der Franzosen in der französischen Sprache, die der Deutschen in der deutschen. Welches Deutsch das war, lässt sich schwer sagen, saß vor ihm doch ein bunter Haufen von Kindern, aus deren Mündern ihm ein entsprechend buntes Gemisch von Dialekten entgegenschallte, das erst noch zum einheitlichen *Schwowisch* zusammenschmelzen sollte. Aber Lehrer Thiel hatte ein offenes Herz für alle Nationalitäten, nicht nur im Beruf, auch privat, er heiratete eine Ungarin.

Zum Leidwesen vor allem der Franzosen schlug dieses Lehrerherz viel zu kurz. Der bilinguale Lehrer starb 1807. Zwanzig Jahre lang sind die Kinder der ersten

Siedler durch seine Lehrerhände gegangen. Wo jetzt einen neuen Lehrer hernehmen, und dazu noch einen zweisprachigen? Der Tod des Lehrers Thiel war für die französischen Kolonisten ein harter Schlag.

Die Wahl des neuen Lehrers durch die Kirchenleitung, der die Schule unterstand, fiel auf den gelehrigen Siedlersohn Martin Stumpfögger aus dem Nachbarort Filipowa, in dem seine Eltern in den sechziger Jahren unter Maria Theresia angesiedelt worden waren. Mit gerade einmal achtzehn Jahren nahm er den Unterricht in Brestowatz auf – zum Wohle aller folgenden deutschen Siedlergenerationen, aber zum Missfallen der französischen Dorfbewohner, denn der neue Lehrer beherrschte nur eine Sprache. Den deutschen Bewohnern war das recht, *Hauptsache, es war ihre Sprache. Was ging die Muttersprache der Franzosen sie an? Es wär' sowieso besser, wenn alle Ansiedler nur eine Sprache sprächen, die alle verstehen, dann wär' ein viel besserer Zusammenhalt gegen die Roaze da.*

Die Sprache

Doch zunächst erklang alles andere als eine einheitliche Sprache aus den Mündern der Ansiedler. Eimann empfand das Gemisch von Sprachen als genauso »lächerlich« wie die Kleidung, die die Siedler zunächst trugen. Die Mundart, die die Hessen sprechen, sei am schwierigsten zu verstehen, hält Eimann fest, gefolgt von der der Nassau-Saarbrückener und der der Hundsrücker. Es dürfte den Siedlern nicht leicht gefallen sein, sich von ihrem mitgebrachten Dialekt zu trennen, aber schließlich setzten sich vor allem die Merkmale des alemannisch-rheinfränkischen Sprachraumes in Südwestdeutschland durch. Sie wurden die Grundlage der *schwowischen*, der donauschwäbischen Mundart, in die Elemente der anderen Dialekte einflossen.

Offen bleibt, ob sich hier die Mehrheit durchsetzte oder der Erwerb dieser Sprache am leichtesten fiel. Ganz sicher hat aber die Einführung des Kurpfälzischen Gesangbuchs im Gottesdienst erheblich dazu beigetragen.

Wie groß der Einfluss der einheitlichen Gesangbücher war, spiegelt sich auch darin wider, dass die deutschstämmige Bevölkerung im gesamten südosteuropäischen Siedlungsraum diesen donauschwäbischen Dialekt mit mundartlichen Varianten von Region zu Region sprach. Geringfügige sprachliche Abweichung gab es bereits von Dorf zu Dorf.

An ihrer *scheene schwowische Sproch* hielten sie alle fest, mit ihr kamen sie nach der Flucht in der neuen Heimat an und sie wurde zum Erkennungszeichen. Wer sie spricht, gehört zu *unsre Leit*. Das beharrliche Festhalten an ihrer Sprache führte dazu, dass der Sprachstand des 18. Jahrhunderts, in dem die Siedler ausgewandert waren, weitgehend bewahrt, geradezu konserviert wurde. Zu Veränderungen kam es vor allem im Bereich des Wortschatzes, der durch neue Begriffe erweitert wurde.

Wie die meisten Mundarten existiert das Donauschwäbische nur in gesprochener Form, was jeden Versuch einer schriftlichen Fixierung schwierig macht. Es zeigt damit aber auch viele Merkmale anderer Mundarten und Tendenzen der gesprochenen Sprache überhaupt. Diese strebt nach Bequemlichkeit des Sprechens und sucht nach Sprecherleichterungen. Auffällig ist dabei die Erweichung der stimmlosen harten Konsonanten (t, p, k) zu stimmhaften weichen (d, b, g), zum Beispiel: *Babrich* (Paprika), *Dihr* (Tür), *Glogge* (Glocken). Umlaute werden entrundet und die Endsilben geschwächt: *Hee* (Höhe), *iwer* (über), *schee* (schön). Im Zuge der Verkürzung kommt es häufig zu Zusammenziehungen (*zam* – zusammen) und Verkürzungen (zrug – zurück). Seine spezifischste Erscheinungsform erhält das Brestowatzerische durch eine Veränderung im Vokalbestand: *foare* – fahren, *loafe* – laufen, *Roaze* – Raitzen.

Der Kontakt der Siedler mit Französisch sprechenden Mitsiedlern sowie die Berührung mit den Einwohnern des Siedlungsraumes, den Ungarn und Serben, führte zur Übernahme von Bezeichnungen, insbesondere da, wo Neues oder bislang Unbekanntes benannt werden musste. Das betraf in großem Umfang Dinge und Tätigkeiten aus dem Bereich der Landwirtschaft, übernommene Speisen, Bekleidungs- oder Einrichtungsgegenstände. Vielfach wurden abwertende Bezeichnungen für Menschen, die aus den Verhaltensnormen ausscherten, aus dem Ungarischen und Serbischen übernommen oder auch Bezeichnungen für slawische Volksgruppen als Schimpfnamen verwendet. Die übernommenen Wörter wurden sehr schnell dem mundartlichen Lautstand angepasst und gingen als Lehnwörter in den festen Bestand des Wortschatzes ein.

Lehnwörter aus dem Französischen sind zum Beispiel: *Schaboodle* – Rüschen (jabot), *Blafoo* – Zimmerdecke (plafond). Serbischen Ursprungs sind zum Beispiel: *Soarme* – gefülltes Kraut (sarma), *Bide* – gedeckter Kuchen (pita), *Sladoled* – Speiseeis (sladoled), *Sallasch* – Gehöft (salaš). Aus dem Ungarischen übernommen wurden zum Beispiel: *Moosi* – Kino (mozgóképzinház), *Budjer* – Unterhose (bugyi), *Fodrosch* – Gekräusel (fodor), *Bischgoode* – Biskuit (piskóta), *Babrigoasch* – Fleischgericht mit viel Zwiebeln und Paprika. Zusätzlich hat die Nähe zu Österreich dort übliche Bezeichnungen einfließen lassen: *Kri* – Meerrettich (Kren), *Baredeis* – Tomaten (Paradeiser).

Die Flucht in den deutschen Sprachraum hat den Gebrauch der meisten dieser Lehnwörter praktisch zum Erliegen gebracht. Zum einen wurden sie in der neuen

Umgebung nicht mehr gebraucht, zum anderen waren sie für nicht-donauschwäbische Hörer unverständlich, führten zu Kommunikationsstörungen und wurden deshalb schnell durch die hochdeutschen oder die jeweiligen mundartlichen Bezeichnungen ersetzt. Heute können aufmerksame Hörer einen Sprecher eher aufgrund phonetischer Merkmale als aufgrund seines Wortschatzes als Zugehörigen zum donauschwäbischen Dialekt erkennen.

Der Krieg hat nicht nur die Familien- und Freundesbande zerschlagen, sondern auch die einst gemeinsame Sprache. Schnell wurde der mitgebrachte Dialekt von der Sprache beeinflusst, die in der neuen Umgebung gesprochen wurde. Bei den Guths in Dachau hielt das Bayrische Einzug, bei den Wernys und Gantners bei Erlangen das Fränkische, bei den Boviers in Obersuhl in Hessen das Hochdeutsche, bei den Heime in Bruchsal das Badische. So wie ihnen der Schnabel gewachsen war, spricht keiner mehr. Den Alten fiel die Umstellung schwer. Sie erwiesen sich als sehr anhänglich. Die Kinder behielten zunächst die Mundart im Gespräch mit ihren Eltern zwar noch bei, passten sich aber sehr schnell ganz ihrer neuen Umgebung an, wollten sie doch keine Außenseiter sein. Als Flüchtling erkannt zu werden, empfanden sie als Makel.

Heute gibt es keine donauschwäbischen Sprecher mehr und nur noch wenige, die die Mundart kennen, die wissen, dass *umarge* Gurken sind – das Donauschwäbische, eine im Aussterben begriffene Sprache.

Schule – Spielball der Nationen

Mit dem Tod des ersten Schulmeisters stand der französische Unterricht vor dem Aus. Alle Proteste und Eingaben der Franzosen halfen trotz ihrer zahlenmäßigen Überlegenheit nichts. Die freigewordene Stelle wurde mit einem nur Deutsch sprechenden Amtsträger besetzt. Wollten sie, dass ihre Kinder etwas lernen, blieb ihnen nichts anderes übrig, als ihre Kinder in den deutschsprachigen Unterricht zu schicken. Die Schule für die serbischen Kinder im Dorf kam erst recht nicht in Betracht, lagen doch da noch tiefere Gräben zwischen den Nationen. Als dann 1809 auch noch der zweisprachige Pfarrer Voegelin versetzt wurde und wiederum nur ein rein deutschsprachiger Nachfolger den Dienst antrat, da wurde es den meisten Franzosen doch zu viel. Nicht genug, dass ihre Muttersprache im Unterricht ihrer Kinder übergangen wurde, nun mussten sie auch noch um ihr Seelenheil fürchten. Fortan gab es keinen Priestermund mehr, der die französischen Worte des Herrn zu ihnen sprach, kein Priesterohr mehr, das die französischen Sündenbekenntnisse verstehen und vergeben konnte.

So schnürten die meisten der französischen Kolonisten erneut ihr Bündel und zogen weiter nach Osten ins angrenzende Banat, wo es Dörfer mit überwiegend französischen Bewohnern gab, die unter der Kaiserin Maria Theresia angesiedelt worden waren.

Unter den Franzosen, die bleiben, ist mein Vorfahr Josef Bovier, der als Neunjähriger mit seinem Vater Johann eingewandert war. Josef ist bereits in einem zweisprachigen Umfeld mit französischem Vater und deutscher Stiefmutter aufgewachsen, hätte also wahrscheinlich dem Unterricht in beiden Sprachen folgen können. Auch er heiratet im Jahr 1800 eine deutsche Siedlertochter.

Nur vier ihrer neun Kinder überleben. Diese haben nicht mehr die Wahl zwischen deutschsprachigem und französischsprachigem Unterricht. Sie müssen am deutschsprachigen Unterricht des neuen Lehrers teilnehmen. Doch da ist der Prozess der Germanisierung bereits so weit fortgeschritten, dass für diese Kinder im Unterricht keine Sprachbarrieren mehr bestehen. Ihre Enkel, das erste kam 1828 zur Welt, dürften des Französischen kaum noch mächtig gewesen sein. Sie haben sich bereits als Deutsche gefühlt. Sie haben Deutsch gesprochen, Deutsch gesungen, Deutsch gedacht und fortan Deutsche geheiratet.

So wurde im Visitationsbericht der erzbischöflichen Behörde vom 3. Mai 1828 festgehalten, dass nur noch wenige Franzosen unter den Schülern waren. Fünfzehn Jahre später wird in einem entsprechenden Bericht festgestellt: »Es sind schon keine Franzosen mehr da.« Die einzigen Spuren, die sie hinterließen, waren die eingedeutschten französischen Familiennamen und die *Franzosengass*, in der aber keine Franzosen mehr wohnten.

Sechzig Jahre lang unterrichtete der erste Stumpfögger-Lehrer in Brestowatz, seit 1843 wurde er dabei von seinem Sohn Martin Stumpfögger II. als Hilfslehrer unterstützt. Drei Generationen meiner Vorfahren, Vater, Sohn und Enkel, saßen vor Martin I. auf der Schulbank. Brestowatz verdankte seinen Stumpföggern viel, sie waren aus Brestowatz gar nicht mehr wegzudenken. Und sie blieben auch nicht mehr weg, sie wurden hingegen immer mehr. Noch zwei weitere Stumpfögger-Generationen, insgesamt vier, traten das Lehrererbe an und bildeten eine Lehrerdynastie in Brestowatz: Bis zur Flucht 1944 taten Stumpfögger und Stumpföggerinnen ihren Dienst, unter den Habsburgern, unter den Ungarn, unter den Serben und wiederum unter den Ungarn. Sie blieben den Brestowatzern treu. Auch Maria Werny, meine Mutter, konnte so zu einer Stumpfögger-Schülerin werden und zusammen mit achtundvierzig anderen Kindern von Martin III., dem *Marzi-Lehrer*, unterrichtet werden.

Mit Hilfe der ersten beiden Stumpfögger und dem Pfarrer konnte im 19. Jahrhundert das Schlimmste von der deutschen Schule in Brestowatz abgewendet werden. Die Versuche des ungarischen Staates, das Schulwesen aus der Hand der Kirche zu nehmen, missglückten. Damit scheiterte für lange Zeit auch die Einführung der ungarischen Sprache in der Schule.

Mit der Umwandlung des Kaisertums Österreich, der k.k. Monarchie, in die Doppelmonarchie Österreich-Ungarn, die k.u.k. Monarchie, im Jahr 1867 wurde die Unabhängigkeit Ungarns anerkannt. Ziel der Ungarn, der Magyaren, war es von nun an, die nicht-magyarischen Teile der Bevölkerung in wenigen Jahrzehnten zu magyarisieren. Nicht-ungarische topografische Namen wurden durch ungarische ersetzt, Ungarisch wurde zur Staatssprache und offiziellen Unterrichtssprache in den Staatsschulen. Neu ausgebildete Lehrer erhielten ihr Diplom nur, wenn sie die ungarische Sprache in Wort und Schrift beherrschten und in ungarischer Sprache unterrichten konnten. Die deutsch-stumpföggerische Schule widerstand allen Wogen früher Magyarisierungsversuche. Die deutsche Schule in Brestowatz blieb Kirchenschule und damit deutsch.

Die deutsche Bevölkerung wuchs im 19. Jahrhundert trotz der hohen Kindersterblichkeit schnell. In der Schule mussten die Kinder immer enger zusammenrücken. Spätestens mit der Einführung der allgemeinen Schulpflicht im Jahr 1845 platzte die Schule aus allen Nähten, so dass der Erzbischof anordnete, dass die Gemeinde einen weiteren Schulraum bauen musste. Das war jedoch nur ein Tropfen auf den heißen Stein. Bereits in den sechziger Jahren herrschte dank des reichen Kindersegens der Brestowatzer wiederum große Schulraumnot. Eine zweite Schule musste her, wieder eine Kirchenschule. Aber diesmal wurde sie nicht in dem alten deutschen Ortskern in der Nähe der Kirche errichtet, sondern im Unterdorf, dem serbischen Ortsteil, der so serbisch nicht mehr war. Viele Deutsche hatten dort inzwischen serbische Häuser aufgekauft und waren mit ihren deutschen Kindern eingezogen.

Für kurze Kinderbeine war der Weg vom Unterdorf ins Oberdorf weit. Das wollten die Brestowatzer den kleinen Beinchen nicht zumuten. Darum bauten sie – den Ungarn zum Trotz – 1868 eine deutsche Schule im Unterdorf. Grund genug zu Freude und Zufriedenheit. Was kümmert sie das Nationalitätengesetz und das Volksschulgesetz, das die Ungarn in ihrem nationalen Alleinanspruch im gleichen Jahr verkünden. *Das ist für die Städte! In ihrem Dorf, da wollen sie schon dafür sorgen, dass alles beim Alten bleibt. Sollen sie doch ihre ungarischen Schulinspektoren schicken, Hauptsache ihre Schule bleibt Kirchenschule. Die Serben haben doch auch ihre eigene Schule, die lassen sie sich auch nicht von den*

Ungarn nehmen! Die Deutschen sind nicht weniger wert als die Roaze! Dass die Kinder nun, wenn sie aus der Schule sind und keine Lehrstelle haben, noch zweimal in der Woche am Nachmittag in die Wiederholungsschule gehen müssen, das kann ja nicht schaden. Zu viel lernen kann man nie!

So blieb die Brestowatzer Schulwelt trotz aller Anfechtungen von außen weiterhin in Ordnung. Zweihundertachtzig Jungen und zweihundertsechsunddreißig Mädchen waren 1870 schulpflichtig, wenn auch nicht ganz so viele tatsächlich in den vier Klassenräumen saßen und von den vier Lehrern, zu denen es Brestowatz inzwischen gebracht hatte, unterrichtet wurden. Und es sollten immer mehr Lehrer werden, immer mehr Lehrer, die von ungarischen Schulen und mit ungarischer Lehrerausbildung kamen. Setzte die Schulbehörde ihnen doch 1870 ein richtiges Kuckucksei in ihr sauberes Nest! Aus Weprowatz kam der Lehrer Eibeck zu ihnen, jung, energisch und vor allem patriotisch, ein Erfolgsprodukt der magyarischen Erziehung. Alles wollte er anders machen, besser machen. Vor allem wollte er aus der Kirchenschule eine Staatsschule machen, eine ungarische Staatsschule! Heftige Wogen der Entrüstung erschütterten das Dorf. *Ihre Schule, die lassen sie sich doch nicht nehmen, schon gar nicht von so einem hergelaufenen Lehrer! Was bildet der sich denn ein? Das Deutschtum ist allemal so gut wie das ungarische Volkstum und braucht nicht mit fremdem Lack übertüncht zu werden!* meinten die einen. *Na ja, viel Geld lässt sich sparen, wenn die Schule verstaatlicht wird und die Gemeinde nicht alle Kosten alleine tragen muss,* meinten die anderen.

Der Schulstreit war da und erregte das Dorf und die Schule, in die gerade meine Urgroßeltern gingen. Ein Kampf, wie ihn die Umgebung bisher nicht erlebt hatte, entbrannte zwischen den beiden Lagern, den Eibeck-Gegnern und den Eibeck-Anhängern. Die Verfechter der Verstaatlichung gewannen die Oberhand. Meine schulpflichtigen Urgroßeltern wurden zu Schülern einer ungarischen Staatsschule. Ein Jahr lang mussten sie diesen üblen Zustand ertragen, bis es den Kontrahenten unter Anführung des Dorfpfarrers Bartls gelang, die Schule der Magyarisierung zu entwinden. Sie kam wieder in kirchlichen Besitz und unter kirchliche Verwaltung. *Von so einem iwerkandidelden Lehrer lassen sich die Brestowatzer doch nicht vorschreiben, was sie für eine Schule haben!*

Der geschlagene Eibeck kehrte frustriert wieder dahin zurück, wo er hergekommen war, nach Weprowatz. *Geschieht's den Weprowatzern doch recht, dass sie keine einzige rein deutschsprachige Klasse mehr haben! Werden schon sehen, was sie davon haben! Wenn die alle Ungarn werden wollen, sollen sie machen, was ihnen ungarisch-g'sinnti Lehrer vorschreiben. Den Brestowatzern soll's recht sein. Ihre Kinder sollen jedenfalls in ihrer Muttersprache und nicht in einer Stiefmuttersprache unterrichtet werden. Ihre schöne Sprache lassen sie sich nicht nehmen!*

Doch der Schulfrieden war gestört, zumal die Diözese 1873 eine Verordnung zur Verbesserung der Schulsituation erließ. In Schulvisitationen wurde überprüft, ob genügend geeignete Schulräume vorhanden waren, der Schulpflicht genüge getan und die Lehrpläne eingehalten wurden. Brestowatz brauchte weitere Schulräume. Das Gespenst der Staatsschule spukte weiter in vielen Köpfen herum. Um dem Spuk ein Ende zu bereiten, stellte 1878 ein Brestowatzer Einwohner sein Haus im Unterdorf mit zwei Klassenräumen als Gemeindeschule zur Verfügung, die nicht der Kirche unterstand und in die Kinder von der ersten bis zur dritten Klasse gehen konnten. Der Ertrag von dreizehn Morgen Land, von dem die Schule bisher unterhalten wurde, reichte bei weitem nicht mehr aus, um die Ausgaben für die Schulen zu bestreiten. Eine Schulsteuer musste her, die nach eigenem Ermessen an die Kirchen- oder die Ortsgemeinde abgeführt werden konnte. Sie wurde von den Katholiken und den wenigen jüdischen Mitbürgern erhoben.

Es kam nur zu einer kurzen Verschnaufpause im Tauziehen um die Schule. 1879 wurde der Kampf erneut entfacht. Eibecks Anhänger triumphierten. Der nationale Egoismus der ungarischen Staatsnation ließ den anderen Nationalitäten immer weniger Spielraum. Das Magyarische wurde nun in einem neuen Schulgesetz zum Pflichtfach in allen Volksschulen, auch an den nichtstaatlichen Schulen. Lehrer, die keine Kenntnisse der ungarischen Sprache hatten, wurden entlassen. In den höheren Schulen wurde Ungarisch zur Unterrichtssprache.

Was in den höheren Schulen passierte, interessierte die Brestowatzer wenig. Nur die wenigsten von ihnen wollten ihre Kinder *schulen* lassen. *Die werden sonst doch nur zu Herreleit, die sich dann am Ende vielleicht noch für ihre Eltern schämen. Sollen doch die Herreleit ihre Kinder ruhig auf die Schulen in der Stadt schicken! Da kommt's eh nicht mehr drauf an, die sind ohnehin schon fast alle ungarisch-g'sinnt! Die Schule für die Kinder von ihresgleichen, von den Bauern und Handwerkern, steht in ihrem deutschen Dorf und soll deutsch bleiben. Dafür wollen sie schon sorgen!*

Aber immer mehr Lehrer, die nach Brestowatz kamen, waren im ungarischen Geist erzogen und ausgebildet worden und sprachen lieber Ungarisch als Deutsch. Die deutsche Sprache drohte immer mehr aus der Schule verdrängt zu werden. Immer häufiger kamen Inspektoren, um die Einhaltung der Schulgesetze zu überprüfen.

Die Not war groß. Die Brestowatzer waren jedoch fest entschlossen, ihre Schule und die Sprache in ihrer Schule gegen die Übergriffe der alles aufsaugenden Ungarn zu verteidigen. *Ein bisschen Ungarisch, das kann ja nicht schaden, schließlich sind die amtlichen Schreiben und Urkunden in ungarischer Sprache abgefasst. Wenn ihre Kinder solche Schriftstücke einmal lesen und verstehen könnten, das wäre schon nicht schlecht. Da könnten so manchmal die Notarkosten gespart werden! Aber mehr als unbedingt sein muss, hat das Ungarische in der Schule nicht zu suchen.*

Um dem Minimum Genüge zu tun und damit den vollen Umfang der Auswirkungen des Schulgesetzes von 1879 zu umgehen, führte der Lehrer Klansky 1881 an der Kirchenschule im Oberdorf zwei Abteilungen ein: In der ersten Abteilung blieb die Unterrichtssprache Deutsch, Ungarisch wurde als Fremdsprache unterrichtet; in der zweiten Abteilung, die vor allem die schwächeren Schüler besuchten, wurde ausschließlich in der deutschen Sprache unterrichtet. Durch dieses Zugeständnis an die Staatsnation gelang es den tapferen Brestowatzer Schwaben, in ihrer Schule in den meisten Klassen Deutsch als alleinige Unterrichtssprache zu erhalten. Auf diese Leistung konnten sie stolz sein. Nur noch fünf von rund sechzig deutschen Dörfern, die es in der ganzen Erzdiözese Kalotscha gab, hatten sich als gleich gute Hüter ihres sprachlichen Horts erwiesen. Nur in diesen fünf Dörfern waren Klassen übriggeblieben, die nur in der deutschen Sprache unterrichtet wurden. In allen anderen Dörfern waren die Schulen bereits vom magyarischen Geist infiziert. An den meisten wurde nur noch in der ungarischen Sprache oder aber zweisprachig unterrichtet, während es in Brestowatz keinen rein ungarischsprachigen Unterricht gab. Lediglich in der ersten Abteilung der Kirchenschule wurden in der fünften und der sechsten Klasse über den Fremdsprachenunterricht hinaus Erdkunde und ungarische Geschichte in der Staatssprache erteilt.

Überhaupt konnte sich die Brestowatzer Schule sehen lassen. *Den Brestowatzern soll niemand nachsagen können, dass sie an ihrer Schule sparen. Ihre Kinder sind ihnen doch mehr wert als ihr liebes Geld!* Ergebnis der Schulvisitation 1895: 7 Schulräume an 5 verschiedenen Orten, 6 Lehrer, darunter ein Stumpfögger-Lehrer und eine Stumpfögger-Lehrerin, 6 Klassen, 4 davon rein deutschsprachig, 2 zweisprachig, 434 schulpflichtige Jungen, 423 schulpflichtige Mädchen, 88 Prozent der Schüler anwesend, Lehrerbücherei mit 16 Bänden, Schulbibliothek mit 41 Büchern, 18 Landkarten, 5 Globen, 1 Turnplatz, 4 Schulausflüge im Jahr.

Unter den Erstklässlern, die die Schulinspektion des Jahres 1895 über sich ergehen lassen müssen, sitzt, eingeklemmt mit neun weiteren Kindern, in einer Bank mein Großvater Anton Bovier. Raumnot und Lehrermangel herrschen auch noch, als meine anderen Großeltern in die Schule kommen. Mit fast hundertdreißig Kindern müssen sie sich einen Lehrer teilen, aber wenigstens spricht dieser Lehrer noch Deutsch mit ihnen.

Auch durch die Anhebung der Lehrergehälter im Jahre 1893 ließen sich die aufrechten Brestowatzer Schwaben nicht beugen. Da griffen sie doch lieber noch tiefer in ihre Taschen, als dass sie sich durch staatliche Zuschüsse von den Ungarn kaufen ließen.

Aber trotz des zähen Festhaltens der Brestowatzer an ihrer deutschen Schule wurde das Netz, in dem sie zappelten, immer engmaschiger. Zwar bekamen sie nach dem neuen Schulgesetz von 1907 mehr Lehrer, aber Lehrer, die nur noch eine magyarische Ausbildung genossen hatten, denen beigebracht worden war, dass die Angehörigkeit zur magyarischen Nation ehrenvoll sei, dass es Vaterlandsverrat sei, ungarisches Brot zu essen, aber die ungarische Sprache nicht zu sprechen, dass der liebe Gott es wünsche, dass man Ungarisch zu ihm bete und dass derjenige, der ein dummer Schwabe bliebe, sein Leben lang verspottet werden würde. So wurden die Lehrer zunehmend zum Werkzeug der Magyarisierung, die den Kindern in den deutschen Gemeinden nicht nur die Sprache, sondern auch das Bewusstsein der Staatsnation vermitteln sollten.

An den Brestowatzern sollten sie sich jedoch die Zähne ausbeißen, die Brestowatzer hielten ihr deutsches Fähnchen hoch, den Geist ihrer Schule bestimmten noch die alten Lehrer. Daran änderte sich auch nichts, nur weil ein paar Neulinge Ungarisch mit den Schülern sprachen. Wozu hatten sie denn ihre Stumpföggers und ihre anderen alten Lehrer?

Das Bäumchen-wechsle-dich-Spiel im Jahr 1918: Die Ungarn hatten in der Batschka nichts mehr zu sagen, die Lehrer in der Schule durften bald nicht mehr Ungarisch reden. Die Serben kamen an die Reihe. Sie hatten die Batschka besetzt und übernahmen das Sagen. In der Schule war von nun an Serbisch angesagt.

Der Kulturbund

Überall in Europa erstarkte nach dem Ersten Weltkrieg das nationale Bewusstsein der Völker. In Südwesteuropa führten der Zusammenbruch der Habsburger Donaumonarchie und die Gebietsverluste Ungarns bei den Pariser Friedensverhandlungen einhergehend mit der Deklaration des Minderheitenschutzes bei denjenigen Nationalitäten für Aufwind, die bis dahin unter dem Assimilationsdruck der Ungarn gelitten hatten. Serben, Kroaten und Slowenen schlossen sich zu einem Königreich zusammen, in dem nicht weniger Minderheiten lebten als einst in Ungarn. Kaum dem »Völkerkerker« Ungarn entronnen, verhielten sich die staatstragenden Nationen des neuen Königreiches, allen voran die Serben, kaum anders gegenüber ihren Minderheiten, als es die Ungarn getan hatten, und griffen zu den gleichen Maßnahmen, gegen die sie sich vorher aufgelehnt hatten, als sie sich gegen die eigene Nation richteten.

Was sollen sie, die deutschen Kolonisten in der Batschka tun? Nun gehören sie auf einmal zu dem Königreich der Serben, Kroaten und Slowenen. Wenn sie weiterhin nur innerhalb der Dorfgemeinschaft ihr Deutschtum pflegen, werden sie von den Serben einverleibt. Die verschonen doch nicht einmal die Kroaten und Slowenen, geschweige denn die anderen Minderheiten! Ein nationales Volksbewusstsein der Deutschen musste her. Wenn man sich auf lange Zeit behaupten wollte, musste Schluss sein mit dem Kirchturmspitzen-Deutschtum.

Um den Zusammenhalt der deutschen Minderheit zu sichern, wurde am 20. Juni 1920 in Neusatz (Novi Sad) der Schwäbisch-Deutsche Kulturbund gegründet. Seine Losung war »Staatstreu – Volkstreu« – treu dem Königreich, in dem sie lebten, und treu dem Volk der Deutschen wollten sie sein. Seine Aufgabe sahen die Gründer darin, für den Erhalt des deutschen Volkstums zu sorgen, kulturelle, schulische und religiöse Betätigungen zu organisieren.

Schon bald fanden sich auch in Brestowatz die ersten Anhänger. 1921 wurde im Gasthaus Erdilyi von einer kleinen Gruppe von Männern die erste Ortsgruppe gegründet. Der neue Verband stieß bei den meisten Brestowatzern anfangs auf wenig Interesse. Die meisten von ihnen waren bereits in anderen Vereinen organisiert. Die Mitgliederzahl des Kulturbundes blieb daher in Brestowatz zunächst gering. Die Welt der Brestowatzer, das waren ihr Dorf und die Dorfgemeinschaft. *Wozu brauchten sie in Brestowatz noch einen Verein für die Deutschen. Sie hatten schon den Katholischen Jünglingsverein, den Bauernverein, den Handels- und Gewerbeverein, den Gesellenverein, den Schützenverein. Das waren Vereine genug. Da war für jeden was dabei, und Kultur hatten sie da auch genug!* So blieb der kulturelle Segen des Kulturbundes auf eine kleine Bücherei beschränkt, die 1924 mitsamt dem Kulturbund aufgelöst wurde.

Als Strafe für die Kritik an der Nationalitätenpolitik der Regierung wurde der Schwäbisch-Deutsche Kulturbund 1924 in dem neuen Königreich verboten. 1927 wurde das Verbot aufgehoben und neue Ortsvereine wurden gegründet. Diesmal noch ohne Beteiligung der Brestowatzer. Erst die nächste Neugründungswelle, die nach dem zweiten Verbot von 1929 bis 1931 einsetzte, erfasste auch in Brestowatz einige junge Männer, während die ältere Generation weiterhin kein

Interesse an dem neuen Verein zeigte. Noch weniger Männer als beim ersten Mal kamen 1932 im Gasthaus Kopschitz zusammen, um erneut eine Ortsgruppe des Kulturbundes im Dorf zu gründen. Diesmal wollten die Gründer den Alten schon zeigen, was die junge Generation volksbewusster Männer leisten kann. Als erstes musste ein Kulturbundheim her. Der Anfang blieb bescheiden. Das hintere Zimmer im Haus einer Witwe wurde als Vereinsheim angemietet. Die nach dem Verbot von 1924 auf dem Gemeindehausboden verstauten Bücher wurden entstaubt und wieder aufgestellt, regelmäßig wurden Heimatabende durchgeführt, Theaterstücke, Lieder und Volkstänze einstudiert und aufgeführt, Vorträge gehalten.

Das gefiel den Brestowatzern. *Beim Kulturbund, da tut sich was! Da wollen sie mitmachen, da wollen sie dazugehören. Da ist doch wenigstens was los und für jeden was dabei.* Die Mitgliederzahl stieg und stieg.

Das Kulturbundwesen blühte, nicht nur in Brestowatz. *Und wie könnte es erst blühen, ließ man nur die Erneuerer zum Zuge kommen! Die halten das Deutschtum hoch und bauen auf das große Brudervolk! Man braucht doch bloß nach Deutschland zu schauen, wie geht's dort bergauf! Wenn sie sich mit dem Reich gut stellen, dann sorgen die Herren dort schon dafür, dass sie, die Deutschen auf dem Balkan, auch zu ihrem Recht kommen.*

Zur Unterstützung und zum Erhalt des deutschen Volkstums stellte der Kulturbund immer mehr und immer engere Kontakte und Beziehungen zu Österreich und insbesondere auch zu Deutschland her. Im gleichen Zeitraum wurden auf politischer Ebene die wirtschaftlichen Beziehungen zwischen Jugoslawien und Deutschland intensiviert. Das Deutsche Reich bezog zunehmend landwirtschaftliche Erzeugnisse aus Jugoslawien im Tausch gegen deutsche Industrieprodukte, die auch in Brestowatz Einzug hielten. Die Häuser bekamen elektrischen Strom, in den Hanffabriken und in der Landwirtschaft kamen die ersten Maschinen zum Einsatz. *Die Maschinen, die kosten viel, aber das wird sich bald rentieren, und die Arbeit auf dem Feld ist jetzt doch leichter.* Erleichterungen brachten auch die Fahrräder, die *Bizikel*, die sich bald viele leisten konnten und für das Zurücklegen weiter Wege in der Ebene gut geeignet waren. Die Sympathien für Deutschland nahmen auf diese Weise im Laufe der dreißiger Jahre zu, zu sehr zu.

Seit 1933 geriet der Kulturbund immer mehr unter den Einfluss der deutschen Nationalsozialisten. Ihre Propaganda fiel bei einem großen Teil der Donauschwaben, die im nationalsozialistischen Deutschland als »Volksdeutsche« bezeichnet wurden, auf fruchtbaren Boden. Die Auslandsorganisationen des Deutschen Reiches übernahmen ihre Betreuung. Zuschüsse aus Deutschland flossen in die

Kulturbundkasse, Besuche in Deutschland und Weiterbildungsangebote wurden subventioniert. Viele der Deutschstämmigen fühlten sich dadurch ideologisch aufgewertet. Die nationalsozialistische Propaganda aus Deutschland fiel auf fruchtbaren Boden.

Besonders unter den jungen Deutschstämmigen gewann Adolf Hitler Bewunderer, die sich verstärkt dem Deutschen Reich zuwendeten. Sie gerieten seit 1933 immer stärker in den Sog des Nationalsozialismus und propagierten zunehmend die nationalsozialistische Ideologie. 1934 schlossen ihre Anhänger sich zur Bewegung der »Erneuerer« zusammen und traten in Opposition zum Kulturbund.

Die alte Kulturbundführung versuchte entschieden, den Einfluss reichsdeutscher Organisationen sowie den des Volksbundes für das Deutschtum im Ausland (VDA) auf die eigene Organisation zu verhindern, konnte sich aber dem zunehmenden Druck der »Erneuerer« auf Dauer nicht widersetzen. Diese Gruppierung, die sich 1937 schließlich nach dem Führerprinzip organisierte und ganz im Bann der Nationalsozialisten in Deutschland stand, fand immer mehr Anhänger, auch unter den Mitgliedern des Kulturbundes. Ihr Einfluss im Kulturbund wuchs zusehends. Die alte Kulturbundführung sah sich dieser Entwicklung immer weniger gewachsen und trat 1939 zurück. Nun hatten die »Erneuer« im Kulturbund freie Bahn.

Die Volksdeutsche Mittelstelle in Berlin sorgte dafür, dass die Anhänger der Erneuerungsbewegung in die Führungspositionen des Kulturbundes aufrückten. Während die alte Führung sich gegenüber dem Staat, in dem sie lebte, loyal verhielt, setzte sich die neue entschieden für die Ziele des Nationalsozialismus ein. Für sie stand nicht mehr die kulturelle Tätigkeit im Vordergrund, sondern das Bestreben, die deutsche Volksgruppe in Jugoslawien zum Vorposten des Deutschen Reiches, zu den Pionieren Hitlers in Südosteuropa werden zu lassen.

Die jugoslawische Regierung setzte aus Rücksicht auf ihren wichtigsten Handelspartner der Verbreitung der nationalsozialistischen Weltanschauung im Kulturbund keinen ernsthaften Widerstand entgegen. Vergünstigungen, die die alte Generation der Kulturbundvertreter viele Jahre lang vergebens gefordert hatten, wurden 1939 den »Erneuern« auf Wunsch der deutschen Regierung großzügig gewährt. So wurde das 1920 bei der Verstaatlichung enteignete Schulvermögen zurückgegeben, deutsche Schulleiter konnten eingesetzt werden, mit Billigung der jugoslawischen Regierung kam finanzielle Unterstützung aus Deutschland. Die deutsche Schule war wieder eine echte deutsche Schule geworden. Und die Deutschen dankten es dem Führer.

Die finsteren Jahre

Die Erneuerer

Kornkammer des großdeutschen Reiches sollte die Batschka werden. Das fiel auf fruchtbaren Boden bei den Brestowatzern. Sie begannen vom Reichsanschluss zu träumen. Sie hörten, was sie hören wollten. *Auf den Führer in Deutschland ist Verlass, und wenn sie erst zum Reich gehören, dann werden auch in ihrem Dorf die Deutschen endlich das Ruder in die Hand nehmen können. Aus ist's dann mit Brestowatz und Szilberek. Ja, ja, in Ulmenau, da ist der Himmel blau, da tanzt der Ziegenbock mit seiner Frau Galopp,* sangen sie im Vorgriff auf jene glücklichen Zeiten. So viel Serbisch hatten sie in der Schule gelernt, dass »Brest« auf Deutsch »Ulme« heißt. Wenn sie unter sich waren, nannten sie ihr Dorf jetzt schon »Ulmenau« und schmiedeten Pläne, wie sie darin leben wollten.

Diejenigen, die diesen Traum nicht mitträumten, die von der neuen Heilslehre nichts wissen wollten, wurden mehr und mehr als Blockierer des Fortschritts gesehen. *Sollen die doch weiter hinter den schwarzen Kutten herlaufen und sonntags in die Kirche rennen. Die werden schon sehen, was sie davon haben und wer da Dank verdient, ihr Gott oder der Führer!*

1937 war der Spalt im deutschen Stamm so tief geworden, dass der große Block, der ins Lager der »Erneuerer«, der hitlertreuen Fortschrittsträger, übergewechselt war, und der Splitter der »Schwarzen«, der kirchentreuen Fortschrittshemmer, nicht mehr zusammengehalten werden konnte. Der Splitter – nicht einmal zehn Prozent vom Ganzen – wurde abgestoßen: Die Schwarzen schieden aus dem Kulturbund aus. Ihnen blieben nur noch der Marienbund und die Christusjugend der katholischen Kirche. Da konnten sich die Gleichgesinnten treffen und ihren Leitsatz befolgen: »Für Gott, für den Glauben, für Volk und Heimat«.

Die »Schwarzen« bekamen schon bald die Missachtung ihrer fortschrittlichen Nachbarn zu spüren.

Der Ortsgruppenführer fordert den *Heime-Andres* dazu auf, die Serben und die Schwarzen nicht zu grüßen und ihren Gruß nicht zu erwidern. Das ging dem Ziegeleibesitzer dann doch zu weit. *Was bilden die sich denn ein, ihm vorschreiben zu wollen, wen er grüßen darf und wen nicht. Das können die mit den anderen machen, mit ihm nicht! Er grüßt, wen er will, und ob die in die Kirche rennen oder nicht, ist ihm egal.* Aus Protest tritt er aus dem Kulturbund aus. Seine Frau tritt – aus Protest – ein. Wenn nicht er, dann will wenigstens sie dazugehören.

Der Spalt ging nicht nur durch das Dorf, er machte auch vor manchen Familien nicht Halt. In fast allen Familien war man sich jedoch einig, wenigstens, wenn es um den Führer ging.

1942 tritt der Heim wieder in den Kulturbund ein. Sein Sohn Matthias, der einmal die Ziegelei übernehmen soll, wird aus der Schule entlassen und soll eine Lehre beginnen. Matthias will nach Deutschland, der Traum vieler junger Männer. *Eine Lehre in Mannheim bei Lanz wäre schon nicht schlecht. Jetzt, wo in die Fabrik immer mehr und immer kompliziertere Maschinen kommen, wär eine Ausbildung in Deutschland schon besser als daheim.* Der Vater will seinem Sohn nicht im Wege stehen. Die Formalitäten für die Ausreise und für den Lehrvertrag müssen in der deutschen Botschaft in Budapest geregelt werden. *Da macht es sich schon besser, wenn man mit dem Kulturbundabzeichen erscheint.* Also tritt der *Heim-Andres* wieder in den Kulturbund ein.

Die Erneuerer steckten sich immer öfter das Abzeichen des Kulturbundes mit dem Hakenkreuz an ihre Kleidung, um zu zeigen, dass sie auf der richtigen Seite standen, und trafen sich immer häufiger im Kulturbundheim und im Wirtshaus, wo sie politisierten. Immer stärker waren sie davon überzeugt, dass alle Volksdeutschen zusammenhalten und sich gemeinsam für die Ziele des Nationalsozialismus stark machen müssten. Vorposten des Reiches und der verlängerte Arm des Führers wollten sie sein. Die beiden Teile der Losung des Kulturbundes »Staatstreu – Volkstreu« wurden immer mehr durch das neue Motto »Ehre – Blut und Boden« ersetzt. Aber noch mussten die jungen Männer ihren Wehrdienst bei dem jugoslawischen Militär leisten, es sei denn, sie waren wie der *Bowwjär-Franz* der einzige Sohn ihrer Mutter. Dann blieb ihnen der Wehrdienst erspart.

Als der Krieg ausbrach, setzten sie ihre Hoffnung noch mehr auf den Führer. Die Erneuerer saßen vor den Radios, um an seinen Siegen teilzuhaben, liefen ins Kino, um die Wochenschau zu sehen. Sie saugten die Berichte von der Front auf, und mit jedem Sieg der deutschen Armee, von dem berichtet wurde, wuchs ihr Vertrauen auf den Führer. Auch auf dem Balkan hatte Hitler angefangen, sich Verbündete zu sichern.

Am 20. November 1940 trat Ungarn dem Dreimächtepakt bei, am 23. November folgte Rumänien. Nun konnte es nicht mehr lange dauern, so hofften die Donauschwaben in Jugoslawien, bis auch ihr Staat sich auf die richtige Seite, die deutsche Seite, stellen würde. Am 10. Dezember 1940 wurde ein Freundschaftsvertrag zwischen Jugoslawien und Ungarn unterzeichnet, immerhin mit einem

Verbündeten des Mutterlandes. Das ließ hoffen. Aber noch war Jugoslawien nicht bereit, dem Dreimächtepakt beizutreten, obwohl Hitler zum Beitritt drängte.

Am 25. März 1941 war es so weit: Jugoslawien unterschreibt den Beitrittsvertrag zum Dreimächtepakt.

Na, endlich! Jetzt waren alle Jugoslawen Verbündete des Mutterlandes!

Die Freude währte nicht lange, zwei Tage später wurde die Regierung gestürzt. Die neue Regierung weigerte sich, den Vertrag in Kraft zu setzen.

Staatsstreich in Belgrad! Was jetzt? Die neue Regierung hat nichts für Hitler übrig. Das kann der Hitler doch nicht zulassen!

Das fürchteten auch die Serben und bereiteten sich auf den Ernstfall vor. Die Brestowatzer *Hudwoad*, nicht weit von der ungarischen Grenze entfernt, wurde zum strategisch wichtigen Ort. Schließlich wurde der Feind von Ungarn her erwartet. Auf der Gemeindeweide wurde ein provisorischer Feldflughafen eingerichtet. Die Brestowatzer, gleich welcher Volksabstammung, wurden mit Ross und Mann und Wagen zum Arbeitsdienst verpflichtet, um den serbischen Soldaten beim Bau zu helfen. Die Mobilmachung wurde ausgerufen, erste Einberufungsbescheide kamen, weitere folgten. Auch beim *Bowwjär-Franz* traf einer davon ein. Im Ernstfall ließ man keine Ausnahmen mehr zu.

Wenn das nur gut ging! Wenn es zum Krieg kommen sollte, müssten sie, die Volksdeutschen, gegen ihre Volksbrüder kämpfen!

Am 5. April 1941 schloss die neue jugoslawische Regierung einen Freundschaftsvertrag mit der UdSSR. Im Schwäbisch-Deutschen Kulturbund in Brestowatz wollten da gar keine freundschaftlichen Gefühle aufkommen. *Was hatten sie denn mit den Russen zu tun! Wenn der Hitler den Plänen der Serben nur zuvorkäme!*

Und er kam ihnen zuvor.

Blitzkrieg 1941: Mit den Feinden gegen die Freunde

Am 6. April, Palmsonntag, dem Tag, an dem die »Schwarzen« des triumphalen Einzugs ihres Jesus in Jerusalem gedenken, vernehmen die anderen im Radio die frohe Botschaft, dass deutsche Flugzeuge Belgrad bombardieren. Bald fliegen Flugzeuge auch über ihr Dorf hinweg. Sie erkennen das Hakenkreuz. *Gott sei Dank! Das waren doch andere Maschinen als die lächerlichen serbischen Doppeldecker, die auf der Hudwoad gelandet waren! War doch klar, wer den Krieg gewinnt!*

Im Radio folgten die Meldungen über Angriffe der deutschen Armee, auch vom Süden her. *Nun müssen ihre deutschen Männer gegen die Deutschen kämpfen! Was können sie machen, noch sind sie jugoslawische Staatsbürger, noch müssen sie ihre staatsbürgerliche Pflicht erfüllen und ihr Stiefvaterland gegen den vaterländischen Feind verteidigen!*

Im Dorf holen die Četnici, Mitglieder einer serbisch-nationalen Vereinigung, ihre Uniformen und ihre Pelzmützen mit dem Totenkopf heraus, rufen Verstärkung aus dem serbischen Nachbardorf Stapar herbei und übernehmen die Herrschaft im Dorf, denn sie trauen den Deutschen nicht über den Weg. Schlägt deren Herz doch auf der Seite ihres Mutterlandes, auch wenn die deutschen Männer Seit an Seit mit jugoslawischen Soldaten gegen die deutschen Truppen kämpfen. Überall stellen die Serben bewaffnete Posten auf. Als erstes ziehen sie die deutschen Radios ein, dann die deutschen Fahrräder mit den jugoslawischen Kennzeichen. Die Freunde des Feindes werden von der Welt abgeschnitten. Nicht genug damit, siebenundzwanzig führende Mitglieder des Kulturbundes werden als Geiseln gefangen genommen, zunächst im Gemeindehaus festgehalten und von da im Viehwagen abtransportiert. Keiner weiß wohin. Am Ostersonntag kehren sie alle wieder unversehrt aus der Festung Peterwardein bei Novi Sad zurück.

Bis dahin patrouillieren bewaffnete Četniks im Dorf auf und ab, besetzen die Ausfahrtstraßen, treiben Lebensmittelzwangsabgaben von ihren deutschen Mitbewohnern ein. Der Ausnahmezustand wird über das Dorf verhängt, die deutschen Häuser dürfen bei Dunkelheit nicht mehr verlassen und kein Licht angemacht werden.

Wenn sie nur hören könnten, wo die Front steht! Wenn die Deutschen nur bald kämen! Keine Nachrichten erreichen die Radiolosen.

Die Leidenswoche geht dahin. Der Karfreitag kommt und bringt ihnen die größten Schmerzen: Am Mittag kreist ein Flugzeug über dem Dorf, Angst mischt sich mit Hoffnung: *Jetzt bombardieren sie das Serbenviertel!*

Vier Bomben fallen. *Mein Gott, mein Gott, warum hatte er sie verlassen! Deutsche, das Hakenkreuz ist nicht zu übersehen, werfen Bomben auf sie, die Deutschen! Zum Glück keine deutschen Toten!* Vier deutsche Häuser sind teilweise zerstört oder beschädigt worden. Sie vergeben den Übeltätern, *denn sie wussten nicht, was sie taten. Das Flugzeug kommt zurück. Jubel! Jetzt hat der Pilot seinen Irrtum erkannt! Aber nein, er schießt auf die Deutschen! Wenn das mal kein getarntes Flugzeug des Feindes ist! Oder, wer weiß, ob nicht die Četniks zuerst auf das deutsche Flugzeug geschossen haben! Das können die deutschen Piloten sich natür-*

lich nicht gefallen lassen! Die werden sich rächen und in der Nacht das roazischi Darf bombardieren! Beim nächsten Mal treffen sie schon die Richtigen!

Viele deutsche Bewohner im serbischen Ortsteil verlassen vorsichtshalber ihre Häuser und verbringen die Nacht bei Freunden oder Verwandten. Auch die Heims, die in einem Haus auf dem Gelände ihrer Ziegelfabrik wohnen, ziehen es vor, bei Verwandten im Dorf zu übernachten. Am nächsten Morgen können die Evakuierten bereits wieder in ihre Häuser zurückkehren. Später erfahren sie, dass die abgeworfenen Bomben den Optanten galten, den Serben, die nach dem Ersten Weltkrieg aus Ungarn übersiedelt worden waren und am Ortsrand ein Häuschen und ein bisschen Land erhalten hatten. Die Zurückkehrenden hören bereits die näher rückende Front. Die deutschen Jugoslawen sind voller freudiger Erwartung. Die *Heimin* deckt sich auf dem Rückweg mit rotem Stoff ein. Roter Stoff ist bereits knapp geworden in Brestowatz. In manchen Geschäften ist gar keiner mehr zu haben. Heims wollen eine besonders lange Fahne, die ganze Hausfront soll sie einnehmen. Die alte *Heimin* will ein Drittel des mitgebrachten Stoffes für eine eigene Fahne. »Der Rest, der blieb, war immer noch lang genug«, erinnert sich die Tochter später.

In der Nacht zum Karsamstag sind Mündungsfeuer zu hören. Sie kommen immer näher. *Das müssen die deutschen Truppen sein, sie sind nicht mehr weit. Jetzt kommen sie!*

Was die Radiolosen nicht wissen, ist, dass es nicht die deutsche, sondern die mit Deutschland verbündete ungarische Armee ist, die am Karsamstag, dem 11. April, in Jugoslawien ein- und auf ihr Dorf zu marschiert. Die Serben wissen es. Für sie ist Feind gleich Feind. Rollentausch: Jetzt sind es die Serben, die sich aus Angst in ihre Häuser verkriechen, die Četniks diejenigen, die ihre Waffen wegwerfen und von den Straßen verschwinden. Jetzt strömen die Deutschen auf die Straße. Aber noch ist die Gefahr nicht vorbei, die Befreier noch nicht da. *Was machen, wenn die zurückweichenden jugoslawischen Truppen durch das Dorf ziehen, bevor die Deutschen da sind? Die werden doch morden und stehlen! Da muss man mit allem rechnen!*

Die deutschen Brestowatzer müssen sich selber helfen. Eine Bürgerwehr muss her. Die Männer, die nicht eingezogen worden waren, bewaffnen sich mit Mistgabeln und den weggeworfenen Gewehren der Četnics. Diese hatten zwar die Verschlüsse entfernt, aber besser ein Gewehr ohne Verschluss als gar kein Gewehr. Mit dieser Bewaffnung bezieht die Bürgerwehr Posten, nicht als Ehrenwache für den Gekreuzigten, wie es zuvor die Feuerwehr getan hatte, sondern als Schutzwache für die Dorfbewohner, die deutschen Dorfbewohner, im vorauseilenden Gehorsam mit Hakenkreuzbinden um den Arm. Mit Fuhrwerken blockieren sie die Ein- und Ausfahrtstraßen. Und tatsächlich, die ersten Gruppen jugoslawischer Soldaten kommen auf das Dorf zu. *Werden sie schießen? Gut, dass die Dorfbeschützer ihre Hakenkreuzbinde am Arm haben. Da wissen die Ankommenden wenigstens gleich, mit wem sie es zu tun haben.*

Kein Schuss fällt. Erleichtertes Aufatmen. Widerstandslos übergeben die jugoslawischen Soldaten ihre Gewehre, wieder ohne die Verschlüsse, versteht sich. Andere hatten ihre Waffen schon vor dem Ortseingang weggeworfen. Die Straßengräben verwandeln sich zunehmend in ein Waffenarsenal. Die herumliegenden Schusswaffen brauchen nur eingesammelt, aufgeladen und ins Dorf transportiert zu werden. Die sich ergebenden feindlichen Soldaten werden im Hof des Gemeindehauses zusammengeführt und streng bewacht.

Noch ist die Gefahr nicht gebannt, von Stapar, dem serbischen Dorf, droht die größte Gefahr. Die Straße dorthin muss im Auge behalten werden. Vier deutsche Kontrollposten machen sich am Karsamstag Richtung Stapar auf den Weg. Sie kommen nicht weit, Schüsse fallen aus dem Hinterhalt. Zwei der Posten werden tödlich getroffen, der dritte schwer verwundet, der vierte kann entkommen und die traurige Nachricht im Dorf verkünden. Der Verwundete und die Toten müssen geborgen werden. Es ist keine Zeit zu verlieren. Wer kann wissen, wie viele da im Hinterhalt lauern. Da hilft nichts. Sie müssen sich dem Kampf stellen. Äußerste Vorsicht ist geboten. Drei Fuhrwerke, beladen mit Maschinengewehren und mehreren Schützen, die auf dem Boden in Deckung liegen, rücken aus unterschiedlichen Richtungen auf Stapar zu. Den verdächtigen Strohstapel, aus dem die Schüsse gekommen waren, kreisen sie von allen Seiten ein. Es gibt kein Entkommen mehr für die Todesschützen! Entschlossen fordern sie die Feinde im Stroh auf, die Waffen wegzuwerfen, die Hände über den Kopf zu nehmen und sich zu ergeben. Keine Reaktion. Also bleibt den Angreifern nichts anderes übrig, als den Strohstapel zu erstürmen. Aber die Feigheit des Feindes hat bereits vor ihnen gesiegt. Die feindlichen Schützen haben in Anbetracht der herannahenden Übermacht der Angreifer das Weite gesucht. Nur ihr Maschinengewehr kann gesichert und als Kriegsbeute ins Dorf gebracht werden. Zurückgebracht werden auch der Verwundete und die beiden Toten, die auf *dem Feld der Ehre für ihr Dorf gestorben sind.* Dorftrauer ist angesagt. Schwarze Bänder gesellen sich zum ersten Mal zu den Hakenkreuzbinden an den Armen.

Zu weiteren Kampfhandlungen kommt es nicht mehr; der Ostersonntag kommt, und das ist der Tag, den der Herr gemacht hat. Sie frohlocken und freuen sich, denn ihre Erlöser nahen. Sie wollen ihnen einen würdigen Empfang bereiten.

Die große Enttäuschung

»Heilig, heilig, heilig ist der Herr«, singen die einen in der Kirche und beugen die Knie.

»Heil, heil, heil dem Führer«, rufen die anderen auf der Straße und heben den Arm. Mit Blumen und Fahnen wollen sie ihre Befreier begrüßen. Mit Fahnen vor allem, mit den richtigen Fahnen natürlich, mit schönen roten Fahnen mit weißem Kreis und Hakenkreuz in der Mitte, damit die einziehenden Sieger sehen, dass sie bei gleichgesinnten Freunden eintreffen, die sie sehnsüchtig erwartet haben und nun freudig begrüßen.

Es gibt wenig deutsche Häuserfronten, vor denen keine deutsche Fahne hängt. In allen Größen und allen Rottönen flattern sie im Wind. Jeder Fetzen roten Stoffes musste über Nacht zur Fahne werden. Fleißig waren die vielen deutschen Näherinnen im Dorf! Nur die ein oder andere von ihnen wusste nicht so recht, wie herum die Haken zeigen müssen, so dass auch viele Fahnen mit falschem Hakenkreuz vor den Häusern hingen.

»Sie kommen!«, tönte es von allen Seiten. *Heil, Heil und immer wieder Heil den Befreiern!* Freudentaumel, Freudentränen. *Sie gehören zu dem auserwählten Geschlecht, zu dem glorreichen Volk. Jetzt wird alles gut!*

Deutsche Helme über Tarnanzügen sehen sie auf den Ort zukommen, ein Voraustrupp von vier oder fünf Motorrädern kommt auf die Wartenden zu. Einer der Soldaten hebt den Arm nach oben, reißt ihn wieder runter, dazu das Kommando: *Szajasz alj!* Bedeutet mit erhobener Hand aus Blickrichtung des Befehlenden: Abteilung halt! In den deutschen Ohren klingt das ungarische »alj« – ausgesprochen »aj« – wie »heil«. Die inzwischen herbeigeeilte Masse antwortet im Chor: *Heil! Heil!* Und ist sich sicher, dass die Deutschen einmarschiert sind und sie selber nun endlich das Sagen in Brestowatz haben werden.

Doch sie haben sich getäuscht. Es sind nicht die deutschen Brüder, auf die sie so sehnsüchtig gewartet hatten, es sind die ungarischen Stiefbrüder, die einmarschieren.

Was wollen die denn hier? Die gehören doch auf die andere Seite der Donau, und da sollen sie auch bleiben! Als sie so eine Weile gehadert haben, kehrt schließlich die Vernunft zurück. Sie sind gerettet. Darum lassen sie die ungeliebten Retter ins Dorf, empfangen sie als die Stellvertreter des Führers, essen Brot und trinken Wein mit ihnen. Der Pfarrer *Atzel* (Aczél), selber Ungar und bei seinen deutschen Schäfchen wenig beliebt, begrüßt seine einziehenden Landsleute freudigen Herzens. *Ist doch gut, dass die alten Leute aus der Zeit vor 1918 noch ein bisschen*

Ungarisch können, so dass die doch wenigstens mit ihren Befreiern reden können. Die Blasmusik spielt bis spät in die Nacht.

Die ungarischen Soldaten werden im Dorf verteilt. Auch bei den Heims werden einige von ihnen einquartiert, auf dem Hof stellen sie ein Maschinengewehr auf, zu Zwischenfällen kommt es nicht, und nach drei Wochen sind sie wieder weg.

Der Krieg in Brestowatz ist aus. Die Männer, unter ihnen auch der *Bowwjär-Franz*, der *Gantner-Sepp* und der *Werny-Willam*, kehren zurück. Sie waren nicht lange weg gewesen.

> Vier Wochen vor'm Palmsonntag waren sie eingerückt, und am Ostersonntag waren sie alle schon wieder zurück,
> so meine Mutter.

Grund genug zu feiern. Es wird ein Volksfest daraus, aber nur für die Deutschen, die Serben bleiben in ihren Häusern.

Winter 1938/39 in Priština im heutigen Kosovo:

Eine Gruppe von fünfzehn Soldaten des jugoslawischen Militärs hat sich für ein gemeinsames Foto in tief verschneiter Umgebung in Pose gesetzt:

Dicke Winteruniformmäntel, Kopfbedeckung, Husarensäbel – ein Lächeln auf nahezu allen Gesichtern. In der hinteren Reihe steht Josef Gantner aus Brestowatz, neben und vor ihm seine serbischen Kameraden. Im Frühjahr 1941 werden sowohl die deutschen als auch die serbischen Soldaten eingezogen, um gemeinsam gegen die deutschen Truppen zu kämpfen, die in Jugoslawien einmarschiert sind.

Die deutschstämmigen Kriegsteilnehmer kehren am Ostersonntag 1941 wieder aus den Schlachtfeldern zu ihren Familien zurück. Bei über 340.000 ihrer ehemaligen serbischen Kriegskameraden warten die Familien vergebens auf die Rückkehr ihrer Männer.

Am 17. April 1941 kapitulierte die jugoslawische Armee. Über 340.000 Kriegsgefangene wurden in Konzentrationslager nach Deutschland gebracht, über 20.000 serbische Zwangsarbeiter wurden in Bergwerken eingesetzt, um den Bedarf des Deutschen Reiches an kriegswichtigen Metallen zu decken. Ab Sommer 1941 errichteten die deutschen Besatzer zwanzig Konzentrationslager auf dem Balkan – rund 50.000 Serben kommen darin ums Leben. Im Juni wurde von serbischer Seite zum Widerstand aufgerufen – Auftakt zum Partisanenkrieg. Es kam zu Übergriffen. Der kommandierende deutsche General in Serbien, Franz Böhme,

Abb. 14 Josef Gatner beim jugoslawischen Militär, Winter 1938

erließ daraufhin im Oktober 1941 den Befehl, für einen getöteten Wehrmachtsoldaten hundert, für einen verletzten fünfzig Serben zu töten. Insgesamt erschossen Wehrmachtseinheiten im besetzten Serbien bis zum Ende der Besatzungszeit rund 80.000 Zivilisten.

Eine schwere Hypothek für die deutsche Minderheit.

Am Tag nach der Rückkehr ihrer Männer ist das ganze deutsche Dorf wieder auf den Beinen. Es gilt, ihre gefallenen Helden zu beerdigen. *Sie starben, dass die anderen leben.* Darum gebührt ihnen ein Ehrenbegräbnis: Aufbahrung der Särge vor dem Kulturbundheim, Totenwache durch Kulturbundmitglieder, die deutsche Fahne auf Halbmast, rechts daneben die ungeliebte ungarische, Trommler und Spielmannszug, Kirchenchor, die Feuerwehr in Uniform, Spalier der Hitlerjugend, Ehrensalven, ungarische Soldaten als Sargbegleiter. Was hätte das trauernde Dorf darum gegeben, wenn deutsche Soldaten neben dem Sarg ihrer Helden einhergeschritten und bei ihnen einquartiert worden wären!

Immerhin erweisen die Besatzer ihren Toten die Ehre. *Vielleicht ist's ja doch auszuhalten mit den Magyaren!* Die deutschen Radios und die deutschen Fahrräder geben sie auch wieder zurück in die deutschen Hände der rechtmäßigen Besitzer. Diese können jetzt wieder die Berichte des Großdeutschen Rundfunks über die siegreiche deutsche und ungarische Armee hören.

Am 18. April kommt endlich die Meldung, dass das jugoslawische Heer endgültig geschlagen ist und kapituliert hat.

Das Land ist von deutschen Truppen besetzt, nur die Batschka wird den Ungarn überlassen, und die soll auch ungarisch bleiben. *Ausgerechnet die Batschka, ausgerechnet sie, die treuen Diener ihres Herrn, werden ungarisch. Sie sind der Dank, den Hitler dem ungarischen Reichsverweser Horthy für den Bruch des Freundschaftsvertrages mit Jugoslawien und die Unterstützung durch die ungarische Armee schuldig ist.*

Die Besatzer bestehen darauf, dass neben jeder deutschen Fahne im Dorf eine ungarische hängen muss, und zwar rechts, die deutsche links und kleiner als die ungarische.

Das ist ja noch schöner, was bilden die sich denn ein, auch noch rechts, am Ehrenplatz, und größer! Den Besetzten bleibt keine Wahl. Entweder oder, sagt der ungarische Kommandant. Besser eine ungarische Flagge neben der Hakenkreuzfahne als gar keine deutsche Flagge, sagt die Ortsgruppenleitung des Schwäbischen Kulturbundes. Und die fleißigen Näherinnen setzen sich wieder an ihre Nähmaschinen und nähen, diesmal setzen sie rot-weiß-grüne Bahnen aneinander.

Nach drei Wochen braucht das Dorf keine Besatzer mehr. Es gehört wieder zu Ungarn. Die ungarische Armee zieht ab. In der Schule und den Häusern sind nicht mehr länger Soldaten einquartiert, die Kinder strömen wieder täglich ein und aus. Am ersten Schultag heißt der Lehrer sie, das neue Lesebuch herauszunehmen und die Seite 1 aufzuschlagen. »Was sehen wir da?« – »Die jugoslawische Königsfamilie!« – »Und diese Seite reißen wir jetzt heraus!«, sagt der Lehrer, und die Kinder reißen die Seite heraus. »Die brauchen wir jetzt nicht mehr.« Und Rosel Heim, mein Bruder Franz und all die anderen Schulkinder reißen die Seite heraus.

Der König Peter II. war geflohen. Das Dorf hieß wieder Szilberek wie vor zweiundzwanzig Jahren, die Straßen trugen wieder ungarische Namen, der Kulturbund war dem Ungarischen Volksbund angeschlossen und hieß jetzt offiziell auch »Volksbund der Deutschen in Ungarn«. Die deutschen Polizisten, die auch schon bei den Serben Polizisten waren, bekamen einen ungarischen Polizeioffizier als Vorgesetzten und bildeten mit ihm die ungarische Polizeitruppe. Die Brestowatzer waren wieder, wie vor 1920, loyale ungarische Staatsbürger mit ungarischen Pässen, die Serben sprachen weiterhin serbisch, die Deutschen sprachen und dachten weiterhin deutsch, nur noch ein bisschen deutscher als zuvor. Noch verächtlicher als zuvor schauten sie auf ihre serbischen Mitbürger herab. »Die brauchen sie doch jetzt nicht mehr grüßen, und den Gruß von denen werden sie auch nicht mehr erwidern«, darin waren sich die Kulturbündler einig. Anders als in der alten ungarischen Zeit ließ die ungarische Regierung die Deutschen gewähren.

Nach dem Ersten Weltkrieg war das Hauptziel der ungarischen Regierung, die durch den Trianon-Vertrag verlorenen Gebiete zurückzugewinnen. Um dieses Ziel zu erreichen, schloss Ungarn sich immer enger an das Dritte Reich an. Dieses Verhalten wurde belohnt. Bereits in den beiden Wiener Schiedssprüchen von 1938 und 1940 hatte Ungarn weite Gebiete zurückerhalten. Zu den Gegenleistungen, die Ungarn erbrachte, gehörte es, dass der Schutz der deutschen Volksgruppe, wie die deutsche Minderheit von nun an bezeichnet wurde, weitgehend in die Hand Hitler-Deutschlands gelegt wurde. Die Angehörigen der deutschen Volksgruppe konnten aufgrund der gegenseitigen Vereinbarungen zwischen Ungarn und Deutschland nun ungehindert die nationalsozialistische Weltanschauung praktizieren und sich in die Gefolgschaft Adolf Hitlers begeben. In Amtsstellen sollten entsprechend ihrem Anteil an der Gesamtbevölkerung Angehörige der Volksgruppe eingesetzt werden. Der Einsatz sollte vorzugsweise in deutschen Siedlungsgebieten erfolgen. Die Kinder sollten in allen Schulformen die Möglichkeit erhalten, volksdeutsche Schulen zu besuchen. Die Ausbildung von deutschen Lehrern sollte von ungarischer Seite gefördert werden. Darüber hinaus wurde der Volksgruppe das Recht auf freien Gebrauch der deutschen Sprache in Wort und Schrift zugestanden. Deutscher war, wer sich zum Deutschtum bekannte und von dem Volksbund als Deutscher anerkannt wurde.

Die Gefahr der Assimilation war gebannt. Die deutsche Minderheit hatte dank der Hilfe Hitlerdeutschlands die Ziele erreicht, für die sich ihre Vertreter seit vielen Jahrzehnten eingesetzt hatten und die ihr bis dahin versagt worden waren. Konnte es ausbleiben, dass die Mehrheit von ihnen zu treuen Anhängern und Gefolgsleuten Adolf Hitlers wurde?

Die Brestowatzer Schule kam damit 1941 wie die anderen deutschen Schulen in der Batschka in den Genuss der kulturellen Freiräume, die Ungarn in den Wiener Schiedssprüchen Hitler zugestanden hatte. Die von der deutschen Schulstiftung unterhaltenen Schulen gingen in den Besitz des »Volksbunds der Donauschwaben in Ungarn« über, in den der Kulturbund eingegliedert wurde. Die Kinder lernten nicht mehr Serbisch, sondern Ungarisch als Fremdsprache. Der Gebrauch der deutschen Muttersprache als Unterrichtssprache sollte nicht angetastet werden. Die Lehrer wurden wieder zu Beamten, die unter ungarischer Schulaufsicht standen.

Die serbischen und kroatischen Lehrkräfte wurden entlassen und verließen das Dorf, ohne dass zunächst Ersatz für sie kam. Lehrermangel setzte ein. Die Klassen vom Ober- und Unterdorf mussten zusammengelegt werden, um alle Kinder mit Unterricht versorgen zu können. Die alten *ungarisch-g'sinnten* Lehrer, die noch vor 1918 in ungarischen Lehrerseminaren ausgebildet worden waren, kamen erneut zum Zug. Der Höflich-Lehrer wurde Schulleiter. Diese Lehrer unterstützten den ungarischen Einfluss auf das Schulwesen, schickten die deutschen Schulkinder zur Begrüßung ungarischer Delegationen, ließen die Kinder ungarische Gedichte, die sie nicht verstanden, auswendig lernen und aufsagen. Bald wurden auch neue Lehrer nach Brestowatz geschickt. Zur Enttäuschung der deutschen Dorfbewohner waren es überwiegend ungarische Lehrer. Manche von ihnen beherrschten die deutsche Sprache nur unzulänglich oder auch gar nicht. So versuchten die Ungarn wiederum, die offiziellen Absprachen zu unterlaufen.

Bei der Machtübernahme 1941 lösten die Ungarn die staatliche serbische Bürgerschule in Hodschag auf. Viele Kinder aus Brestowatz, die nicht auf das Gymnasium geschickt worden waren, sondern eine Mittelschule als weiterführende Schule besuchten, sind nach Hodschag geschickt worden. Der Ort liegt von Brestowatz nur eine Bahnstation entfernt. Die Schüler konnten jeden Tag mit dem Zug zur Schule fahren und brauchten nicht wie in Apatin in Kost und Logis gegeben werden. Dafür nahmen ihre Eltern es in Kauf, dass der Unterricht in serbischer Sprache erteilt wurde. Deutsch wurde als Fremdsprache gelehrt. »Da«, so höre ich, »konnten sich die deutschen Kinder ausruhen und sich amüsieren, wenn der Lehrer sagte: das Buch grines [das grüne Buch].«

1941 mussten diese Schüler nun den weiteren Weg zur deutschen Bürgerschule in Apatin in Kauf nehmen. Allerdings nicht lange. Bereits im Herbst 1943 wurde die Bürgerschule in Hodschag wiedereröffnet, dieses Mal als deutsche Schule, als nationalsozialistische deutsche Schule mit einem angeschlossenen Internat, dessen Insassen nach nationalsozialistischen Grundsätzen erzogen und ausgebildet wurden. Die Brestowatzer atmeten auf, brauchten ihre Kinder nun nicht mehr den weiten Weg nach Apatin zurücklegen.

Mein ältester Bruder hat doppeltes Glück: Er kam erst 1942 in die dritte Volksschulklasse, in der der Unterricht in der Fremdsprache begann. Er muss deshalb nicht wie seine etwas älteren Kameraden von einem Tag auf den anderen die Fremdsprache wechseln. Er lernt bis zur Flucht Ungarisch in der Schule. Auch im Geschichts- und Heimatkundeunterricht gibt es für ihn keinen Umbruch. Anders ist das für die älteren Schüler. Im Geschichtsunterricht steht nicht mehr die jugoslawische, sondern die ungarische Vergangenheit im Mittelpunkt. Im Heimatkundeunterricht wird Jugoslawien durch Ungarn ersetzt.

Maria Werny, meine Mutter, wurde 1921 eingeschult. Ihr blieb damals – umgekehrt – die Umstellung vom Ungarischen auf das Serbische erspart.

Das Deutschtum blüht

Das Dorfleben stand fortan bis in die Familien hinein ganz unter dem Zeichen des Kulturbunds. Auf Familienbildern aus der Zeit tragen Kinder und Jugendliche die Kluft der Hitlerjugend, die Männer an den Revers eine Nadel mit dem Kulturbundabzeichen. Das Hakenkreuz darin ist auf den Fotos kaum zur erkennen. Sie ahnen noch nicht, dass da Zeiten auf sie zukommen werden, in denen die Frauen mit großer Sorgfalt darum bemüht sein werden, diese verräterischen Zeichen an den Revers ihrer Männer wegzuretuschieren.

Wegschneiden hat man es ja nicht können, man hat ja nicht gewusst, ob die Männer wieder zurückkommen. Da wollt man doch ein Andenken haben,

wird meine Mutter mir einst beim Betrachten alter Familienbilder erklären. Vom Hakenkreuz, das sie dabei sorgfältig weggekratzt hat, sagt sie nichts.

Die Brestowatzer – nun Ungarn – reden untereinander weiterhin vom Kulturbund und nutzen dabei die Privilegien des Volksbunds. Sie grüßen sich mit »Heil Hitler«, feiern den Geburtstag des Führers und träumen vom Endsieg, davon, dass sie, die Deutschen, dann endgültig richtige Deutsche werden. Dann leben sie endlich in ihrem Ulmenau, und die anderen Nationen müssen dann machen, was die Deutschen sagen. Schablonen, einen dreiviertel Meter groß, wandern von einer Dorfbewohnerhand in die andere. Mit ihrer Hilfe pinseln die Hausbesitzer ein dunkles »V« für »Victoria« an die Fassaden und Einfahrten, nach oben öffnet sich der Buchstabe wie eine Schale, darin liegen ein Lorbeerblatt und ein Hakenkreuz, in der Mitte quer durch das »V« verläuft die Aufschrift »Der deutsche Sieg«. Wer es sich leisten konnte, beauftragte auch einen Maler damit, bis zu fünf Meter große, besonders schöne Gemälde an die Häuserwände zu malen.

Aber sie würden es den anderen Nationen nun nicht heimzahlen. War dafür nicht Beweis genug, dass die Ortsgruppenleitung des Kulturbundes und der deutsche Pfarrer sich gleich bei den Ungarn dafür eingesetzt haben, dass die inhaftierten Četnici frei gekommen sind?

Der Kulturbund wird endgültig vom privaten Verein zur nationalsozialistischen Volksgruppenorganisation mit dem Ziel, möglichst alle Deutschen zu erfassen und politisch auszurichten. Sprache, Symbolik, Uniform, Rituale und Konzepte der Massenorganisation im Deutschen Reich werden übernommen. Alle Vereine, Feuerwehr, Sportvereine – selbst der Fußballverein, in dem auch einige Serben mitspielten – trugen die gleichen Uniformen wie in den NSDAP-Organisationen in Deutschland.

»Klar, deine Mutter auch, die war doch bei der Frauenschaft, und dein Bruder, der war bei den Knirpsen«, erfahre ich von der Kusine meiner Mutter, *Rosel* Heim. Das Bild von der Kuh mit den Kälbchen bestätigt ihre Aussage. Es zeigt meinen Bruder Franz in der Kluft der Hitlerjugend. Der Hitlerkult zieht auch in die Familien ein, der Enthusiasmus steigert sich ins Unermessliche.

Michael Pauli blickt zurück:

> Ich war wie besessen vor Begeisterung. Gleich 41 hab ich mich mit achtzehn von der Schulbank weg als Freiwilliger zu den Deutschen gemeldet. Ich wollte unbedingt zur SS. Aber denen war mein Schädel nicht arisch genug! Da blieb nur die Wehrmacht. Über Maribor bin ich nach Graz gekommen und von dort zu einer Gebirgsjägereinheit, die zum Russlandeinsatz abkommandiert worden ist.

Für Michael folgt die Teilnahme an der Schlacht von Stalingrad. Noch im Winter 1942/43 erleidet er so starke Erfrierungen, dass er in ein Lazarett eingewiesen werden muss. Er überlebt, aber seine Soldatenlaufbahn ist beendet. Zunächst kommt er in ein Lazarett in Schlesien. An eine Rückkehr an die Front ist nicht mehr zu denken. 1943 wird er nach Wien verlegt und dort aus dem Lazarett entlassen. Nach einer Aufnahmeprüfung in Englisch, Geschichte und Naturwissenschaften kann er dort seinen Schulbesuch in einer Handelsoberschule fortsetzen und einen Abschluss erwerben. In der zweiten Hälfte der vierziger Jahre wird er in die USA auswandern und in Los Angeles in der Nähe seiner Cousine Olga Pauli leben.

Im Frühjahr 1942 setzte die erste Werbeaktion der Waffen-SS ein. Rechtliche Grundlage bildete ein Abkommen zwischen der deutschen Reichsregierung und der ungarischen Regierung, in dem der SS das Recht eingeräumt wurde, im ungarischen Staatsgebiet deutschstämmige Bürger anzuheuern. Und die Batschka war ungarisches Staatsgebiet. Der erste Aufruf richtete sich an die Männer der Geburtsjahrgänge 1912 bis 1924, an die damals Achtzehn- bis Dreißigjährigen. Der Kulturbund war die Anlaufstelle der Werber. Ihr Erfolg war groß. Auch der *Gantner-Sepp* und der *Werny-Willam,* Schwager und Bruder meiner Mutter, gehörten zu denjenigen, die dem Aufruf folgten. Mein Vater war bei der ersten Wahlkampagne gerade nicht mehr jung genug, er musste noch ein Jahr warten, bis auch sein Jahrgang für die SS attraktiv wurde.

Abb. 15 Ansichtskarte von Josef Gantner, 1942

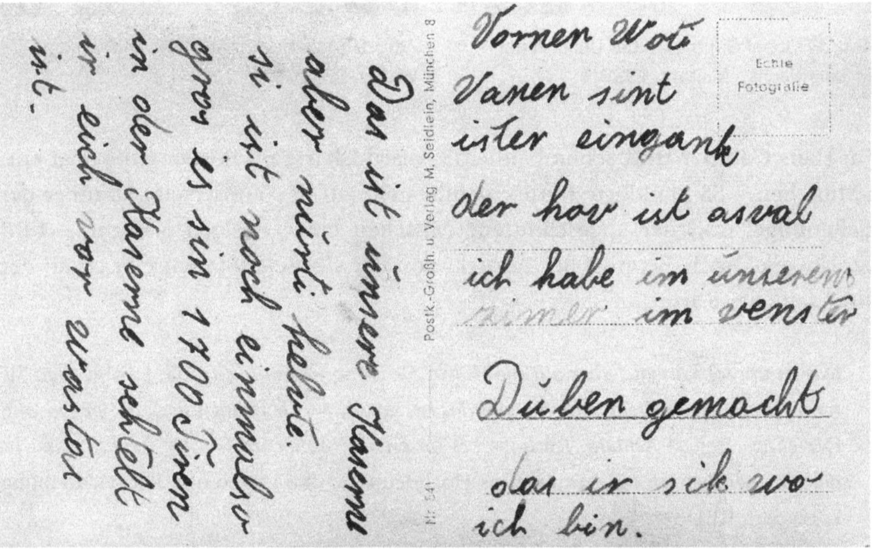

Abb. 16 Rückseite der Ansichtskarte

Abb. 17 Josef Gantner in der Uniform der jugoslawischen Militärs, 1938

Abb. 18 Josef Gantner in der Uniform der Waffen-SS, 1942

Im Haus Gantner trifft schon bald eine Ansichtskarte im Postkartenformat ein: »München – SS Standorte Deutschland« steht auf der Vorderseite, darüber der Seitenflügel und der abgeschnittene Mittelteil einer riesigen Kaserne – fünf Stockwerke hoch. Sepp ist beeindruckt von der Größe. Stolz schreibt er auf der Rückseite der Karte:

> *Das ist unsere Kaserne, aber nur die Hälfte. Sie ist noch einmal so groß. Es sind 1700 Türen in der Kaserne. Stellt euch vor, was das ist. Vorne, wo die Fahnen sind, ist der Eingang. Der ganze Hof ist Asphalt. Ich habe bei unserem Zimmer im Fenster Punkte gemacht, dass ihr seht, wo ich bin.* [Dialekt ins Hochdeutsche übertragen und Rechtschreibung korrigiert, RB]

In meiner Vorstellung läuft ein Film ab: Stolz wird das Bild von Familienmitglied zu Familienmitglied weitergereicht, auch dem gerade mal zweieinhalbjährigen Sohn *Seppi* wird gezeigt, wo sein *Daddi* jetzt ist; die Verwandtschaft und die Nachbarschaft geraten ins Staunen beim Anblick dieses Bildes, es spricht sich im Dorf herum, wie groß und schön in Deutschland alles ist.

Abb. 19 Wilhelm Werny in der Uniform der jugoslawischen Militärs, vor 1941

Abb. 20 Wilhelm in der Uniform der Waffen-SS, 1942

Im Oktober 1938 haben die Eltern vom *Gantner-Sepp* bereits einmal ein Bild in Postkartengröße von ihrem Sohn erhalten. Es zeigt ihn in der Uniform des serbischen Militärs mit einem Säbel an der linken Seite, Blick geradeaus, auf der Rückseite die Aufschrift: *Zur Erinnerung an meine Militärzeit – 30/X 1938 – Priština.*

Ich finde ein weiteres Bild, das ihn in ganz ähnlicher Haltung zeigt, ausgetauscht die Uniform, dieses Mal ist es die der Waffen-SS, aufgenommen vor dem Kasernengebäude in München.

Mir fällt der Gedanke schwer, dass zwischen diesen Bildern nicht einmal vier Jahre liegen, vier Jahre eines dreiundzwanzigjährigen Lebens. Einen Blick in sein Inneres ermöglicht das Bild nicht, aber glückliche Augen sehe ich nicht.

Ein entsprechendes Nebeneinander von Brustbildern gibt es auch bei Wernys.

Der junge *Willam*, etwa zwanzig Jahre alt, in der Uniform des serbischen Militärs, und *Willam* in der SS-Uniform. Nur bei dem zweiten Bild ist die Rückseite beschriftet: *Berlin 28.6.42 – Andenken von eurem Sohn Wilhelm.*

Sepps erste Station in Deutschland ist also München, *Willams* Berlin. Beide kommen von dort an die Ostfront, *Sepp* als Angehöriger des Artillerie-Regiments 5, *Willam*, der bereits einen Führerschein besaß, als Fahrer. So wie sie kamen alle 1942 Eingezogenen an die Fronten.

Die Nicht-Melder konnten offiziell weiterhin Mitglied im Volksbund bleiben. Aber mit der Toleranz war es vorbei. Eingeschlagene Fensterscheiben, mit Parolen beschmierte Hauswände, Beschimpfungen setzen ein. *Wer sich nicht meldet, ist kein Deutscher mehr, gehört nicht mehr dazu.* Der Druck innerhalb der Gruppe nimmt zu. Schließlich wollen sie alle zum Deutschtum dazugehören. Die Frauen wollen keine Feiglinge an ihrer Seite. Auch ihre Männer sollen ihr Deutschtum unter Beweis stellen.

So fällt auch die zweite Werbeaktion im Sommer 1943 trotz der zunehmenden Totengedenkfeiern im Haus des Kulturbunds auf fruchtbaren Boden. Aufgerufen sind die Jahrgänge 1908 bis 1911 und 1925. Jetzt bescheinigt bereits der Nachweis der »Deutschblütigkeit« die Eignung für die Waffen-SS, Körpergröße und Haarfarbe müssen nicht mehr die arischen Normen erfüllen. So werden 1943 auch in Brestowatz massenweise Ahnenpässe erstellt, um die arische Abstammung unter Beweis zu stellen.

Der *Bowwjär-Franz* und der *Guthe-Mattheis* aus Stapar gehören dieses Mal zu den Aufgerufenen, und beide folgen dem Ruf. Der Steinmetzbetrieb in Stapar kann während der Abwesenheit des Sohnes vom Vater weitergeführt werden. Die Werkstatt vom *Bowwjär-Klampfer* wird geschlossen. Unterhaltszahlungen aus dem Reich sichern die Familie wirtschaftlich ab.

> Der Bowwjär, der hat's gut. Der kommt als Wächter in ein Lager in Deutschland und nicht an die Front. Dort passiert ihm nichts, da ist er sicher!

Rosel *Heim* erinnert sich an diese Aussagen in ihrem Umkreis. Auf meine Nachfrage, ob man gewusst habe, was das für Lager seien, antwortet sie:

> Man hat schon gewusst, dass das Lager für Kriegsgefangene sind, und wer bis drei zählen konnte, hat sich denken können, dass dort auch Juden sind.

Ein großer Teil derjenigen, die sich 1943 zur SS gemeldet haben, wird zum Wachdienst in Konzentrationslagern eingesetzt. Die Angehörigen sind erleichtert. Der Guth leistet im KZ Auschwitz Dienst, der *Bowwjär-Franz* in Sachsenhausen.

Er wird am 4.11.1943 durch das »Ersatzkommando Südost der Waffen-SS« zum »SS-Totenkopf-Wachbataillon Sachsenhausen« als Wachposten eingezogen, Dienstgrad »SS-Schütze«. Im Februar 1943 ist sein Zugang in Sachsenhausen registriert. Die Wochen dazwischen verbringt er in einem Lazarett in Oderberg, ein Blinddarmdurchbruch verzögert sein Eintreffen in Sachsenhausen. Als sich im Februar 1944 die Truppen der Sowjetarmee Berlin nähern, wird ein Teil der Lagerinsassen von Sachsenhausen nach Buchenwald verlegt. Franz Bovier begleitet den Transport.

Vergeblich suche ich nach Bildern, die meinen Vater in einer Uniform zeigen – weder in einer jugoslawischen noch in einer deutschen ist er auf einem Foto zu sehen. Von seinem Blinddarmdurchbruch, der ihn in ein Lazarett in Oderberg geführt und verhindert hat, dass er an die Front transportiert wurde, war in seinen Erzählungen gelegentlich die Rede. Auf die übrigen Fakten stoße ich erst in Unterlagen, die ich in seinem Nachlass gefunden habe und die mich zu Recherchen in den Archiven der KZ-Gedenkstätten in Sachsenhausen und Weimar veranlasst haben.

Die wenigen *Schwarzen* in Brestowatz, die Abweichler, die nicht zum Dienst für Deutschland bereit sind, werden geschnitten. Sie sind in den Augen der Kulturbundmitglieder keine Deutschen mehr. Ihre Geschäfte werden boykottiert. Es kommt auch zu heftigen Auseinandersetzungen. 1943 werden drei junge Männer überfallen, die vom Rosenkranzgebet aus der Kirche kommen. Mit einem Messer wird auf sie eingestochen. Das Gebetbuch in der Innentasche des einen Rosenkranzbeters verhindert, dass das Messer bis ins Herz eindringen kann. Beim *Pollich-Doktor* treffen beide Gruppen aufeinander. Dem Angreifer sind Platzwunden zugefügt worden. Ein anderer *Schwarzer* wird in seinem eigenen Haus von einem SS-Urlauber überfallen; mit einem Gewehr werden seine Arme zertrümmert. Mitgliedern des Marienbundes wird hinterher gerufen: »Marienbund, verreck wie ein Hund.«

Die einzige jüdische Familie im Dorf ist die des Tierarztes. Seine Frau wird tot im Brunnen gefunden – Selbstmord hieß es. Drei Brestowatzer, die ich Jahrzehnte später befragen werde, berichten übereinstimmend, dass es kein Suizid gewesen sei; sie sei erwürgt und in den Brunnen geworfen worden, Selbstmord sollte nur vorgetäuscht werden. Ihr Mann wird abgeführt.

Jüdische Zwangsarbeiter, die im Dorf Straßenpflaster verlegen müssen, werden von Brestowatzer Frauen beschimpft: »Wird Zeit, dass ihr jetzt auch mal arbeiten müsst.« Unter den Beschimpften ist auch ein jüdischer Frauenarzt aus der Nachbarstadt. Rosel erinnert sich, dass ihre Mutter im Vorbeigehen zu ihr gesagt hat:

> Jetzt schimpfen sie auf ihn, früher sind sie zu ihm gegangen, weil der den armen Frauen umesunscht (umsonst) die Kinder weggemacht hat.

Abb. 21 Rückfahrt ins Reich – Kinderlandverschickung, 1942

Die Mitglieder der Frauenschaft in Brestowatz schließen sich während der Abwesenheit der Männer noch enger zusammen. Gemeinschaftsessen werden zubereitet. In vielen Häusern werden im Rahmen der Kinderlandverschickung Jugendliche aus dem Reich aufgenommen, Arbeiterkinder, vor allem aus Recklinghausen und Hamburg. In den Augen der Brestowatzer kommen sie ausgehungert bei ihnen an. *Naja, ihnen schickt man ja auch nur die armen Kinder, die Reichen kommen nach Österreich und nach Schlesien! Doch die sollen sehen, wie gut sie es bei ihnen haben!*

Die Gemeinde stellt ihnen einen Raum zur Verfügung, in dem sie von den beiden Lehrern, die sie begleiten, unterrichtet werden können. An nichts soll es ihnen fehlen. Pakete mit Speck und Schinken werden den Kindern und den Lehrern bei der Rückreise mitgegeben, damit die Familien in Deutschland auch sehen, wie gut es ihren Kindern bei den Volksdeutschen in der Batschka gegangen ist.

Ein Foto, aufgenommen beim Abschied vor einem Waggon des Zuges, der ihre Schützlinge wieder nach Deutschland zurückbringen soll.

Bildbeherrschend große weiße Buchstaben zwischen zwei Abteiltüren, die Personen ganz an den Rand gerückt. Ein junger Brestowatzer Mann hält die rechte Waggontür auf, in der Tür eine Brestowatzer Frau in Bauerntracht und schwarzem Kopftuch, unter dem Boden des Abteils auf weißem Untergrund die Aufschrift »Ludwigshf. Rh Hbf« – offenbar ein Wagen der Deutschen Reichsbahn aus Ludwigshafen. Die Tür zum linken Abteil ist geschlossen. Am Bildrand sind gerade noch zwei Schüler und ein Lehrer erfasst. Dem Betrachter wird klar, nicht die Personen, sondern die Aufschrift auf dem Waggon, der da in Kürze Brestowatz in Richtung Reich verlassen wird, ist das, was hier festgehalten werden soll: Zwischen zwei Fenstern prangt ein großes »V«, das Victoria-Zeichen, in der Öffnung nach oben schließt sich ein Hakenkreuz an, zwischen den beiden Nachbarfenstern ist die Aufschrift zu lesen: »Die Welt ist nicht da für feige Völker. A. Hitler« – Die Quellenangabe ist in kleineren Schriftzeichen aufgetragen worden. Quer unter beidem, über das Raucher-Schild hinweg, prangt der Text: »Deutschland muß leben und wenn wir sterben müssen!« Darunter in großen Buchstaben: »Ulmenau«.

Ja, feige waren sie nicht, die *Ulmenauer*. Viele von ihnen sind für Deutschland gestorben, retten konnten sie Deutschland nicht. Und auch ihr *Ulmenau* werden sie nicht retten können.

Die Heldengedenkfeiern auf dem Platz vor dem Kulturbundhaus folgen in immer kürzeren Abständen aufeinander und haben schließlich ihren festen Platz an jedem Sonntagvormittag. Immer mehr Namen stehen auf den Gedenktafeln, immer mehr Tote, derer an jedem Sonntag aufs Neue gedacht werden muss.

Einer der ersten, die sterben, ist Stefan Gantner.

Ein Foto aus einem Lazarett:

Ein hohlwangiges Gesicht mit dunklen Augenhöhlen eingebettet in Weiß, oberhalb des Kopfteils eine Tafel: »SS Schütze / Gantner, Stephan / 24 J. – / 10.5.42«. Es ist das Einlieferungsdatum in das Lazarett, nur wenige Wochen nach seinem Antritt bei der Waffen-SS. Trotz einer Lungenerkrankung ließ er sich nicht davon abhalten, dem Werben der SS zu folgen. Seine Widerstandskraft hält den Strapazen des Soldatenlebens nicht lange stand. Nach kurzem Aufenthalt im Lazarett stirbt er. Sein zwei Jahre jüngerer Bruder ist währenddessen auf dem Weg zur Ostfront. Er fehlt bei der Gedenkfeier für seinen Bruder.

Ein weiteres Foto, etwa zur gleichen Zeit entstanden:

Josef Gantner in Arbeitsuniform der SS, aufrecht sitzend auf einem beladenen Leiterwagen, Teil eines Trosses von Pferdegespannen auf dem Weg an die Ostfront.

Etwa zur gleichen Zeit entstand auch dieses Foto:

Vor dem Kulturbundhaus in Brestowatz fünf Särge, bedeckt mit riesigen dunklen Schleifenbändern, am unteren Ende das Hakenkreuz, auf den Bändern die Aufschrift: »DEM TOTEN KAMERADEN / DIE GEMEINSCHAFT«. Am oberen Ende der Särge, gegen die Hauswand gelehnt, im schwarzen Rahmen jeweils ein Bild der fünf Verstorbenen in SS-Uniformen.

Abb. 22 Josef Gantner auf dem Weg an die Ostfront, 1942

Auf anderen Fotos der gleichen Feierstunde sind viele Uniformen mit Hakenkreuzen zu sehen, in denen lebende Körper stecken, große und kleine: Hinter einer Reihe Jugendlicher und Kinder in Uniformen unzählige Gesichter mit dunklen Hüten, hinter den Stühlen der trauernden Familienangehörigen Gesichter mit Kopftüchern. Alle sind gekommen, um ihren Toten die Ehre zu erweisen. Reden werden gehalten, Fanfaren und Trommeln ertönen, im Hintergrund die Wand des Kulturbundhauses, über der Eingangstür ein großes »V« mit Hakenkreuz über zwei Lorbeerzweigen.

Bilder, die mir erst nach 2010 in die Hände fallen. Wären da nicht die schwarzen, weit in die Stirn gezogenen Kopftücher mit den drei Falten an der Seite als unverkennbares Indiz, ich würde bestreiten, dass diese Bilder in Brestowatz aufgenommen worden sind, dem Dorf, in dem die einst aus Deutschland Eingewanderten zusammen mit serbischen Nachbarn lebten, umgeben von serbischen Dörfern. Wie mag das auf ihre nicht deutschstämmigen Mitbürger gewirkt haben? Diese mussten tatenlos zusehen! Dank der Regierung in Budapest, zu der das Dorf nun wieder gehörte, konnten die einst aus Deutschland Gekommenen ihre Faszination ausleben und dem Endsieg entgegenfiebern.

Abb. 23a Heldengedenkfeier, 1942

Abb. 23b Fanfaren bei der Heldengedenkfeier, 1942

Im Sommer 1944 kommt der *Bowwjär-Franz* zum Heimaturlaub in die Staparer Straße.

> Er hat ja nix gesagt, aber als er zurück nach Deutschland ist, hat er sein Soldbuch vom serbischen Militär mitgenommen und was Ziviles zum Anziehen. Da hat er doch schon gewusst, was los ist und dass der Krieg verloren ist,

so seine Frau rückblickend. Trotzdem fährt er zurück, zurück nach Sachsenhausen.

Hitler-Deutschland hatte im März 1944 Ungarn besetzt. Im Laufe des Sommers treffen offizielle Einberufungsbescheide aus Deutschland bei Brestowatzer Männern ein. Daheimbleiben wäre keine Lösung mehr gewesen!

Warum hat er sich überhaupt erst als Freiwilliger gemeldet, seinen bescheidenen, aber gesicherten Lebensweg in Brestowatz verlassen?

War es die Angst, dass – wie 1941 schon einmal von den Serben – diesmal von den Ungarn ein Einberufungsbefehl zur Honvéd-Armee, der ungarischen Wehrmacht, kommen könnte? Das hätte bedeutet, dass er und die anderen Eingezogenen aus Brestowatz in einem Heer hätten kämpfen müssen, in dem sie die Kommandosprache Ungarisch nicht verstanden hätten. Die Ungarn, so hieß es zudem, schonten das magyarische Blut und schickten ihre Minderheiten an die Front. Dies sei zugleich ein bequemer Weg, sie endlich loszuwerden. Solche Vorstellungen passten ins Bild der Brestowatzer, denn den Ungarn trauten sie noch weniger als den Serben. Hatten doch die Ungarn schon oft ihr Deutschtum bedroht und zu unterdrücken versucht. So bot der Dienst bei der Waffen-SS in Deutschland die Chance, sich der unmittelbaren Lebensgefahr zu entziehen und nicht zum Kanonenfutter zu werden. Hinzu kamen der soziale Druck der Gruppe und die ideologische Verblendung: Die anderen meldeten sich auch. Man muss mit den Wölfen heulen, war die Maxime. Wer sich nicht meldete, galt als Verräter, war ausgegrenzt und der Verachtung der anderen preisgegeben. Der unehrenhafte Ausschluss aus dem Kulturbund drohte. Wer ein guter Deutscher sein wollte, musste sich melden. Wer nicht mitzog, musste Angst haben, nach dem Endsieg nicht zu den Privilegierten zu gehören.

Ein weiterer Besucher, der in seinem Urlaub in sein Heimatdorf Brestowatz zurückkehrt, ist Matthias Heim. Er hat am Heilig-Dreikönigs-Tag 1943 seine Lehre zum Maschinenschlosser beim Landmaschinenbauer Lanz in Mannheim angetreten. Am Ende des Jahres kommt er über Weihnachten zum ersten Mal wieder nach Hause zu seinen Eltern, ein verzweifelter Sechzehnjähriger, der nicht mehr nach Mannheim zurückkehren will. Dort fielen immer mehr Bomben, immer öfter hätte er dort in den Luftschutzkeller eilen müssen. Er hat Angst. Seine Mutter teilt die Angst ihres Sohnes, anders der Vater: »Der geht! Schließlich wollte der hin, nun bleibt der auch, schließlich hat er das für ihn ausgehandelt.« Matthias heult. Es hilft nichts, der Vater bleibt unerbittlich. »Du bist ein Mörder! Deinen eigenen Sohn schickst du zurück in den Tod!«, wirft die Mutter dem Vater vor. Das geht dem zu weit, eine Ohrfeige folgt. Die *Heimin* verlässt das Haus und findet bei den drei Frauen im *bowwjärschen* Haus Zuflucht. Einige Tage später holt ihr Mann sie zurück. Versöhnung! Es ändert nichts daran, dass Matthias nach Mannheim zurückkehren muss. Diese Szene steht Matthias' Schwester *Rosel* nach mehr als einem halben Jahrhundert immer noch lebhaft vor Augen.

Im August erhält auch der *Heim-Andres*, Matthias' Vater, einen offiziellen Stellungsbefehl, nicht zur Waffen-SS, sondern wie alle anderen Männer seines Jahrgangs, zur Wehrmacht. Er wird einem Stab in Hodschag, nicht weit entfernt, zugewiesen. Mit seinem Motorrad hat er Kurierdienste zu leisten. In der Nacht zum 9. Oktober 1944 kehrt er noch einmal zurück in die Ziegelei. Seine Frau hat sich geweigert, am Sonntag mit den anderen die Flucht anzutreten, ehe ihr Mann zurückkommt. Rosel berichtet von Differenzen mit ihrer Mutter:

> Ich wollte fort! Nicht aus Angst, aus Abenteuerbedürfnis. Es war auch schon alles gerüstet, der Wagen beladen. Meine Mutter hatte Bettzeug zusammengepresst. Sachen von Nachbarn, die bei uns mitfahren sollten, waren auch schon auf den Wagen geladen. Zwei Pferde standen bereit. Aber nein, sie geht nicht. Die Nachbarn waren verzweifelt, wussten nicht, wie sie wegkommen sollten. Schließlich holten sie mit einer Steinkarre ihre Sachen vom Wagen und gingen zum Gemeindehaus, um noch eine Mitfahrgelegenheit zu finden. Irgendwie sind sie dann doch weggekommen.

Rosels Vater kommt noch rechtzeitig. Sie und ihre Mutter hätten immer noch mit den Nachzüglern am Montag aufbrechen können. Es kommt nicht dazu. Der Vater entscheidet anders:

> Weggehen ist sinnlos, der Krieg ist verloren, der Feind kommt von überall her. Hier sind wenigstens keine Kämpfe, und wenn die Russen kommen, dann versteckt ihr euch zwei bis drei Tage, dann sind die Russen durch, und ihr seid zu Hause und wisst, wo ihr schlafen könnt. Beim Weggehen kommt man nur in Obdachlosigkeit.

Die Argumente des Vaters überzeugen *Rosel*, wie sie berichtet:

> Am Dienstag ist er wieder zurück nach Hodschag. Eine Woche später war er noch einmal da, bevor er nach Pécs zu seiner Truppe musste. Nachts um vier ist er mit seinem Fahrrad fort nach Bezdan, dort ist er über die Donau in die Baranya. Bei seiner Truppe ist er nie angekommen. Das einzige, was wir noch gehört haben: Ein anderer Mann aus Brestowatz, der mit ihm zusammen war, hat, als die Russen kamen, den Koffer von meinem Vater aufgebrochen, seine zivile Kleidung angezogen und ist als privat in einem Haus in Ungarn untergetaucht. So kam er nicht in Gefangenschaft.

Das geschrumpfte Dorf

»Es war einsam geworden nach dem 8. Oktober 1944«, erinnert sich die damals dreizehnjährige *Heim-Rosel.*

> Viele Häuser waren ohne Bewohner, Geschäfte standen leer. Tiere, die keiner mehr gefüttert hat, haben vor Hunger geschrien, Kühe, die keiner mehr gemolken hat, vor Schmerzen.
>
> Ein gespenstisches Szenarium!
>
> Auf einmal waren mehr Serben als Deutsche im Dorf. Männer gab es nur noch wenige. Kontakt hielt man nur zur direkten Nachbarschaft. Weite Wege hat man vermieden, auf dem kürzesten Wege ging's zum Bäcker, um Toigl [Sauerteig] zum Brotbacken zu holen. Jetzt hatten alle Angst, dass die Zeichen, die sie nach 1941 in ihrer Begeisterung für Deutschland an die Wände und Tore gemalt hatten, gefährlich werden könnten. Die Victoria-Zeichen werden fleißig überpinselt, damit sie unsichtbar werden. Das gelang aber nicht immer. Ich musste einmal für die Tiere Futter holen. Vor einem Haus steht ein Russe und hält mich an, will wissen, was das Zeichen bedeutet. Nix, die Leute gut, sag ich. Erst als er weg ist, hab ich mich nach Hause getraut. Zwischendurch kam das Gerücht auf, dass die deutschen Soldaten zurückkommen. Nun war die Sorge groß, dass es zu Übergriffen kommt, wenn bei ihrer Ankunft die Zeichen überstrichen sind. An etlichen Häusern wurden drum die Zeichen wieder hergestellt.

Für viele war der Weg zum Bäcker, in die anderen Geschäfte oder zum Handwerker weiter geworden, weil auch manche Inhaber das Dorf verlassen hatten. Viele Geschäfte waren geschlossen. Darunter die vom *Trapp-Bäck*, vom *Emmrich-Schlachter* und der Salon vom *Piller-Balwierer.* Viele Werkstätten standen leer, so die vom *Bowwjär-Klampfer*, vom *Leineweber-Schneider*, vom *Herbert-Hefner*, und auch die Mühlräder in der *Werner-Miehl* standen still. Alle ihre Besitzer werden im Flüchtlingslager in Hessen meine Nachbarn sein.

Die Zurückgebliebenen hatten Angst, zuerst vor den Serben und dann vor den Russen, die vierzehn Tage, nachdem ein großer Teil der Bewohner geflüchtet war, ins Dorf eingezogen waren. Ab November 1944 kommt auch noch die Furcht vor Titos Partisanen hinzu, die in die leerstehenden Häuser einziehen. Berichte über Massenliquidierungen und Deportierungen in Nachbardörfern gehen um. *Wenn die Russen erst erfahren, dass ihre Männer zur SS gegangen sind und manche von ihnen gerade jetzt in Russland für Hitlers Sieg kämpfen oder in seinen Lagern in Deutschland dienen, was dann!* war die Sorge mancher. An eine Rückkehr der

Geflüchteten war nicht mehr zu denken. *Wenigstens bleibt denen das erspart!* versuchen sie sich zu trösten.

Was wussten sie von den Morden der sich zurückziehenden Wehrmachtsangehörigen? In ihren Rückblicken wird davon nicht die Rede sein, umso mehr von den Gräueltaten der Partisanen, insbesondere dem Blutbad, das diese im Nachbardorf Filipowa angerichtet hatten. *Ausgerechnet in Filopowa, wo doch fast lauter Schwarze waren, die immer in die Kirche gerannt sind. Das war den Partisanen doch egal, und die Pfarrer, die haben ihnen auch nicht helfen können!*, darin waren sie sich im Nachhinein einig.

Zumindest das Massaker von Cservenka, dem deutschen Dorf, das etwa zwanzig Kilometer entfernt am Franzenkanal liegt, kann ihnen nicht entgangen sein.

Am 17. September 1944 zog sich die Wehrmacht aus dem Zwangsarbeitslager Bor zurück. Dabei wurden rund 6000 Zwangsarbeiter evakuiert, überwiegend Juden. Von 100 Wachmännern begleitet, wurden sie Richtung Ungarn in Marsch gesetzt. In der Nähe des Dorfes Jabuka gelang es 134 Gefangenen zu entfliehen. Die deutschstämmigen Bewohner des Dorfes ermordeten die Geflüchteten. Später wurden weitere 250 Häftlinge unterwegs von örtlicher deutscher Miliz getötet. Am 6. Oktober erreichten die Überlebenden Cservenka. Am 7. Oktober um 9 Uhr abends wurden Häftlinge jeweils in Gruppen von 20 Personen nacheinander an den Rand von Gruben geführt, 40 bis 50 Meter lang und 8 bis 10 Meter breit. Die Erschießungen durch SS-Männer dauerten bis zum 8. Oktober um 4 Uhr morgens. Nur 8 der Häftlinge überlebten.

Am gleichen Tag zur Mittagszeit setzte sich die Karawane der deutschstämmigen Bewohner aus den umliegenden Dörfern Richtung Ungarn in Bewegung. Auch die SS-Schützen aus Cservenka begaben sich auf die Flucht.

In einem Teil des *Heim'schen Hauses* in der Kirchgasse wird nach der Ankunft der Partisanen einer ihrer Ärzte einquartiert. Die Paradestube nutzt er privat, im Jägerzimmer behandelt er kranke Partisanen. Wieder einmal werden die Radios, Fahrräder und Gewehre der Deutschen eingesammelt. *Rosel* muss auch ihr Schifferklavier abgeben. »Aber wenigsten sollen sie es nicht ganz kriegen!« Sie macht es vorher kaputt. Die Jagdgewehre ihres Vaters wirft die Mutter in den Brunnen. Manche Wertgegenstände werden eilig von ihr vergraben, damit sie nicht den Partisanen in die Hände fallen, andere zur Aufbewahrung zu Serben gegeben, die in der Nachbarschaft der Ziegelfabrik wohnen und denen Heims vertrauen.

Noch im November 1944 erlässt die Militärverwaltung unter General Tito ein Gesetz, durch das allen Deutschstämmigen die bürgerlichen Rechte und der Anspruch auf Eigentum abgesprochen werden. Sie werden zu Freiwild, egal ob reich oder arm, ob Hitleranhänger oder Hitlerverweigerer. Es genügt, deutschstämmig zu sein und sich als Deutscher zu fühlen, um der Willkür der Sieger ausgesetzt zu sein.

Nicht betroffen sind die wenigen *Ungarisch-Gesinnten* im Dorf. Zu ihnen gehört der Ludwig-Lehrer. Er fühlte sich als Ungar. Entsprechend hat sein Sohn bereits den ungarischen Vornamen Tibor erhalten. »Er hat sich sogar mit dem Gedanken getragen, seinen Nachnamen ›Ludwig‹ in ›Ludovisco‹ umzuändern. Doch dazu kam es dann nicht mehr«, erfahre ich von seiner Enkelin Elsa, der Tochter Tibors und seiner Frau *Erschi* (Elisabeth) geborene Pauli.

Tibor gehört zu denjenigen, die im Sommer 1944 noch einen Stellungsbefehl der deutschen Wehrmacht erhalten haben und der daraufhin als Militärarzt an die Ostfront gekommen ist. Seine junge schwangere Frau kann mit ihrer blinden Mutter Olga Pauli und ihrer Schwester, die ebenfalls Olga heißt, im Haus seiner Eltern unterkommen. Dort sind sie sicher. Die schwangere *Erschi* wird sogar von dem Partisanenarzt betreut. Bei seinen Besuchen im Lehrerhaus trifft er auf die hübsche Olga und verliebt sich in sie. Er bietet an, einen Lastwagen zu organisieren und Heims und Olga nach Ungarn zu seinen Eltern bringen zu lassen, wo sie in Sicherheit wären.

> Die Olga wollte ihn aber nicht, so ist nichts draus geworden; er hat's der Olga aber nicht übelgenommen und hat am 2. April, als die Elsa auf die Welt gekommen ist, der Erschi trotzdem bei der Geburt geholfen,
>
> so Rosel.

Kurz nachdem die Militärregierung eingesetzt worden ist, werden die arbeitsfähigen Deutschen zu Arbeitseinsätzen herangezogen. Zunächst in der Nähe des Dorfes auf dem Flugplatz, später auch an entfernteren Orten.

Nach Weihnachten erhalten einhundertfünfundsiebzig arbeitsfähige Männer und Frauen die Anordnung, sich für einen längeren Arbeitseinsatz bereitzuhalten. Betroffen sind Männer im Alter von siebzehn bis fünfundvierzig und Frauen von achtzehn bis fünfunddreißig Jahren. Zu ihnen gehört auch Helen Menrath, die Halbschwester meiner Mutter. Rückblickend berichtet sie:

> Uns wurde gesagt, dass wir für zwei Wochen nach Belgrad kommen, um Aufräumarbeiten durchzuführen. So hat halt jeder ein kleines Kistchen gepackt, mit dem, was

man in zwei Wochen braucht, ein bisschen Kleidung und ein bisschen Essgeschirr. Am Brestowatzer Bahnhof haben Viehwaggons auf uns gewartet. Wir sind eingestiegen, aber es ging nicht nach Belgrad, der Zug hat uns in die Ukraine gebracht und aus den zwei Wochen sind vier Jahre geworden, die wir im Lager Anthrazit in der Gegend von Donezk verbringen und im Kohlebergwerk haben arbeiten müssen. Auch Frauen haben unter Tage arbeiten müssen. Mir selbst ist wenigstens das erspart geblieben. Ich hab Kohle in Wagen gefüllt und die Kohleloren zu Güterzügen geschoben, in denen die Kohle abtransportiert worden ist. Einmal, an Stalins Geburtstag, war ich zum Arbeiten unter der Erde eingeteilt, weil das Plansoll erfüllt hat werden sollen. Ich hab große Angst davor. Einer von den Vorarbeitern im Lager war aus Brestowatz, und er hat verhindert, dass ich unter der Erde arbeiten muss.

Ein Tag im Monat war arbeitsfrei, an allen anderen Tagen mussten wir von früh bis spät arbeiten. Als Lohn haben wir 350 Rubel im Monat gekriegt. Genauso viel haben wir für die Unterkunft und die Verpflegung zahlen müssen. Am Ende ist uns nichts mehr übriggeblieben. Die Unterkünfte sind auch im Winter, wenn's eisig kalt war, nicht geheizt worden, und es hat vor Ungeziefer nur so gewimmelt. Das Essen, was wir gekriegt haben, hat nicht gereicht zum Sattwerden. Ich hab einen von meinen Röcken einer Ukrainerin verkauft. Sie hat mir 950 Rubel dafür gegeben. So hab ich wenigstens ein bisschen was zum Essen dazukaufen können. Andere Frauen haben Stoffbahnen aus ihren weiten Röcken geschnitten und sie stückweise verkauft, dass sie an ein bisschen Geld kommen.

Mit Hilfe des Roten Kreuzes kann Helen mit ihrem Mann Briefe wechseln. Auf diese Weise erfährt sie bereits im Arbeitslager vom Tod ihrer kleinen Tochter. Diese ist im April 1945 zusammen mit Helens Großmutter in das Internierungslager in Gakova gebracht worden, wo sie sich aufgrund der schlechten hygienischen Verhältnisse eine Darmerkrankung zugezogen hat, die sie nicht überlebt hat.

Bei ihrer Entlassung im August 1948 hat Helen achthundertfünfzig Rubel zusammengespart, die nach der Währungsreform auf wenige Deutsche Mark schrumpfen werden.

Das Aus

Hatte nach Weihnachten die Deportation der Brestowatzer Männer und Frauen die verbliebenen Dorfbewohner in Furcht und Schrecken versetzt, so werden sie kurz nach Ostern von Todesangst ergriffen. Am 4. April 1945, fast genau am vierten Jahrestag des Einmarsches der Truppen Hitlers in Jugoslawien, erfolgt der letzte verheerende Schlag gegen die deutschstämmige Bevölkerung. Er bedeutet einhundertneunundfünfzig Jahre nach der Ankunft der Siedler das endgültige Aus für die deutschen Bewohner in Bački Brestovac, wie das Dorf zu dem Zeitpunkt wieder heißt.

Schon am frühen Morgen zwischen 6 und 7 Uhr ziehen Partisanen paarweise durch die Straßen des Dorfes – von einem Haus zum anderen. Sie beginnen mit dem ersten Haus an der Straße, einer der beiden geht hinein, der andere hält draußen Wache. Den Bewohnern bleiben zehn Minuten Zeit, um sich fertigzumachen und sich zu den anderen zu gesellen, die ihre Häuser bereits hatten verlassen müssen. Der gesamte Besitz bleibt zurück, nur das, was sie auf dem Leib tragen, dürfen sie mitnehmen. Gewehrkolben helfen nach, wenn es zu langsam geht.

In meinen Erinnerungen steigt ein Bild nach oben, eine Fotografie aus den dreißiger Jahren des vergangenen Jahrhunderts, in denen es bereits Strommasten und Fahrräder in Brestowatz gab und die Maulbeerbäume noch standen:

Die breite Kirchgasse mit den Gräben an beiden Seiten, am linken Bildrand die Kirche, die Gehwege vor den Häuserfronten, eine riesige Kuhherde trabt, in lockeren Gruppen oder einzeln laufend, auf dem Fahrweg in der Mitte des Bildes auf den Fotografen zu – der tägliche Anblick der Dorfbewohner, wenn der Kühhüter morgens durch das Dorf zog, in den Häusern entlang der Straßen nacheinander die Kühe einsammelte und sie vor sich her auf die Hutweide trieb und am Abend wieder zurück. Am 4. April sind es die ehemaligen Besitzer, die – wie zuvor ihre Kühe – nacheinander eingesammelt und durchs Dorf auf die Hutweide getrieben werden. Nicht einmal zehn Jahre zuvor hatten sie dort hochgestimmt den einhundertfünfzigsten Jahrestag der Ankunft ihrer Vorfahren in Brestowatz gefeiert. Eine abendliche Rückkehr in ihre Häuser bleibt ihnen jetzt verwehrt.

Bei manchen Häusern stehen schon die Nachfolger bereit. Ein lückenloser Übergang, kein Haus kühlt aus, keine Butter wird ranzig, kein Brot vertrocknet, keine Eier bleiben liegen.

1989 werde ich in Brestowatz auch das Haus in der Karađjorđjeva ulica (*Staparer Straße*) besuchen, das einst meinen Eltern gehörte. Darin lebt zum Zeitpunkt meines Besuchs noch die mittlerweile alt gewordene Frau aus Mazedonien, die 1945 gemeinsam mit ihren Eltern in das Haus eingewiesen worden war. Von ihr erfahre ich, dass das Haus bei ihrer Ankunft noch von zwei alten deutschen Frauen bewohnt worden war. Was aus den beiden Frauen geworden ist, weiß sie nicht. Für mich besteht kein Zweifel, diese beiden Frauen sind meine Großmutter und meine Urgroßmutter gewesen, die nach der Flucht meiner Mutter in dem Haus zurückgeblieben sind und es während deren Abwesenheit bewachen wollten.

Abb. 24 Kuhherde in der Kirchengasse auf dem Rückweg von der Hutweide, Mitte der 1930er Jahre

Es ist ihnen nicht gelungen. Auch sie drängen sich in der Menge, die da am 4. April zusammengetrieben und schließlich in zwei Gruppen verlesen wird. Alte und Kranke auf die eine Seite, Mütter und Kinder auf die andere Seite, auf beiden Seiten verzweifelte Menschen, die nicht wissen, welches Schicksal auf sie wartet. Vielleicht schoss dem einen oder anderen doch die Frage durch den Kopf: *Ist das jetzt die Rache dafür, dass unsere Männer für Hitler im Krieg kämpfen und in Lagern in Deutschland als Wachtposten dienen?* Die meisten waren sich aber darin einig: *Das, was die Serben ihnen jetzt antun, haben sie nicht verdient, sie haben doch keinem was getan, waren immer friedliche Nachbarn, haben ihre Steuern bezahlt, und für wen nicht alles haben ihre Männer den Kopf hinhalten müssen, im Ersten Weltkrieg für den Kaiser und 41 schließlich für den jugoslawischen König!*

Dieses Selbstverständnis werden sie in großer Geschlossenheit dauerhaft und hartnäckig vertreten. Nur vereinzelte Stimmen werden es lange danach wagen, zu fragen: Waren sie nur Opfer oder waren sie doch auch Täter?

Während die arbeitsfähigen Frauen mit ihren Kindern zunächst in der Umgebung von Brestowatz auf von Partisanen bewachte *Sallasche* gebracht werden, wo sie auf den Feldern arbeiten müssen, besteigen die Arbeitsunfähigen Viehwaggons, die sie abtransportieren. Keiner weiß, wohin die Fahrt geht.

Sie endet knapp vierzig Kilometer nördlich von Brestowatz in dem Dorf Gakowa, einem deutschen Dorf, dessen arbeitsfähige Bewohner bereits im März weggebracht worden waren und das zum »Lager mit Sonderstatus« geworden war, zum Internierungslager für arbeitsunfähige Deutsche.

Bei der Ankunft der Brestowatzer sind die Häuser schon überfüllt. Für die Neuankömmlinge sind nur noch Ställe und Schuppen übrig, die über das ganze Dorf verteilt sind. Früher lebten darin knapp dreitausend Menschen, nun sind rund siebzehntausend darin eingepfercht. Die Bedingungen in diesen Lagern sind katastrophal: Mangelnde Hygiene, Krankheiten und psychische Belastungen prägen das Leben. Hunger und Läuse werden zu ständigen Begleitern. Die Kleidung zerfällt im Laufe der Jahre zu Lumpen.

Kurz nachdem nahezu alle Deutschen aus ihren Häusern verbannt worden sind, beginnen in Brestowatz die Vorbereitungen für die Errichtung eines Arbeitslagers. Östlich der katholischen Kirche wird zwischen der Kirchgasse und der Dampfmühlengasse ein Block von etwa zehn Häusern mit Stacheldraht umgeben. Alle Möbel werden aus den Räumen entfernt, auf dem Boden werden mit Brettern Schlafplätze voneinander abgegrenzt, dazwischen wird Stroh geschüttet, auf jeder Seite Schlafstätten für sechs bis sieben Personen, zwischen den Reihen ein schmaler Mittelweg.

Die auf den *Sallaschen* untergebrachten ehemaligen Bewohner kehren zurück. Aber es ist nicht mehr ihr Dorf, sie sind zu Lagerinsassen geworden, eingesperrt hinter Zäunen und bewacht von Partisanen. Soziale Unterschiede sind aufgehoben, alle sind zu Zwangsarbeitern geworden, die ihr Gefängnis nur zum Arbeitseinsatz verlassen dürfen. Unter ihnen *Rosel* Heim und ihre Mutter:

> Wenigstens bin ich zusammen mit meiner Mutter in ein Zimmer gekommen, wo wir in der Nacht nebeneinander auf Stroh geschlafen haben, dicht an dicht mit vierzehn anderen. Am Tag mussten wir auf den Feldern arbeiten. Betriebe, Institutionen oder private Bauern konnten gegen Bezahlung auch Zwangsarbeiter anfordern. Das Geld kassierte die Lagerverwaltung. Die Leiharbeit war aber trotzdem beliebt, weil man den katastrophalen Lebensumständen im Lager entgangen ist. Ich bin bald nach der Einlieferung mit zwei anderen Mädchen nach Milititsch zum Kukuruzbrechen [Maisernte] abgeordnet worden. Zwei Frauen, eine davon meine Mutter, bringen uns mit einem Pferdefuhrwerk hin. Bevor die beiden zurück müssen, kriegen sie von der Bäuerin noch ein paar Eier und können zum Abschied Palatschinken backen. Solang wir dort auf dem Hof waren, haben wir normales Brot zum Essen gekriegt und nicht wie im Lager, wo wir Kukuruzbrot fressen mussten. Das haben bei uns früher nur die Schweine

gekriegt. Aber das Kukuruzbrechen war schnell vorbei, und es ging wieder zurück ins Lager.

Einer von den serbischen Lagerkommandanten war als Knecht bei meinen Eltern, er ist weg, als ich ein Jahr alt war, er erkennt meine Mutter wieder und sorgt dafür, dass ich nicht mehr auf dem Feld arbeiten muss, sondern für Ordnung im Lager zu sorgen hab'. Tagsüber bin ich allein im Lager geblieben, die anderen haben sich Sorgen gemacht, dass ich während ihrer Abwesenheit vergewaltigt werden könnte. Mir ist aber kein Haar gekrümmt worden.

Ihrer nur wenige Jahre älteren Kusine Olga Pauli bleibt zunächst die Internierung im Arbeitslager erspart. Sie hatte bereits nach der Ankunft der Russen im Haus des *Ludwig-Lehrers,* des Schwiegervaters ihrer Schwester, Unterschlupf gefunden. Der Dachboden dieses Hauses ist nun zum Versteck für sie geworden. Die Sicherheit ist allerdings nicht von Dauer. Deutsche im Lager verraten sie an die Partisanen. Sie wird abgeholt und ins Arbeitslager in Hodschag eingeliefert. Der *Ludwig-Lehrer* veranlasst einen Brestowatzer Serben, sie unter dem Vorwand, dass er sie angeblich als Arbeitskraft für die Landwirtschaft braucht, herauszukaufen. Auf diese Weise kehrt sie wieder in das Haus ihres Beschützers zurück. Sie wird ein zweites Mal verraten und landet nun endgültig im Arbeitslager in Hodschag. Dort muss sie bis zur Auflösung des Lagers 1948 ausharren. Sie wird danach Jugoslawien verlassen und zunächst in Wien leben.

Für *Rosel* ist das Arbeitslager in Brestowatz nicht die letzte Station:

Morgens um 5 Uhr mussten alle zum Appell antreten. An einem Sonntag Anfang Juni werden Namen vorgelesen. Die Aufgerufenen müssen raustreten, ich bin dabei. Alles Jungen und Mädchen der Jahrgänge 30, 31 und 32. Wir werden in Viehwaggons weggebracht. Wir wussten nicht wohin, und die Zurückgebliebenen wussten es auch nicht. Am Nachmittag Ankunft in Gakowa. Ich hatte keine Ahnung, dass meine Heime-Großeltern, die Bernhardt-Großmutter mit ihrer Tochter, der Pauli-Liesbesel, und andre Verwandte da sind.

Meine Heim-Großmutter hatte von einer anderen Frau gehört, dass Kinder aus Brestowatz eingetroffen sind. Sie kommt zum Rathaus, wo die Kinder noch sind, und nimmt mich mit in den Pferdestall, in dem sie hausen. Am nächsten Tag gehen wir zur anderen Großmutter, die fast blind war. Sie ist mit ihrer Tochter, der Pauli-Liesbesel, in einem anderen Haus.

Innerhalb von Gakowa war's möglich, sich frei zu bewegen. An den Ausgangsstraßen saßen im letzten Haus Partisanen und überwachten die Zugänge, in Abständen gingen Patrouillen ums Lager. Es gab fast nichts zu essen, aber immer wieder Wege, was zu organisieren, was zu besorgen. Ich bin regelmäßig mit deiner Pauli-Großmutter in den umliegenden Dörfern betteln gegangen. Futtersäcke aus Hanf – in denen wurde Hafer für die Pferde aufs Feld gebracht – haben wir umgehängt und sind losgezogen. Die Leute in den Dörfern waren mitleidig. Brot, Bohnen, ein bisschen Speck konnten wir in unsren Säckchen sammeln. Es war meist wenig, aber das Wenige war viel!

Ende Juni bin ich zusammen mit einem anderen Jungen das erste Mal abgehauen. Wir wollten zurück nach Brestowatz, dort war es doch besser. Sonntagmorgen um sechs beim Wechsel der Wachposten sind wir gestartet. Die Heime-Großmutter hat geheult. Es ging quer durch die Felder bis zur Mittagszeit. Ich bleib, der Junge geht in ein Dorf, an dem wir vorbeikommen, und kommt mit Hefekuchen mit Weichseln (Sauerkirschen) und Apfelkuchen zurück. Es war der beste Kuchen meines Lebens!

Am Abend kommen wir in Brestowatz an. Der Junge versteckt sich im leeren Haus seiner Großmutter. Ich geh ins Lager und bin wieder bei meiner Mutter. Jetzt erfahren die Brestowatzer zum ersten Mal, dass die anderen in Gakowa sind. Meine Mutter muss gerade in einer Hanffabrik arbeiten, ich helfe ihr. Zwei Wochen später meldet sich der Junge im Lager, er hat's in dem leeren Haus nicht länger ausgehalten. So fliegt unsre Flucht auf. In Begleitung eines Partisanen werden wir nach Gakowa zum Rathaus zurückgebracht. Einer der Partisanen sagt: An die Wand und erschießen! Das passiert, Gott sei Dank, nicht. Wir werden verprügelt und im Keller eingesperrt. Es stinkt! Wir setzen uns auf die Kellertreppe. Am späten Nachmittag kommen noch fünf Kinder dazu. Am nächsten Morgen werden wir zur Arbeit auf dem Feld eingesetzt. Am Abend konnte ich wieder zu den Heime-Großeltern zurück. Die waren natürlich glücklich! Mittlerweile gab's immer mehr Tote. Jeden Tag ist ein Pritschenwagen durchs Dorf gefahren und hat die Leichen eingesammelt, die in Massengräbern begraben wurden.

Insgesamt büchst *Rosel* dreimal aus dem Gakowaer Lager aus. Beim dritten Mal gelingt es ihr, bei ihrer Mutter zu bleiben. Im Frühjahr 1946 erhalten sie eine Nachricht von einem Brestowatzer, dem Hoffmann, der schon mehrfach Menschen aus dem Internierungslager in Gakowa herausgeholt und über die Grenze ins sichere Ungarn gebracht hat. Er beabsichtigt eine letzte Rettungsaktion und bietet ihnen an, sie mitzunehmen. Wenn sie mitwollten, dann müssten sie Mitte Mai in Gakowa sein. Sie beschließen gemeinsam mit vier anderen, das gefährliche Wagnis auf sich zu nehmen. Ein Serbe ist ihnen dabei behilflich. *Rosels* Mutter schafft es, zuvor die bei serbischen Nachbarn deponierten Wertgegenstände und Kleidung abzuholen. Ihr serbischer Helfer steht am Abend mit seinem Pferdefuhrwerk bereit und bringt sie in der Nacht auf einen *Sallasch* in der Nähe von Gakowa. Am nächsten Morgen kommen Arbeiter aus dem Gakowaer Lager zum Kukuruzhacken auf den Hof. Unter diese mischen sie sich und kehren am Abend unbemerkt mit den anderen Arbeitern ins Lager zurück. Sie kommen bei den alten Heims im Pferdestall unter.

Kurz nach ihrem Eintreffen stirbt der *Heime-Großvater*. In der trügerischen Hoffnung, ihn später in die Familiengruft überführen zu können, bestechen sie Partisanen, ihn einzeln zu begraben und nicht in ein Massengrab zu werfen. Viele andere ihrer Bekannten und Verwandten hatte dieses Schicksal schon ereilt. Nur vier Monate nach der Internierung kam die *Bernhardt-Großmutter*, meine Urgroßmutter, ums Leben. Ihr alter Körper von einundachtzig Jahren hatte nicht lange die Kraft, sich den Strapazen des Lagerlebens zu widersetzen, der Wille, zu kämpfen, um zu überleben, war gebrochen. Doch auch vor Jüngeren macht der Tod nicht halt. Nach etwa einem halben Jahr wird die Stiefenkelin der *Bernhardt-Großmutter* sein Opfer und lässt ihre Mutter, die *Pauli-Rees*, allein im Lager zurück. Sowohl deren erster als auch deren zweiter Mann hatten im Ersten Weltkrieg auf der Seite der Habsburger gegen die Serben gekämpft. Nun wird ihre Tochter Opfer der Serben.

Rosel und ihre Mutter warten im Monat Mai auf die Botschaft, dass sie aus dem Lager geholt werden. Nervenzehrendes Warten. Die Partisanen gehen durch das Lager und suchen Arbeitsfähige für eine Zuckerfabrik in Drewenka. Die beiden müssen sich dem Zugriff entziehen, um nicht Gefahr zu laufen, bei der Ankunft ihres Fluchthelfers nicht im Lager zu sein:

> Meine Mutter hat sich in einem Haus im Kachelofen versteckt, ich hab mich im Garten in Furchen zwischen Kukuruzreihen gelegt und Todesängste ausgestanden. Wenn sie uns gefunden hätten, wären wir geliefert gewesen. Zwei Tage später kommt der Hoffmann und entscheidet, wen er mitnimmt. Außer uns und meiner Pauli-Liesbesel noch ungefähr zehn weitere, die Pauli-Rees nimmt er nicht mit. Die war nicht gut auf den Beinen, und er hatte Angst, dass sie mit der Gruppe nicht Schritt halten kann. Am Abend geht es los. Ein älterer Mann führt die Truppe an, der Hoffmann geht voran, um zu gucken, ob die Luft rein. Mit einem dreißig Meter langen Seil ist er mit der Gruppe verbunden. Ein kräftiger Zug bedeutet freie Bahn für den Grenzübertritt. Das Hanfseil reißt, das Ziehen kommt nicht an. Der Hoffmann kommt zurück, holt uns und führt uns über die Grenze. Wir sind in Ungarn, keine ungarischen Grenzer kommen, keine Zurückweisung. Erlöst!

Für ihren Fluchthelfer war es das dritte Mal, dass er Brestowatzer aus Gakowa herausholte und über die Grenze nach Ungarn führte. Am nächsten Morgen zieht er mit seinen Schützlingen weiter nach Gara, einem Dorf an der Grenze. Dort kommen sie bei Verwandten, die 1921 als Optanten nach Ungarn übersiedelt waren, auf einem *Sallasch* unter. Der Rest der Gruppe wird auf andere Bauernhöfe verteilt, wo schon aus Lagern befreite Brestowatzer untergekommen sind und auf den Feldern arbeiten.

> Zwei bis drei Wochen waren wir bei Engerts, unseren Verwandten. Dann haben wir erfahren, dass unsere Weiterfahrt durch Ungarn organisiert ist. Ich hab den Engert vor Freude umarmt. Er hat uns in den Zug nach Budapest gesetzt und mit Lebensmitteln versorgt, auch mit Tabak zum Tauschen. Es war ja überall Inflation. Budapest war eine Trümmerstadt! In einer Baracke vom Roten Kreuz sind wir untergebracht worden, haben auf nacktem Boden geschlafen. Meine Mutter hat ihren Ehering und Schmalz am Bahnhof verkauft. Von dem Geld haben wir sofort eine Fahrkarte gekauft. Zwei Stunden später sitzen wir im Zug nach Wien. Vor der Grenze steigen wir aus, werden im Bahnhof in einem Nebengebäude untergebracht und müssen warten. Eine Nacht bleiben wir eingesperrt, dann können wir in einen Zug steigen, der ohne Kontrolle nach Österreich fährt und ohne Halt bis Wien-Ostbahnhof. Als wir aussteigen, sind wir im russischen Sektor. Wieder wird getauscht. Ein Lastwagen – wir verstecken uns unter der Plane – bringt uns für das Geld in eine Baracke vom Roten Kreuz im englischen Sektor. Höchst komfortabel! Doppelbetten und Etagenbetten, sechs bis acht Betten in einem Raum, Wasser und Klo nebenan, genug Essen zum Überleben.

Meine Großmutter Elisabeth Pauli hält sich zunächst noch weiterhin bei ihren entfernten Verwandten in Ungarn auf, bricht schließlich auch nach Österreich auf und kommt vorläufig im russischen Sektor in Niederösterreich unter. Die in Gakowa zurückgebliebene Schwägerin, Theresa Pauli, wird von ihrem Sohn *Marzi* aus dem Lager herausgeholt. Er studiert seit mehreren Semestern im ungarischen Kalocza Theologie. Der erste Rettungsversuch missglückt. Beim Grenzübertritt nach Jugoslawien wird der Student von Partisanen gefasst, verprügelt, einige Tage eingesperrt und danach nach Ungarn abgeschoben. Er ist noch im Besitz seines ungarischen Passes und gilt daher als Ungar. Beim zweiten Versuch gelingt es ihm, seine Mutter heimlich aus dem Lager zu holen und über die Grenze nach Ungarn zu schmuggeln. Er bringt sie ebenfalls in Gara unter, während er selbst zu seinem ungarischen Studienort zurückkehrt.

Das Lager in Gakowa bestand von März 1945 bis Januar 1948. Bilanz: insgesamt 8500 Tote.

Schönes im Leben

Meine Großmutter hat Gakowa überlebt – so wie vieles andere Ungemach in ihrem Leben. Heiligabend 1955 wird sie in Obersuhl auf dem Friedhof – in fremder Erde – begraben werden. »Jetzt ist sie aufgehoben, sie hat eh nichts Schönes gehabt im Leben«, wird meine Mutter sagen.

»Hier ruht in Frieden
Elisabeth Pauli
*27.6.1896 +24.12.1955
Ruhe sanft!«

wird auf ihrem Grabstein stehen.

Was war schön in ihrem Leben, dem Leben der *Pauli-Lies*? frage ich mich.

Ihre Ehe jedenfalls nicht. Ihre Kindheit vielleicht?

Am 27. Juni 1896, in Brestowatz dürfte das ein heißer Sommertag gewesen sein, ist sie einhundertzehn Jahre nach der Ansiedlung in der Batschka, damals noch zu Ungarn gehörend, geboren und wenige Tage danach auf den Namen Elisabetha Pauli getauft worden. Ihre Eltern, Johann Pauli und Magdalena Pauli geborene Krebs, hatten am 5. Juli 1881 geheiratet. Die damals siebzehnjährige Braut, meine Urgroßmutter, war bereits im sechsten Monat schwanger. Auf den Tag genau vier Monate nach der Hochzeit kam der Sohn Matthias auf die Welt. Im Verlauf der nur fünfzehn Jahre dauernden Ehe verhalf mein Urgroßvater meiner Urgroßmutter zu sieben Schwangerschaften und Geburten. Nur vier der Kinder überlebten. Vier Wochen vor der Geburt seiner Tochter Elisabeth stirbt Johann Pauli. Elisabeth kommt somit bereits als Halbwaise auf die Welt. Ihre Mutter lebt mit ihr und den drei älteren Brüdern allein in dem großen Haus, das sie gemeinsam mit ihrem Mann erworben hatte.

1898 heiratet die Mutter zum zweiten Mal, den Witwer Georg Bernhardt.

Arme Witwen müssen schnell wieder heiraten, damit sie und die Kinder versorgt sind, reiche müssen heiraten, weil die Knechte ihnen auf dem Kopf rumtanzen, wenn kein Mann im Haus is,

pflegt sie zu sagen.

Der *Bernhardt-Georg* zieht nach der Heirat mit seinen eigenen Kindern in das Paulische Haus ein. Elisabeth wächst nun zusammen mit ihren leiblichen Brüdern und den Stiefgeschwistern auf. In den folgenden zehn Jahren vergrößert sich der Kreis nach und nach um vier Halbgeschwister, die Elisabeths Mutter und ihr zweiter Mann zeugen. Ein Neuankömmling stirbt bald nach der Geburt, eine kleine Halbschwester erliegt im Alter von sieben Jahren den Folgen eines Unfalls.

Materiell ist Elisabeth gut versorgt. Ihr Vater hat ihr ein beträchtliches Vermögen hinterlassen, das für sie angelegt worden ist. Sie lebt in einer reichen Bauernfamilie mit einem großen Haus und viel Grundbesitz. Emotional ist Elisabeth eher unterversorgt. Zuwendung, das Schöne im Leben eines Kindes, davon dürfte für Elisabeth wohl nicht viel übrig geblieben sein.

Was hätte es sonst noch Schönes geben können für Elisabeth? Ihr Leben nach der Scheidung? Vielleicht hätte es im Haus des Bruders *Niklos* wirklich schön sein können, wenn da nicht die eifersüchtige Schwägerin gewesen wäre, mit der das Zusammenleben schwierig gewesen ist, insbesondere nach deren Selbstmordversuch. Der Schuss mit dem Revolver Anfang der dreißiger Jahre führte nicht zum Tod, sondern zur Erblindung.

Der Bruder braucht die Schwester jetzt umso mehr. Zunehmend machen ihm seine Magengeschwüre zu schaffen. Im Mai 1936, dem Jahr der Ansiedlungsfeier bricht er zum wiederholten Male zu einem Kuraufenthalt nach Nitsch an der Adria auf. Die Heilwasser bringen nicht wie sonst die erhoffte Linderung seines Magenleidens. Er stirbt überraschend am Kurort. Sein Leichnam wird nach Brestowatz überführt. In einem Sarg, dessen Deckel im oberen Teil aus Glas besteht, wird er aufgebahrt und begraben. Die unerwartete Nachricht vom Tod des Bruders ist zu viel für Elisabeths Nerven. Sie verkraftet den Tod des Bruders, den Verlust ihrer existentiellen Grundlage, nicht.

Das ganze Dorf, zumindest das deutschsprachige Dorf, ist befallen vom Fieber der bevorstehenden Feier. Es sollte das größte Fest werden, das Brestowatz je gesehen hat. Das Familienfest der Brestowatzer! Der deutschen Brestowatzer versteht sich, die serbischen Mitbewohner bleiben außen vor. Auch Elisabeth, der Außenseiterin, der geschiedenen Frau, ist nicht nach Feiern zumute. Sie fällt nach dem plötzlichen Tod des Bruders in eine Leere. Das Netz, das sie aufgefangen hatte, ist weggezogen worden.

Bei der Schwägerin kann und will sie nicht bleiben. Sie wird dort auch nicht mehr gebraucht. Das Paulische Geschäft wird aufgelöst, das Haus verkauft. Das Geld, das die Witwe einnimmt, wird in der Schweiz angelegt. Eine Anlage, die infolge des Kriegseinbruchs zunehmend unsicher wird. Sie holen es 1941 zurück und kaufen dafür Land von den Optanten, die Serbien verlassen müssen. Ihr Geld konnten sie auf diese Weise zunächst retten, ihr Vermögen auf Dauer nicht.

Abb. 25 Haus von Nikolaus Pauli, um 1930

1994 werde ich Olga Campbell, die Tochter von *Niklos* und Olga Pauli in Los Angeles, ihrer neuen Heimat, besuchen. In ihrem Fotoalbum mit Bildern aus der alten Heimat taucht ein Bild des Hauses auf, in dem sie gemeinsam mit meiner Großmutter viele Jahre gelebt hatte.

Der Zustand des Bildes ist schlecht. Es ist gezeichnet von dem langen Weg der Flucht und schließlich der Auswanderung nach Kalifornien. Ich nehme eine Reproduktion des Bildes mit zurück nach Deutschland. Viele Bearbeitungsschritte sind nötig, um die Schäden zu kaschieren, gänzlich beseitigen lassen sie sich nicht – wie bei seinen Bewohnern, geht es mir während der Bildbearbeitung am Computer durch den Kopf. Vom Schicksal geschlagen waren sie alle, die in meiner Kindheit um mich herum waren. Die Wunden verheilten im Laufe der Zeit, Narben blieben für immer zurück.

Auf dem Bild sehe ich eines der großen stattlichen Häuser in Brestowatz. Seine Längsseite verläuft parallel zur Straße, anders als bei den Häusern im alten Ortsteil. Aber genau wie alle anderen Häuser zur damaligen Zeit in Brestowatz ist es eingeschossig und auf der Grundstücksgrenze errichtet, so dass der Gehweg direkt am Haus entlang führt. Am gegenüberliegenden Rand des Gehwegs stehen drei junge Maulbeerbäume. Ihre Stämme sind noch ganz schlank. Sie müssen erst vor kurzem gepflanzt worden sein. Offenbar sind die alten Bäume gefällt worden. Ein dicker Stamm, der fast bis unter das Dach reicht, ist stehengeblieben. Er lässt erahnen, welch prächtiges Kronendach er einst getragen hat. Die repräsentative barockisierte Frontseite spiegelt den Wohlstand der Besitzer wider. Vier Pilaster gliedern das weißgetünchte Mauerwerk. Genau in der Mitte des Hauses befindet sich die große doppelflügelige Eingangstür, zu der einige Stufen hinaufführen. Vier Männer in dunklen Anzügen, einer von ihnen *Niklos* Pauli, und zwei Kinder stehen in lockerer Haltung vor dem Eingang. Rechts neben der Eingangstür ein hohes Fenster mit Doppelkreuz und geöffneten Fensterläden, die bis zu dem gefliesten Sockel hinunter reichen – offensichtlich das Schaufenster mit dekorierten Stoffen. Auf der linken Seite drei weitere kleinere Fenster, auf der rechten eine große, reich verzierte dreiflügelige Tür, die den gesamten Raum zwischen zwei Pfeilern einnimmt und bis zum Gehsteig hinabreicht, so dass eine Kutsche hindurch auf den Innenhof des Hauses fahren kann. Rundbögen überdachen die Fenster, Dreiecke die Türen. Zwischen der Eingangstür und der Verdachung stehen nebeneinander zwei Namen: R. HAYAN/N. PAULI. *Niklos* stieg zunächst als Kompagnon in dem Tuchgeschäft ein, war aber bereits nach kurzer Zeit der Alleininhaber. Für Brestowatzer Verhältnisse ein auffällig großes und schönes Haus. Wie mag der *Pauli-Lies* zumute gewesen sein, wenn sie, die arme Schwester, das Haus des reichen Bruders betritt, um darin den Haushalt zu führen? Doch es bot ihr Sicherheit.

Wo sollte sie nach dem Tod ihres Bruders hin? Was sollte sie machen? Wovon sollte sie leben? Sie flieht aus ihrer Ausweglosigkeit in den Wahn.

Elisabeth Pauli sorgt wieder einmal für Skandale! *Jetzt ist die doch ganz verrückt geworden. Soweit hat's kommen müssen. Da braucht man sich doch nicht zu wundern nach all dem. Dass die sich so entsetzt hat, weil der Bruder gestorben ist! Das ist doch nicht normal. Da sind seine Frau und die Kinder ja viel gefasster. Und die hätten mehr Grund, entsetzt zu sein. Die arme Olga ist blind, was wird jetzt aus dem Geschäft? Überhaupt, dass sie sich damals geschossen hat, das kann man doch gar nicht verstehen. Da steckt doch mehr dahinter. Nur weil ein achtjähriges Kind der Mutter nicht gehorcht und mit dem Sonntagsumhängtüchel in die Schule geht, deshalb erschießt sich doch keiner. Bruder und Schwester waren auch zu gut miteinander!*

Die *Bowwjär-Marisch*, ihre inzwischen verheiratete Tochter, ist ratlos. *Was machen? Zurück ins Elternhaus kann ihre kranke Mutter doch nicht. Das Haus ist verkauft, die Bernhardt-Großmutter lebt doch selber schon bei ihrem Sohn im neuen Haus, das der gebaut hat. Marisch* sieht keinen anderen Ausweg, als ihre Mutter in ihrem Haus aufzunehmen. Wie gut, der *Bowwjär-Franz* ist einverstanden, obwohl der Platz in dem Haus mit den vier Zimmern eng wird. Marischs Mutter bezieht das hintere Zimmer mit einer Tür zur Straße, in dem bis vor kurzem eine Apotheke untergebracht war. Der Apotheker ist umgezogen, weil ihm der Raum zu klein geworden war.

Elisabeth hat eine Bleibe gefunden, aber nicht ihr inneres Gleichgewicht. Sie verbringt Tage im Bett, an denen sie unentwegt ihre langen Haare flicht und ins Leere starrt. An anderen Tagen folgen verzweifelte Versuche mit dem Nähkästchen, ihrer vermeintlichen Geldmaschine, Geld zu machen. Sieht sie in Geld die Lösung ihrer Misere?

Die Aggressivität gegen ihre Tochter, die zum zweiten Mal schwanger ist, nimmt zu. »Wenn der Franz im Haus war, dann hat sie sich ja nicht getraut, aber wenn er weg war, dann ist sie hinter mir her gewesen«, erfahre ich von meiner Mutter, »einmal hat sie mich im Keller eingesperrt. Ein anderes ist sie hinter mir her, als ich die Bodentreppe hoch bin. Ich bin runtergefallen. Zum Glück ist nichts passiert! Aber wie leicht hätt' das schiefgehen können, wo doch der Toni unterwegs war.«

Das ist dem Schwiegersohn schließlich zu viel, er stellt sie barsch zur Rede. Sie wird ihm von da an ihr ganzes Leben lang aus dem Wege gehen.

1939 nehmen die Angriffe der Mutter auf die Tochter zu. Es kommt immer wieder zu Handgreiflichkeiten. Die *Bernhardt-Großmutter*, bei der *Marisch* aufgezogen worden ist, wird zu deren Schutz ins Haus genommen und schläft im Zimmer ihrer Tochter Elisabeth. Dennoch eskaliert die Situation. Die Betroffenen sind hilflos.

> Wir haben ja nicht mehr gewusst, was wir noch machen sollen, ich war ja nicht mehr sicher. Sobald sie mich allein erwischt hat, ist sie auf mich losgegangen,

so meine Mutter. Sie geben sich geschlagen. Auf den Rat des Arztes hin erfolgt die Einweisung in eine Nervenheilanstalt. Alle in Brestowatz, darin sind sie sich einig: Sie hatten ja gewusst, dass es so weit kommen musste. *Warum ist sie nicht bei ihrem Mann geblieben!*

Viele Monate verbringt Elisabeth Pauli zunächst in Neusatz, dann in Apatin in einer Nervenheilanstalt. Für die Brestowatzer ist sie ins Irrenhaus gekommen, dahin, wo Verrückte hingehören, wo sie keinen Schaden anrichten können. Wie viel Schaden mag ihr dort wohl zugefügt worden sein durch Ärzte, Pfleger, andere Kranke?

Elisabeths Mutter zieht es vor, weiterhin im *bowwjärschen* Haus zu bleiben. Sie hatte im Haus ihres Sohnes eine kleine Wohnung, doch das Zusammenleben mit der Schwiegertochter war nicht ohne Spannungen und Konflikte geblieben. Streitereien waren an der Tagesordnung. Der Sohn hat sie mit Vorwürfen und Beschimpfungen überschüttet. Bei der Enkelin fühlt sie sich wohler, und sie gibt die Hoffnung auf Heilung der Tochter nicht auf. Dabei vertraut sie mehr als auf die ärztliche Kunst auf die Gnade Gottes, verspricht ihm, einen Teppich für die Stufen vor dem Altar in seiner Kirche zu kaufen, wenn er das Wunder vollbringen und Elisabeth im Kopf wieder herstellen würde. Das Wunder geschieht. Elisabeth wird als geheilt entlassen. Das Gelübde wird nicht vergessen. Der geopferte Teppich liegt seither vor dem Altar der Brestowatzer Kirche. 1989 wird Elisabeths Enkelin in der verwaisten Kirche staunend davorstehen.

Nach ihrer Heilung kehrt Elisabeth zunächst nicht in ihr Heimatdorf zurück. Sie bleibt in Apatin, einer Stadt, in der sie keiner kennt, keiner etwas von ihrer Vorgeschichte weiß, keiner hinter vorgehaltener Hand über sie redet, keiner spekuliert, wie lange es wohl dauern wird, bis sie wieder durchdreht. Bei einem verwitweten Apotheker findet sie eine Anstellung als Haushälterin. Ihr Arbeitgeber muss sehr zufrieden mit ihr gewesen sein, so zufrieden, dass er die Haushälterin zur Hausfrau machen will.

Vielleicht war hier in ihrem Leben etwas Schönes zum Greifen nah. Doch sie vertraute ihrem Glück nicht, zu oft wurde sie darum betrogen.

Von einer neuen Ehe hält die inzwischen über Vierzigjährige nichts. Ahnte sie, dass die Vergangenheit eine zu große Belastung für eine neue Beziehung werden würde? Fürchtete sie sich davor, ein weiteres Mal vor einem Scherbenhaufen zu stehen?

Sie flieht wieder einmal, kehrt zurück nach Brestowatz, aber zunächst nicht wieder zur Tochter und zur Mutter. Sie geht dem Schwiegersohn weiterhin aus dem Weg. Sie ist selbstständig geworden, mietet sich eine kleine Wohnung, Zimmer und Küche.

Käthe Würz, die Tochter ihres Vermieters, erinnert sich an ein großes Zimmer mit weißem Kachelofen und hellem Fußboden, das meine Großmutter im Haus ihrer Eltern bewohnt hat. Sie hat Hühner gehalten. Gearbeitet hat sie nicht, sonntags ist sie in die Kirche gegangen, manchmal hat sie ihre Mutter und Tochter besucht, sonst hatte sie wenig Kontakte. Für die Kinder ihrer Vermieter hat sie Grießbrei mit Kirschen gekocht. Sie hatte es nicht nötig gehabt zu arbeiten. Sie besaß ein bisschen Land, das ihr ein geringes Einkommen sicherte und Naturalabgaben lieferte. Hinzu kamen Ersparnisse, die sie sich während der Zeit bei ihrem Bruder und zuletzt in Apatin zurücklegen konnte. Es reichte aus für ein bescheidenes Dasein, wie sie es führte.

1943, als sich der Schwiegersohn in Deutschland aufhält und sie nicht befürchten muss, ihm zu begegnen, zieht Elisabeth wieder in das Haus ihrer Tochter ein. Es ist das Haus, aus dem sie ein gutes Jahr später vertrieben und nach Gakowa abtransportiert werden wird, das Haus, vor dem ich 1968 zum ersten Mal stehen und das ich 1989 betreten und zum zweiten Mal fotografieren werde.

Neubeginn

Trümmer

1945: Weite Teile Österreichs und Deutschlands sind zu Trümmerlandschaften geworden: Fabrikanlagen zerbombt, Schutt und Ruinen in den Städten. Der Anblick von Brestowatz ist unverändert. Kein Stein war vom anderen gefallen, die Wohnhäuser, die Kirche, das Gemeindehaus, das Spritzenhaus überdauern das Kriegsende unbeschadet. Lediglich die Menschen sind ausgetauscht worden. Der Traum der fortgezogenen Bewohner von ihrem Ulmenau, dem blühenden deutschen Dorf in der Batschka, war zerplatzt wie eine Seifenblase. Die Gebäude, die sie einst voller Stolz errichtet hatten und die sie nun zurücklassen mussten, bleiben intakt. Zersprengt ist dagegen die Dorfgemeinschaft der Brestowatzer, Nachbarschaften, Kameradschaften, Verwandtschaften, selbst Familienbande sind zerschlagen und auseinandergerissen. Ihre Mitglieder vereinzelt oder in kleinen Gruppen über Europa verstreut. Sie hatten sich aus den Augen verloren, und in der Regel wussten sie zunächst nicht, wo die anderen verblieben sind.

In ihre Häuser ziehen fremde Familien ein. Nicht alle von ihnen kommen freiwillig. Sie werden im Rahmen eines groß angelegten Umsiedlungsprogramms der jugoslawischen Regierung unter Marschall Tito aus unterentwickelten Regionen des Staatsgebietes geholt. 864 Familien mit 4849 Personen ziehen in die verlassenen Häuser ein und füllen die Lücke, die in Brestowatz entstanden war. Die meisten der neuen Brestowatzer kommen aus der Region Lika in Kroatien. Sie, die *Litschaner*, prägen von nun an zusammen mit den serbischen Raitzen, den *Roazen*, das dörfliche Leben. Die Sprache der *Schwowe* und ihr *Brauchtum* sind aus dem Dorfbild verschwunden, in ihrer katholischen Kirche fehlen die Besucher, die Maulbeerbäume entlang der Straßen werden gefällt. Ihr Holz ist für die neuen Bewohner wertvoller als beschattete Gehwege. Die Straßenfronten der Häuser werden nicht mehr *geweißelt*, abbröckelnder Verputz nicht mehr ersetzt. Dazu fehlen die finanziellen Mittel und der innere Bezug zu den zugewiesenen Häusern. Die Neuankömmlinge haben ein Dach über dem Kopf, das Aussehen ist für die meisten Luxus. Der Verfall des materiellen Brestowatz schleicht sich ein.

Für die große Kolonne der Brestowatzer, die ihr Dorf am 8. Oktober 1944 verlassen hatten, endete die ungewollte Reise zunächst in Oberösterreich. Die Flucht hatte sie alle gleich werden lassen. Egal, ob reiche Bauern, Tagelöhner oder Handwerker, alle kamen mit ein paar Habseligkeiten an – kaum mehr als sie am Leibe trugen –, und alle waren sie zu Flüchtlingen geworden. Sie fühlten sich wie Habenichtse behandelt und gedemütigt. Ein Makel, der sie noch lange begleiten sollte. Hinzu kam die Ungewissheit darüber, was aus denjenigen geworden ist, die die Flucht nicht mit ihnen gemeinsam angetreten hatten.

»Die Österreicher wollten die Flüchtlinge nicht haben«, höre ich meine Mutter immer wieder sagen.

Kein Wunder – Oberösterreich war 1944 überflutet von Bombenflüchtlingen aus dem Reich und anderen Gebieten Österreichs, von Umsiedlern, Kriegsgefangenen und KZ-Häftlingen. Hinzu kamen schwere Bombenangriffe auf die Städte, bei denen nicht nur Industrie- und Bahnanlagen sowie kulturelle Gebäude, sondern auch Wohngebäude in großem Umfang zerstört worden waren. Die Flüchtlingstrecks aus Rumänien, Jugoslawien, Ungarn und dem Sudetenland konnten nicht mehr willkommen sein. Insbesondere der ländliche Raum war überfüllt. Einer knappen Million Oberösterreicher standen etwa ebenso viele Fremde gegenüber, mit denen sie den knappen Wohnraum und die spärlichen Nahrungsmittel teilen mussten. Für die Flüchtlinge blieb oftmals nur wenig übrig.

1946 organisierte Deutschland Sammeltransporte, in denen Übersiedlungswillige mit Zügen, die von Linz aus fuhren, nach Deutschland gebracht wurden. Die Mehrheit der ehemaligen Brestowatzer machte davon Gebrauch. Da der Weg zurück in die alte Heimat für sie für immer versperrt war, zogen sie nach einem fast zweijährigen Aufenthalt in Österreich ein Leben in Deutschland vor. Sie waren staatenlos geworden, aber sie fühlten sich als Deutsche und versprachen sich für sich und ihre Kinder dort bessere Zukunftsperspektiven.

In Gruppen schlossen sie sich zusammen und meldeten sich gemeinsam für Transporte nach Deutschland an. Die Gemeinschaft mit *unsre Leit* bot – auch wenn sie auf nur wenige zusammengeschrumpft war – ein Minimum an Orientierung und Sicherheit, einen Schutzwall gegen die als bedrohlich empfundene andersartige Außenwelt. Diese Transporte steuerten schwerpunktmäßig Räume in Süddeutschland an. In Bayern und vor allem in Baden-Württemberg, der einstigen Heimat der meisten ihrer Ahnen, kam es auf diese Weise zur Verdichtung von Brestowatzern. Zentren waren dabei die Räume um München und Stuttgart herum. Auch südlich von Frankfurt kam es zu einer Konzentration von *unsre Leit.*

Anfang August 1946 trat eine Gruppe von etwa sechzig Brestowatzer Familien, die meisten von ihnen hatten schon die Zeit in den österreichischen Flüchtlingslagern gemeinsam verbracht, von Linz aus den Weg nach Deutschland an. Unter ihnen waren meine Eltern mit meinen beiden Brüdern. Sie bestiegen den Zug, ohne zu wissen, wohin er sie bringen wird. Die Fahrt endete im Durchgangslager Iba in Nordhessen. Es war der Transport mit Brestowatzern, der am weitesten nach Norden führte. Die in Nordhessen Gestrandeten waren ins Abseits geraten. Umso enger rückten sie zusammen.

Bei der Verteilung der Flüchtlinge in Deutschland hatte zunächst die Unterbringung der Menschen Vorrang, der Arbeitsmarkt spielte dabei kaum eine Rolle. Der ländliche Raum musste daher entschieden mehr Flüchtlinge aufnehmen als die zerbombten Städte. Eine Orientierung am Arbeitsmarkt setzte erst mit dem Beginn des wirtschaftlichen Aufschwungs zu Beginn der fünfziger Jahre ein und wurde nicht mehr behördlich gesteuert.

Drei Wochen blieben die Brestowatzer Familien im Durchgangslager in Iba, dann erfolgte eine Zuweisung auf die Dörfer des Landkreises Rotenburg an der Fulda. Die meisten Familien aus Brestowatz wurden dem Dorf Obersuhl unmittelbar an der thüringischen Grenze zugeteilt. Von der Gemeinde bekamen sie freie Räume in Obersuhler Häusern zugewiesen, jeder Winkel wurde genutzt. Es wurde eng in Obersuhl. Bereits am Ende des Zweiten Weltkrieges musste das Dorf mit rund 3500 Einwohnern mehrere Hundert Flüchtlinge aus den östlichen Gebieten Deutschlands aufnehmen. Die insgesamt rund dreihundert Flüchtlinge aus Südosteuropa, die im Herbst 1946 noch einmal untergebracht werden mussten, konnten bei den einheimischen Dorfbewohnern keine Freude auslösen, aber sie konnten sich gegen diese Zwangseinquartierungen und die zusätzlichen Konkurrenten auf die ohnehin knappen Ressourcen nicht wehren.

Wieder einmal fühlten sich die Flüchtlinge aus Brestowatz gedemütigt. Sie, die ihre Häuser und ihren Besitz verloren hatten, kamen nahezu mittellos an. »Wenn die hier wüssten, was wir daheim alles gehabt haben! Da könnten viele hierhaus neidisch werden«, trösteten sie sich in ihrer Verbitterung gegenseitig. Sie fühlten sich widerwillig geduldet, diskriminiert aufgrund ihrer andersartigen Sprache, Kleidung und Konfession. Die Einheimischen sowie die meisten der Flüchtlinge aus den deutschen Ostgebieten waren evangelisch, für die Katholiken aus Südosteuropa blieben die Türen der evangelischen Kirche in Obersuhl verschlossen. Im Speiseraum eines Altersheims, das in einer Barackensiedlung untergebracht war, die in den dreißiger Jahren als Reichsarbeitslager errichtet worden war, zelebrierte der katholische Pfarrer aus einem benachbarten Dorf am Sonntagvormittag die Messe für die katholischen Flüchtlinge. Ansprüche glaubten sie nicht stellen zu dürfen. Sie versuchten sich wegzuducken und nicht aufzufallen.

Den Kontakt zu den Obersuhlern beschränkten sie auf ein Mindestmaß, dagegen wurde die Verbundenheit untereinander immer stärker. *Unser Leit* und die *Eiheimische* waren die Kategorien, die ihr Denken prägten. Das Desaster, in das sie gemeinsam hineingeraten waren und das sie die Heimat kostete, schweißte sie in der Fremde noch enger zusammen. Die Gemeinschaft vermittelte ein Gefühl von Sicherheit und minderte die Angst, einer ungewissen Zukunft ausgeliefert zu sein.

Doch sie lernten, sich in ihr Schicksal zu fügen und die Realität anzunehmen: Ein Zurück gab es nicht mehr, ihre Heimat war für immer verloren. Sie mussten für sich und ihre Kinder eine neue Existenz aufbauen, auch wenn die Zukunftsperspektiven zu diesem Zeitpunkt wenig ermutigend waren.

Der Zusammenhalt der Brestowatzer beschränkte sich schon bald nicht mehr nur auf die Gruppe, die in Obersuhl zusammengewürfelt worden war. Schon bald entstand ein weitverzweigtes Netzwerk, in dem Informationen ausgetauscht wurden über den Verbleib von Angehörigen, Nachbarn und Freunden. Auch Nachkömmlinge im heiratsfähigen Alter werden auf diese Weise aufgespürt und gegebenenfalls vermittelt. Noch wollte man von Integration nichts wissen. Man wollte unter sich bleiben. Ihre Kinder sollten möglichst keinen von den Einheimischen heiraten.

Im Zuge der Bildung von Flüchtlingsverbänden Ende der vierziger Jahre schlossen sich auch die Volksgruppen aus Südosteuropa zusammen. Die »Landsmannschaft der Donauschwaben« wurde gegründet, ein Zusammenschluss der Deutschstämmigen aus dem Raum zwischen Donau und Theiß. Auf Orts-, Kreis-, Bezirks- und Landesebene bildeten sich entsprechende Vereinigungen. Selbst in den USA, Kanada, Brasilien, Argentinien und Australien formierten sich Donauschwäbische Landsmannschaften. Sie setzten sich die Pflege und den Erhalt der donauschwäbischen Kultur zum Ziel. Regelmäßig wurden Heimattreffen und Trachtenfeste organisiert. In den Anfangsjahren kam den Landsmannschaften eine bedeutende Rolle bei der Familienzusammenführung zu. Die Verbandszeitung »Der Donauschwabe« wurde auch in vielen Haushalten der Brestowatzer gelesen. Die Bezeichnung »Donauschwaben« für die Deutschen aus dem Donau-Theiß-Gebiet war erst in den zwanziger Jahren des 20. Jahrhunderts von einem deutschen Geografen geprägt worden. Sie selbst haben diese Bezeichnung erst nach ihrer Ankunft in Deutschland für sich selbst übernommen. Davor nannten sie sich selbst »Schwowe«.

1954 übernahm das Bundesland Baden-Württemberg, in dem auch für die Mehrheit der Flüchtlinge aus Brestowatz die Flucht geendet hatte, die Patenschaft für die Donauschwaben und förderte die Errichtung kultureller Einrichtungen. So entstanden unter anderem das »Haus der Donauschwaben« in Sindelfingen, das »Donauschwäbische Zentralmuseum« in Ulm, das »Institut für donauschwäbische Geschichte und Landeskunde« in Tübingen. Die Gemeinde Königsbach-Stein, in der über neunzig Familien aus Brestowatz angesiedelt worden waren, trat 1974 die Patenschaft für alle Flüchtlinge aus diesem Ort an. Zehn Jahre später wurde in der Patenstadt die »Brestowatzer Heimatstube« eingeweiht – ein kleines Museum, in dem Trachten, Bilder und Gerätschaften gesammelt und für Besucher zugänglich gemacht wurden. Hier in Stein fanden auch zahlreiche der Brestowatzer Treffen statt.

Damit schließt sich der Kreis: War schwerpunktmäßig die Auswanderung im 18. Jahrhundert von diesem südwestdeutschen Raum ausgegangen, findet hier im 20. Jahrhundert wiederum ein Großteil der geflohenen Nachkommen dieser Auswanderer eine neue Heimat.

Vom Klempnermeister zum Eisenbahnarbeiter

Franz Bovier kommt im September 1946 mit seiner damals noch vierköpfigen Familie im Haus eines Obersuhler Bauunternehmers unter. Die beiden Wohngeschosse sind bereits belegt, im Erdgeschoss wohnt der Eigentümer mit seiner Frau und den beiden Töchtern, in dem Stockwerk darüber wohnen seine Eltern. Für die eingewiesenen Flüchtlinge bleiben nur zwei Räume im Dachbodenbereich, einer davon diente bis dahin als Wurstkammer und ist nicht beheizbar, der andere ein langer Schlauch.

Eine Wohnung haben sie sich anders vorgestellt. Doch sie besitzen auch nichts, was sie in die Wohnung hätten stellen können, außer einigen Kisten, die sie aus Österreich mitgebracht haben. Aus Iba haben sie noch ein paar Kartoffeln mitgenommen, die sie auf den Feldern gestohlen hatten – ihr erstes Abendessen in der neuen Behausung. In der Nacht schlafen sie auf dem Fußboden unter rauen Lagerdecken, die aus Österreich stammen. Die Not der ungebetenen Mitbewohner rührt die Besitzer des Hauses. Am nächsten Tag bringen sie ein Bett, einen Schrank, Tisch und Stühle – nicht viel, doch zumindest müssen die Neuankömmlinge nicht mehr in leeren Räumen hausen.

Im November 1946 sucht die Bundesbahn für die Betriebswerkstatt in Bebra Arbeiter. Ihn, den Franz Bovier, der Metallarbeiten gewöhnt war, können sie gebrauchen. Er wird als Schlosser eingestellt. Diejenigen, die in der alten Heimat ein Handwerk erlernt hatten, haben es leichter bei der Arbeitsplatzsuche als die vielen anderen, die dort keinen Beruf erlernt hatten, weil sie in der Landwirtschaft tätig waren. Besonders im Obersuhler Raum, wo Industrie fehlt, bleiben viele arbeitslos. In anderen Regionen werden sie, wenn sie Glück haben, als ungelernte Arbeiter eingestellt.

Der selbstständige Klempnermeister Franz Bovier aus Brestowatz wird zum Eisenbahnarbeiter in Bebra. Ein beruflicher Abstieg, doch am Ende der Woche erhält er verlässlich seine Lohntüte, die er bei seiner Frau abliefert. Es ist nicht viel, was da drin ist, aber besser wenig als nichts. Ans Sparen ist man gewöhnt, man braucht nicht viel zum Überleben. Hauptsache ist, dass er die Familie wieder ernähren kann. Und bei der Nachtschicht lässt sich mit ein bisschen Glück eine Tasche voll Kohlen organisieren, so dass die Familie in dem eiskalten Winter 1946/47 wenigstens einen Raum beheizen kann. Hinzu kommen Freifahrtscheine und auch noch die »Pfennigkarte«, die Personalfahrkarte, die die Beschäftigten der Bundesbahn und ihre Familienmitglieder für wenig Geld erwerben konnten. Was will er mehr.

Für die beiden Söhne ist endlich wieder ein geregelter Schulbetrieb in Sicht. Franz, inzwischen im vierzehnten Lebensjahr, soll seinen in Österreich begonnenen Besuch der Oberschule fortsetzen. Doch die Hürden, die zu nehmen wären, sind zu hoch. Er erfüllt die Voraussetzungen für die Aufnahme nicht. Sein vorangegangener Fremdsprachenunterricht hat andere Schwerpunkte gehabt. Er müsste nun den Stoff von drei Jahren Englisch- und Lateinunterricht nacharbeiten. Ohne fremde Hilfe erscheint das aussichtslos, und für Nachhilfeunterricht bei einem Lehrer fehlt das Geld. Daher besucht er bis zum Ende seiner Schulpflicht, Ostern 1947, die Volksschule und tritt danach in Bebra eine dreijährige Lehre als Buchdrucker an.

Sein neunjähriger Bruder Anton hat es leichter. Er wird planmäßig in die vierte Klasse der Obersuhler Volksschule aufgenommen. Am Ende des Schuljahres stellt sich die Frage nach seiner weiteren Schullaufbahn. Seine Eltern melden ihn in der Mittelschule in Bebra an. Wegen der Fahrkosten brauchen sie sich keine Sorgen zu machen. Für Eisenbahnerkinder ist die Fahrt zur Schule kostenlos. In dem Frühzug, den er am Morgen nehmen muss, kann er zusammen mit seinem Vater fahren. Das ermöglicht den Schulbesuch im etwa zwanzig Kilometer entfernten Bebra. Die mittellosen Eltern können sich nicht vorstellen, dass sie *hierhaus* eines ihrer Kinder jemals werden *schulen,* studieren, lassen können. Woher sollten sie denn das Geld dazu nehmen, es reicht ohnehin gerade mal aus, die vierköpfige Familie satt zu bekommen.

Und dann meldet sich zu all dem auch noch ein zusätzlicher Esser an. Im September 1947 komme ich, die Tochter Rosemarie, in der ehemaligen Wurstkammer auf die Welt – unerwartet und unerwünscht. Wer kann es ihnen verdenken! »Wo sollte man denn vor der Währungsreform damals Babysachen hernehmen, nicht mal mit Geld hätte man welche kaufen können«, werde ich meine Mutter sagen hören. Ihre Hausherrn stehen ihnen hilfreich zur Seite. Aus alten Hemden schneiden sie Windeln heraus, die aufbewahrte Babykleidung der beiden Töchter stellen sie den zwangseinquartierten Mitbewohnern zur Verfügung.

Die Nachzüglerin

Die Nachricht von der Geburt der Tochter bewirkt das, was die Briefe der Mutter, Maria Bovier, in den vorangegangenen Monaten nicht erreichen konnten. Die Großmutter Elisabeth Pauli bricht in Niederösterreich auf und begibt sich auf den Weg nach Deutschland.

> Da war nichts zu machen, sie wollte in Österreich bleiben! Nicht mal, als ich ihr geschrieben hab', dass ich noch mal ein Kind kriege, hat das was geändert. Dann hat sie gehört, dass diesmal ein Mädchen gekommen ist, und vierzehn Tage später war sie da. Als die Jungen auf die Welt gekommen sind, hat sie nur abgewinkt, von ihnen wollte wie nichts wissen,

erinnert meine Mutter sich später. Die Erfahrungen, die meine Großmutter in ihrem früheren Leben mit Männern machen musste, prägen sie ihr Leben lang.

Bei der Tochter und ihrer Familie ist in Obersuhl kein Platz für sie. Sie hätte auch nicht wieder mit dem Schwiegersohn zusammenwohnen wollen. Die Familie Würz, die es zufällig ebenfalls nach Obersuhl verschlagen hat und bei der sie in Brestowatz für einige Jahre zur Miete gewohnt hatte, nimmt sie vorübergehend in ihrer Einquartierung auf, bis die Gemeinde ihr ein Zimmer zuweist. Es ist ein winziges Zimmer unter dem Dach eines kleinen Hauses. Die Hausbesitzer haben einen Schrank, einen Tisch mit zwei Stühlen und ein Sofa, auf dem sie auch schläft, darin stehenlassen. Mehr hat sie auch nicht, was sie hätte hineinstellen können. Hinter ihrem Zimmer liegt noch ein weiterer Raum, der von den Hausbesitzern genutzt wird. Um dorthin zu gelangen, müssen diese durch das Zimmer gehen, in dem Elisabeth Pauli jetzt wohnt. Nach der Zeit im Internierungslager in Gakova und im Flüchtlingslager in der russischen Zone in Österreich ist sie froh, ein Zimmer zu haben, das sie alleine bewohnt und wohin sie sich jederzeit zurückziehen kann.

Zusammen mit anderen alleinstehenden Brestowatzer Frauen, die genau wie sie nur eine geringe Unterstützung erhalten, arbeitet sie vom Frühjahr bis zum Herbst auf den Feldern eines naheliegenden Gutshofes, um sich ein bisschen Geld dazuzuverdienen. Sie spart für einen eigenen Schrank, den sie sich kurz vor ihrem Tod wird kaufen können.

Wege, die sich kreuzten

Von der Flucht ihrer Mutter aus dem Lager in Gakova und deren Aufenthalt in Niederösterreich hatte meine Mutter, Maria Bovier, bereits in Linz erfahren. Ihre Tante Maria Heim, die Schwester ihrer Mutter, und deren Tochter Rosel waren im Juli 1946 auf einem abenteuerlichen Weg durch Österreich nach Linz gekommen. Sie hofften, von dort aus eine Gelegenheit zu finden, zu ihrem Sohn Matthias weiterzukommen, der seit 1942 bereits in Deutschland lebte. Rosel und ihre Mutter hatten den englischen Sektor in Wien illegal verlassen, um durch die russische Zone nach Linz zu gelangen. In Melk waren sie von den Russen geschnappt und im dortigen Kloster für drei Tage eingesperrt worden. Ein Brestowatzer, der auch in Linz untergekommen war, organisierte ihr Weiterkommen. Mit einem Kahn brachte er sie nachts auf der Donau nach Linz. In einem Barackenlager für Flüchtlinge fanden sie zunächst eine Bleibe. Meine Mutter erfuhr von diesem Aufenthalt und wollte die beiden zu sich in die kleine Wohnung holen, die sie mittlerweile hatten. Doch sie lehnten ab. Sie blieben in dem Lager, in dem auch weitere Brestowatzer wohnten. Unter ihnen war auch der ehemalige Kaplan aus Brestowatz, der nun als Seelsorger im Lager tätig war und Taufscheine, Heiratsurkunden und Geburtsurkunden für die Flüchtlinge aus Brestowatz ausstellte – Dokumente, die die meisten im Glauben an eine baldige Rückkehr nicht mitgenommen hatten.

In einem Zug, in dem Ungarndeutsche befördert wurden, kamen sie zwar nach Deutschland, aber nicht nach Mannheim, sondern nach Biedenkopf in Hessen. Dort wurden sie als Ungarndeutsche registriert. Rosel begab sich bald nach ihrer Ankunft auf den Weg nach Hambrücken, dem Wohnort ihres Bruders, nicht wissend, dass dieser wiederum zur gleichen Zeit nach Biedenkopf aufgebrochen war. Die Wege von Bruder und Schwester kreuzten sich, ohne dass sie voneinander wussten. Zwei Tage später kehrte Matthias mit seiner Mutter nach Hambrücken zurück.

Nah beieinander und doch weit entfernt

Während meine Mutter durch das zufällige Aufeinandertreffen mit ihrer Tante in Linz schon früh Kontakt zu ihrer Mutter, Elisabeth Pauli, aufnehmen konnte, weiß mein Vater nichts über den Verbleib seiner Mutter und der Familie seiner Schwester. Erst Anfang des Jahres 1947 trifft ein erstes Lebenszeichen – ein Brief seiner Schwester Lene Guth – aus Obing in Oberbayern in Obersuhl ein. Sie hatte die Adresse über Kontakte mit anderen Brestowatzern in Erfahrung gebracht.

Der erste Brief enthüllt Überraschendes: 1946 lag zwischen den Orten, in denen sich die beiden Geschwister aufhielten, eine Entfernung von nicht einmal vierzig Kilometern. Doch sie wussten nichts voneinander. Lene war nach ihrer Flucht aus Stapar zusammen mit ihren beiden Töchtern und ihren Schwiegereltern nicht mehr nach Österreich hineingelassen, sondern in die Lausitz weitergeleitet worden. Die Schwiegereltern wollten dort nicht bleiben, sie wollten zurück nach Brestowatz. Sie hatten Gerüchte vernommen, wonach eine Rückkehr möglich sein sollte. Doch an der Grenze wurden sie von den Russen zurückgehalten und mussten erfahren, dass nur Jugoslawen, aber nicht die »Volksdeutschen« nach Jugoslawien zurückkehren konnten. Sie wurden nach Bardenitz in die Mark Brandenburg gebracht und von dort dem Ort Bischofsroda in Thüringen zugeteilt – nicht weit von Eisenach entfernt. Bei einem Bauern kamen sie unter. Meine Großmutter Maria Bauschert, die es mit ihrem dritten Ehemann nach Schlesien verschlagen hatte, fand heraus, dass ihre Tochter mitsamt den Kindern in Thüringen war, und folgte ihr nach Bischofsroda, ohne zu ahnen, wie nah sie damit ihrem Sohn und den anderen Enkelkindern gekommen war.

Anfang 1947 meldete sich Matthias Guth bei seiner Familie in Bischofsroda. Er hatte nach seiner Entlassung aus der Kriegsgefangenschaft in Belgien in einer Gärtnerei in Köln Arbeit gefunden. Von einer Cousine, die bereits in den dreißiger Jahren nach Deutschland übersiedelt war, hatte er die Adresse seiner Familie erfahren. Seine Frau veranlasste ihn, nicht zu ihnen nach Thüringen zu kommen, sondern zu seiner Cousine nach Freilassing zu gehen, wohin sie mit den Kindern und den Eltern ebenfalls kommen wollte. Schon bald war die Familie wieder vereint. Zunächst wurden sie in einem Durchgangslager im Kloster Seon aufgenommen, schließlich bekamen sie Wohnungen in Obing zugewiesen. Matthias konnte in Traunstein bei einem Steinmetz in seinem erlernten Beruf einen Arbeitsplatz finden. Die tägliche Fahrt mit der Bahn zur Arbeit war wegen der ungünstigen Verbindung zeitaufwändig, im Winter war er arbeitslos, da der Betrieb in dieser Zeit geschlossen blieb. Matthias und sein Vater gingen nach München, um die arbeitslosen Monate bei einer dortigen Steinmetzfirma zu überbrücken. Die Arbeitsbedingungen, die sie dort antrafen, waren so gut, dass beide auf Dauer dort geblieben sind. Ihr Arbeitgeber stellte ihnen ein Zimmer zur Verfügung, das sie gemeinsam bewohnten. 1953 nutzte Matthias die Gelegenheit, in einer neu entstandenen Siedlung am Rand von Dachau eine Doppelhaushälfte zu erwerben und seine Frau mit den beiden Töchtern, den Eltern und der inzwischen erneut verwitweten Schwiegermutter nachkommen zu lassen. Mit den vielen Personen wurde es eng in dem kleinen Häuschen, doch entscheidend war: Es gehörte ihnen, das Leben in den Zwangseinquartierungen hatte ein Ende. Sie hatten Fuß gefasst.

Franz Bovier gelingt der Sprung in die städtische Welt nicht. Aus Gießen trifft 1947 ein Angebot ein, dort einen Installateurbetrieb zu übernehmen, der aus Altersgründen aufgegeben werden soll. Die Bedingungen sind günstig, doch Franz Bovier lehnt ab. Seine Frau, meine Mutter, will nicht nach Gießen, wo sie niemanden kennt. *In Obersuhl ist man doch unter unsre Leit* (unseren Leuten), *mit denen man zusammengehen kann.*

Die Ablehnung seiner Frau muss ihm recht gekommen sein, erspart sie ihm das Eingeständnis, sich den mit einer Betriebsübernahme verbundenen Anforderungen nicht gewachsen zu fühlen und einem Scheitern entgegensehen zu müssen. Die Erfahrung aus Salzburg, den Umgang mit den modernen Maschinen nicht in den Griff zu bekommen, die Befürchtung, den bürokratischen Aufwand, der mit der Leitung einer eigenen Firma verbunden ist, nicht zu bewältigen, stellen für ihn eine schier unüberwindbare Barriere dar. In Brestowatz wurden keine Rechnungen geschrieben. Was bestellt war, wurde abgeholt und bar bezahlt. Der Geselle wohnte im Haus. Die Familie, der Geselle und die Lehrlinge aßen an einem Tisch. Wie hätte er sich im Konkurrenzkampf auf dem freien Markt behaupten können? Der Sprung in die Neuzeit wäre zu groß gewesen.

Im Spätherbst 1947 kommt der mehrfache Appell der Lene Guth und ihrer Mutter, dass Franz Bovier mit seiner Familie doch auch nach Obing kommen soll, damit die Familien wieder zusammen sind. Wiederum ist es meine Mutter, die nicht weg will aus Obersuhl, wo sie sich im Kreis der vielen anderen Brestowatzer geborgen fühlt. Hinzu kommt ihre Angst, dass die Kartoffeln, die bereits für den Winter eingekellert waren, bei dem Umzug im Winter erfrieren könnten. *Was sollte man dann essen?*

So bleibt der Klempnermeister Franz Bovier, ohne den Ehrgeiz, eine Karriere zu machen, als Arbeiter bei der Deutschen Bundesbahn in Bebra. Diese wird ihm am 26. Oktober 1972 eine Rente zuerkennen, ihren Dank für seine treu geleisteten Dienste aussprechen und ihn aus dem Arbeitsverhältnis entlassen. Die bescheidene Rente der Landesversicherungsanstalt zusammen mit der Zusatzrente der Bahn werden ihm und seiner Frau, die ohnehin nur geringe Ansprüche stellen, ein problemloses Auskommen im Alter ermöglichen. »Doch gut dass'd bei dr Bo gebliewe bisch!« wird seine Frau dann sagen.

Leben wie derhom

In Obersuhl rücken die über das Dorf verstreuten Brestowatzer immer enger zusammen, mit den Obersuhlern wollen sie lieber nichts zu tun haben. Sie fühlen sich als Außenseiter, als zwangsweise Geduldete. Sie hatten nicht nur alles, was sie besaßen, sondern auch ihre Staatsbürgerschaft verloren. Sie gehören nicht dazu. Ihr Flüchtlingsdasein empfinden sie als Makel, der ihnen anhaftet. Sie sind anders als die Obersuhler: Sie sprechen anders, sie kleiden sich anders, sie kochen anders, haben eine andere Religion, eine andere Kultur, ein anderes Brauchtum. Das stärkt das Wir-Gefühl, das Zusammengehörigkeitsgefühl der kleinen Gruppe von Menschen aus Brestowatz, die es zufällig nach Obersuhl verschlagen hat.

Oberhalb des Dorfes liegt auf einer Anhöhe eine Barackensiedlung, die einst in den dreißiger Jahren als Reichsarbeitslager zum Bau der nahen Autobahn errichtet worden war. Während des Zweiten Weltkriegs waren Kriegsgefangene darin untergebracht, und nach dem Krieg diente sie der Gemeinde als Altersheim. 1949 wird dieses Heim aufgelöst, die Baracken sollen abgerissen werden. Die Brestowatzer in Obersuhl sehen ihre Chance gekommen, ihre verhassten Einquartierungen im Dorf verlassen zu können. Bei dem Bürgermeister finden sie ein offenes Ohr. Die Baracken werden den Flüchtlingen überlassen. Für den Umbau in abgeschlossene Wohnungen stellt die Gemeinde Material zur Verfügung, die Arbeiten werden von den künftigen Bewohnern als Eigenleistung erbracht. Die Aussicht, die unliebsamen Mitbewohner loszuwerden, dürfte bei vielen Obersuhler Hausbesitzern ein Aufatmen ausgelöst haben.

Nicht alle Brestowatzer Familien aus Obersuhl haben das Glück, eine Wohnung auf dem »Lager«, wie die Siedlung weiterhin genannt wird, zu erhalten. Die fünfköpfige Familie Bovier gehört zu den ersten, die ihre beengte Behausung im Dorf verlassen und eine Wohnung mit drei Zimmern und einer Küche in einer der Baracken beziehen kann. Im Verlauf des Winters und des Frühjahrs 1950 folgen noch insgesamt rund vierzig Familien, die aus Brestowatz stammen, und einige wenige Flüchtlingsfamilien aus anderen Regionen. Diese kleine Minderheit stört die Brestowatzer nicht. Sie sind es gewohnt mit einer Minderheit – den Roazen – zusammenzuleben, und sie sind es auch gewohnt, das Wasser von Brunnen zu holen und Plumpsklos außerhalb des Hauses zu benutzen.

Das Lager wird zu »ihrem Lager«, ihrem neuen Zuhause, in das sie sich zurückziehen und gegen Einflüsse von außen abschotten. Nur die Kinder, die zur Schule, und die Männer, die zur Arbeit müssen, verlassen das Lager täglich, alle anderen suchen den Weg ins Dorf nur ausnahmsweise, wenn es sich nicht vermeiden lässt.

In der selbstgewählten Isolation wächst das Gefühl der Zusammengehörigkeit mit Menschen, die die gleichen Wurzeln, die gleiche Sozialisation und die gleichen Erfahrungen mitgebracht haben. Man ist nicht mehr allein, die Gruppe vermittelt ein Gefühl von Geborgenheit und Sicherheit, mindert die Angst, in der Fremde unterzugehen. Wie von selbst stellt sich das gewohnte gesellschaftliche Leben wieder ein. Ihre mitgebrachte Sprache, ihr Brauchtum, ihre gemeinsamen Erinnerungen leben auf und prägen ihr Zusammenleben. Selbst ein kleines katholisches Holzkirchlein errichten sie in der Mitte des Lagers im protestantischen Nordhessen. Auch die Brestowatzer, die weiterhin im Dorf bleiben müssen, sind eingebunden in diese Gemeinschaft. Wann immer sie können, kommen sie aufs Lager. Und die Kinder, auch die, die – wie ich – nicht mehr in Brestowatz geboren worden waren, wachsen in diese wiederbelebte Brestowatzer Welt hinein, übernehmen ihre Sprache, ihre Wertvorstellungen und ihre Denkmuster. Erst mit dem Eintritt in die Schule, vereinzelt auch in den Kindergarten, werden sie mit der so andersartigen Außenwelt konfrontiert.

Briefe liefern Lebenszeichen

»Auf der Wache 27«, das ist unsere Adresse auf dem Lager. Hier gibt der Postbote von Zeit zu Zeit Briefe ab von Verwandten und Bekannten, die ich nicht kenne. Lebenszeichen, manchmal mit Fotos, die belegen sollen, dass es einem an dem neuen Aufenthaltsort gut geht.

Aus Obing kommt ein Gruppenfoto – im Hintergrund der Obinger Kirchturm: Die Familie Guth mit meiner Großmutter und ihrem dritten Ehemann, hinter dem eine seiner Töchter steht. Meine Großmutter trägt immer noch ihre Tracht und das Kopftuch, beides ganz dunkel. Welch ein Kontrast zu den bayrischen Trachten ihrer neuen Umgebung! So muss sie einfach als Flüchtlingsfrau auffallen, wenn sie durch das Dorf geht. Doch auch diese Erfahrung hält sie nicht davon ab, auch später in Dachau an ihrer Tracht festzuhalten.

Ein Brief mit kleinen Fotos trifft ein, auf denen viele Männer in festlicher Priesterkleidung zu sehen sind. »Zur Erinnerung an mein erstes hl. Messopfer, Liebenstadt, den 22.8.1948« steht auf einer Rückseite. Martin Pauli, der *Marzi*, hat sein in Ungarn begonnenes Theologiestudium in Eichstätt abgeschlossen und in Ingolstadt eine Stelle als Kaplan angetreten. Seine Mutter, die er nach der Flucht aus Gakova nach Ungarn gebracht hat, lässt er nun nach Beendigung seines Studiums ebenfalls nach Ingolstadt kommen. Auf einem der Fotos von den Primizfeierlichkeiten steht sie vor ihm – genau wie meine Großmutter in der dunklen

Abb. 26 Barackensiedlung mit katholischer Kirche in Obersuhl, Anfang der 1950er Jahre

Tracht und mit Kopftuch. Martin Pauli wird seine erste Pfarrstelle in Wassertrüdingen erhalten und später als Stadtpfarrer nach Ingolstadt zurückkehren.

Elisabeth Ludwig, genannt *Erschi*, die Cousine meiner Mutter, die nicht aus Brestowatz geflohen war, schickt ein Bild, das sie mit ihrem Mann Tibor zeigt, zwischen beiden die Tochter Elsa, die 1945 zur Welt gekommen ist, während ihr Vater als Militärarzt bei der Deutschen Wehrmacht Dienst leisten muss. Nach seiner Einberufung im August 1944 wird er an die Ostfront geschickt, die zu dem Zeitpunkt bis in die Tschechoslowakei zurückgedrängt worden war. Dort gerät er in russische Gefangenschaft, aus der er 1948 zu seiner Frau und seiner kleinen Tochter nach Brestowatz zurückkehren kann. Als Strafe für seinen Einsatz bei der Deutschen Wehrmacht wird er zunächst von der jugoslawischen Regierung für drei Jahre zum Arbeitseinsatz in den Kosovo geschickt. Seine Familie begleitet ihn. Danach kann er als Arzt in Apatin arbeiten.

Erschis Schwester Olga gehörte zu denjenigen, die bis zur Auflösung der Arbeits- und Internierungslager eingesperrt waren. Erst 1948 wird sie entlassen und kann nach Wien übersiedeln. 1953 trifft ein Bild ein, das Olga in Bremen vor ihrer Einschiffung in die USA zeigt. Sie will in Los Angeles einen Neuanfang suchen.

Meine Großmutter schickt ein Foto, das zwei Frauen kniend hinter einem Gedenkstein eines Soldatenfriedhofs zeigt. Der weiße Stein trägt die Aufschrift »SS Mann / Franz Eschbach / 23.1.98 26.2.45«. Der Bruder meiner Großmutter, der Lehrmeister meines Vaters, der junge Mann in dem eleganten hellen Anzug auf dem Bild von 1914, das zu Beginn des Ersten Weltkrieges von den Eschbach-Kindern gemacht worden war – am Ende des Zweiten Weltkrieges gehört er zu den Kriegsopfern.

Briefe von Angehörigen der Werny-Verwandtschaft fehlen lange Zeit. Zwar weiß man vom gegenseitigen Verbleib, und die Tatsache, dass der *Willam*, der Bruder meiner Mutter, nach dem Krieg nicht zu seiner Frau Lene und den beiden Kindern zurückgegangen ist, sondern mit einer Frau aus Oberfranken zusammenlebt, die bereits ein Kind von ihm haben soll, sorgt unter den Lagerbewohnern für Gesprächsstoff und stößt auf völliges Unverständnis. Der verlassenen Lene, die mit ihren beiden Söhnen in Bayerisch Gmain lebt, direkt an der österreichischen Grenze, gehört ihr Mitgefühl.

Den ersten Brief von ihrem Bruder erhält meine Mutter im April 1956, in dem er ihr den Tod des Vaters Franz Werny mitteilt. Doch erst im Dezember des gleichen Jahres kommt es zur ersten Begegnung und Aussöhnung der Geschwister, als *Willam* zur Beerdigung seiner Mutter nach Obersuhl anreist. Der Tod der geschiedenen Elternteile hat es ermöglicht, dass die Geschwister wieder zusammenfinden können.

Heimkehrer

Franz Werny war im gleichen Treck wie seine Tochter Maria Bovier aus Brestowatz geflohen. Er verließ Brestowatz mit dem eigenen Fuhrwerk, gemeinsam mit seiner zweiten Frau, ihrer gemeinsamen Tochter Eva Gantner und deren kleinem Sohn sowie deren Schwiegereltern. In Österreich waren sie bei einem Bauern in Wels untergebracht worden, wo sie auf den Feldern mitarbeiteten und so wenigstens genug zu essen bekamen. Auch sie meldeten sich zur Übersiedlung nach Deutschland. Das Ziel ihres Transportes war Salmsdorf im Kreis Ebern in Unterfranken. 1948 wurde Josef Gantner aus der französischen Kriegsgefangenschaft entlassen. Mit einer Stecksplitterverwundung am linken Oberschenkel war der Obergefreite Josef Gantner am 12.5.1945 in ein Lazarett in Kufstein eingeliefert worden. Noch am gleichen Tag wurde er nach Wörgl verlegt, zwei Tage später nach Jenbach. Alle drei Orte lagen zum damaligen Zeitpunkt in der französischen

Besatzungszone. Im Juli 1945 wurde er aus dem Lazarett als Kriegsgefangener direkt nach Frankreich gebracht. Dort arbeitete er nacheinander bei Bauern in unterschiedlichen Orten. Am 15. Oktober 1948 wurde er aus der Gefangenschaft entlassen. Die 170 RM, die ihm bei seiner Gefangennahme abgenommen worden waren, erhielt er bei der Entlassung zurück. Das Durchgangslager Malmshain im Landkreis Böblingen war seine erste Station in Deutschland. Am 2. November 1948 bekam er von dem Kreisbeauftragten für das Flüchtlingswesen im Landkreis Ebern die Zuzugsgenehmigung nach Salmsdorf zu seiner Frau und seinen Eltern. Aufgrund seiner Verletzung am Kriegsende wurde ihm 1948 eine dreißigprozentige Erwerbsminderung zuerkannt. Der Antrag auf Invalidenrente wurde 1949 abgelehnt. Einen Arbeitsplatz fand er im Raum Ebern genauso wenig wie sein Vater und Schwiegervater. Alle drei hatten in Brestowatz als Bauern gelebt und keinen Beruf erlernt. Für sie war der Einstieg in die Arbeitswelt in Deutschland besonders schwierig.

Der ehemalige Bauer Wilhelm Werny hatte aufgrund seines Führerscheinbesitzes bessere Chancen auf dem Arbeitsmarkt. In einer Ziegelei in Uttenreuth bei Erlangen fand er schnell eine Anstellung als Lkw-Fahrer. Mit dem Einsetzen des wirtschaftlichen Aufschwungs in den fünfziger Jahren suchte die Ziegelei Arbeitskräfte. Wilhelm vermittelte seine drei arbeitslosen Verwandten als Hilfsarbeiter in die Ziegelei. 1953 erfolgte der Umzug der Familien nach Uttenreuth in ein gemeinsames Doppelhaus. Billige Ziegel aus der Fabrik ihres Arbeitgebers und der gemeinsame Arbeitseinsatz machten diesen frühen Hausbau möglich.

Der Weg in die Integration

Eine neue Phase der Umverteilung hatte eingesetzt. Spielte zunächst unmittelbar nach dem Krieg die Unterbringung der zahllosen Flüchtlinge die ausschlaggebende Rolle bei der Verteilung, so trat in den fünfziger Jahren, ausgelöst durch den wirtschaftlichen Aufschwung in der Bundesrepublik, die Orientierung am Arbeitsmarkt in den Vordergrund. Die Städte und Industriezentren gewannen zunehmend an Anziehungskraft. Das geringe Arbeitsplatzangebot im ländlichen Raum bewog viele arbeitswillige Flüchtlinge, von dort in die großen Städte abzuwandern, wovon sie sich einen erfolgreicheren Berufsweg versprachen.

Auch im Obersuhler Raum, der zum Zonenrandgebiet geworden war, fehlten Arbeitsplätze. Vor allem unter den Flüchtlingskindern war die Bereitschaft zur Mobilität groß. Auch mein Bruder Franz fand nach dem Abschluss seiner Lehre als Buchdrucker in Bebra keinen Arbeitsplatz. So wie die meisten erwachsen werdenden Kinder der Obersuhler Brestowatzer zog er ins Rhein-Main-Gebiet. In Offenbach fand er eine Stelle als Buchdrucker.

Der Integration in den Arbeitsmarkt der Ballungsräume folgte sehr schnell die gesellschaftliche Integration. Das soziale Umfeld am neuen Arbeitsplatz und der neuen Wohnung führte sie in ein anderes soziales Gefüge. Neue Freundschaften wurden geschlossen, Ehepartner gefunden, die keine Brestowatzer Wurzeln hatten, die städtische Lebensweise wurde zunehmend angenommen. Zurück ins beschränkte Lager der Brestowatzer kehrte keiner von ihnen.

In den sechziger Jahren floss der Lastenausgleich, den die Eltern als Entschädigung für ihr verlorenes Vermögen erhielten, häufig in den Hausbau der Kinder. Als Gegenleistung erhielten die Eltern eine Wohnung in dem neuen Haus und folgten ihren Kindern in die Stadt.

Die Brestowatzer Wohnungen auf dem Lager begannen sich zu leeren. Einheimische – meist sozial schwache Familien – aus dem Dorf rückten nach. Der Auflösungsprozess hatte eingesetzt. Auch diejenigen, die einen sicheren Arbeitsplatz hatten, verließen das Lager, bauten entweder im Dorf ein Haus oder zogen an ihren Arbeitsort.

Auch der Franz Bovier verlässt 1959 mit seiner Familie das Lager und zieht in eine Eisenbahnerwohnung in Bebra. Zurück bleiben vor allem alleinstehende alte Brestowatzer – überwiegend einkommensschwache Frauen. Im Verlauf der siebziger Jahre löst die Gemeinde das Lager auf. Für die noch vorhandenen Bewohner wird im Dorf ein Mehrfamilienhaus errichtet. 1976 werden die Baracken abgerissen.

Die Integration der Brestowatzer ist vollzogen, ihre Spuren werden beseitigt. Dort, wo einst »ihr Lager« stand, befinden sich heute die neu errichteten Gebäude der Obersuhler Feuerwehr, ein öffentlicher Grillplatz und ein Grenzlandmuseum. Hinweise auf das einstige Lager und seine verschiedenartigen Bewohner findet der Besucher keine.

Epilog

Verwandte in Amerika

Sommer 1994. Die Maschine der British Airways, in der mein Mann und ich auf dem Weg zu den kalifornischen Nationalparks sitzen, beginnt mit dem Landeanflug auf Los Angeles. In unserem Gepäck zwei Adressen in Los Angeles. Wir kämpfen immer noch mit uns, ob wir dem Drängen meiner Eltern, ihre ausgewanderten Verwandten zu besuchen, nachgeben sollen oder nicht.

Die Übernahme des Mietwagens verzögert sich. Wir sind weiterhin unentschlossen. Auf dem Stadtplan sehen wir, dass unser Weg aus der Stadt hinaus dicht an Hacienda Heights, eine der beiden Adressen, vorbeiführt – Entscheidungshilfe für uns, wenigstens kurz dort vorbeizuschauen und die Grüße meiner Mutter an ihre Cousine Olga Campbell auszurichten.

Olga – eine echte Amerikanerin

Wir klingeln an der unbekannten Haustür, ein Mann öffnet. Deutsch versteht er nicht. Wir aktivieren mühsam unser Schulenglisch. »Olga, it's for you!«, ruft er ins Haus und fordert uns auf, einzutreten. Es dauert nicht lange und eine Frau erscheint auf der Treppe. Ich fühle mich in die Szene aus einer amerikanischen Fernsehserie versetzt! Olga kommt, obwohl es längst Nachmittag ist, in einem Morgenrock mit Lockenwicklern in den Haaren auf uns zu. Die Cousine meiner Mutter aus Brestowatz war an der Seite ihres Mannes Scott Campbell zu einer vollkommenen Amerikanerin geworden.

Wir können ihr schnell klar machen, wer wir sind, und im Nu entwickelt sich eine lebhafte und heitere Konversation, ein Gemisch aus Deutsch und Englisch. Olga fällt immer wieder ins Englische, die von ihr inzwischen ausschließlich gesprochene Sprache. Auch mit ihrem mittlerweile erwachsenen Sohn, der nicht mehr im Elternhaus lebt, hat sie nur englisch gesprochen – er versteht die deutsche Sprache ebenso wenig wie sein Vater. Wir bemühen uns Scotts wegen, so gut es geht, englisch zu sprechen. Dabei erfahren wir viel über das Leben in Amerika, erhalten Tipps für unsere weitere Reise. Mehrfach wird der Atlas herangezogen, um uns auf besonders lohnende Ziele im Westen der USA hinzuweisen und unsere Neugierde zu wecken – Reiseziele, von denen sie vermuten, dass sie nicht auf unserem Reiseplan stehen.

Die Zeit verfliegt, es wird immer dunkler. Wir bleiben über Nacht.

Am nächsten Morgen, einem Sonntag, nehmen uns unsere Gastgeber zum Frühstück mit in ihren Club, dem Ortsverband einer überregionalen Wohltätigkeitsorganisation. Sie können nicht wegbleiben, weil – wie immer bei diesen Treffen – soziale Aktivitäten geplant werden, erklären sie uns. Wir werden dort als Verwandte aus Germany eingeführt und stehen schnell im Mittelpunkt des Interesses ihrer amerikanischen Freunde. Wir entschließen uns, eine weitere Nacht in Hacienda bei Campbells zu bleiben. Scott führt uns am Nachmittag auf der großen Rasenfläche hinter dem Haus ins Bogenschießen ein. Olga versorgt uns währenddessen mit Blueberry Muffins. Am nächsten Morgen zum Frühstück gibt es Pancakes – ebenso wie die Muffins aus Fertigmischungen.

Olga ermutigt uns, auch die Cousine meines Vaters in Arcadia am Rand von Los Angeles zu besuchen. Es sei nicht weit. Sie weiß, dass dort auch Brestowatzer leben, aber sie kennt keinen von ihnen und will auch gar keinen Kontakt zu ihnen haben. Brestowatz ist für Olga in weite Ferne gerückt und gehört der Vergangenheit an. Sie ist vollständig eingebunden in die amerikanische Gesellschaft. Sie ist angekommen.

Eva – immer noch Brestowatzerin

Nach der erfreulichen und anregenden Begegnung mit Campbells entschließen wir uns, auch Eva, die Cousine meines Vaters, zu besuchen. Wir fahren am nächsten Tag nach Arcadia und kommen in eine ganz andere Welt als die, die wir bei Campbells angetroffen hatten. Nichts mutet hier amerikanisch an. Eva und Josef Hermanns sprechen nach wie vor den Dialekt, den sie aus ihrer alten Heimat mitgebracht haben, auch mit ihren Kindern, wie wir später erfahren. Der Raum, in den sie uns in ihrem Haus führen, ist trotz der Glaswand zum Garten beklemmend finster, der Garten intensiv zum Gemüseanbau genutzt. An den Wänden hängen dicht nebeneinander Erinnerungsbilder. Die beiden Bewohner wirken unzufrieden, fast verbittert. Alte und neue Fotoalben werden herbeigeholt und vor uns ausgebreitet. Bilder aus Brestowatz und Österreich, von wo aus auch sie nach Amerika ausgewandert sind, Bilder, auf denen die Kinder noch klein sind. Sie verfallen in Erinnerungen. In den neueren Alben sind ihre Kinder bereits erwachsen, Enkelkinder sind dazugekommen.

Eva und Josef bedauern ihre Entscheidung, 1955 nach Amerika ausgewandert zu sein. Am liebsten würden sie zurückkommen und in Deutschland leben. Aber die Kinder wollen nicht mit, und ohne die Kinder wollen sie nicht weg. Sie beklagen sich, dass im Laufe der Zeit viele deutschstämmige Familien weggezogen seien und nun vor allem Chinesen aus Hongkong in der Nachbarschaft wohnten. Mit ihnen wollten sie nichts zu tun haben. Zum Glück gäbe es in und um Los Angeles noch weitere Brestowatzer und Landsleute aus der Batschka, die sich sonntags in einem anderen Vorort von Los Angeles träfen – 40 km von ihnen entfernt. Ein Pfarrer aus einem Nachbardorf von Brestowatz zelebriert eine Messe, an der sie teilnehmen und nach der sie den Sonntag gemeinsam bei Essen und Kuchen nach donauschwäbischen Rezepten verbringen. Sie zeigen uns Bilder von den anderen Brestowatzern, erklären uns, wer auf jedem Bild zu sehen ist – Menschen, die wir nicht kennen, zu denen wir keinen Bezug haben. Andere Fotos zeigen sie bei gemeinsamen Feiern, auch Bilder von Trachtenfesten sind dabei. Sie leben in der Vergangenheit.

Ich fühle mich zurückversetzt in meine Kindheit, in die enge Brestowatzer Welt auf dem Lager in Obersuhl. Nicht nur dort, auch in anderen Regionen Deutschlands hatten sich Gemeinschaften von Brestowatzern herausgebildet, die ihre donauschwäbische Kultur und Tradition pflegten und weiterlebten. Aber ausgerechnet hier in der Vereinigten Staaten auf eine solche Entwicklung zu stoßen, hatte ich nicht erwartet.

Nach etwa drei Stunden, die schleppend verlaufen sind, verlassen wir Hermanns und Los Angeles. Es bleibt die Erinnerung an zwei Verwandte in Amerika, die in der gleichen Region in zwei Welten leben, die so konträr sind, wie es auch die Brestowatzer Welten waren, in denen sie vor mehr als einem halben Jahrhundert gelebt haben.

Olga wuchs in einem wohlhabenden Geschäftshaus auf, gehörte zur weltoffenen und gebildeten Schicht der »*Herreleit*« in Brestowatz. Ihre Eltern schickten sie auf ein Gymnasium nach Belgrad. Damit entkam sie schon früh der Enge ihres Brestowatzer Umfelds und hatte die Chance, ihren Horizont zu erweitern. Bilder zeigen sie zusammen mit anderen jungen Menschen – Mädchen sowohl als auch Jungen – im Badeanzug am Grundloch in Brestowatz. Auf einigen Bildern sieht man sie in Hosen.

Eva wurde in die Handwerkerschicht in Brestowatz hineingeboren, in eine materiell begrenzte Welt mit unzulänglicher Schulbildung. Starre Verhaltensregeln und enge Denkstrukturen prägten das Leben ihrer Angehörigen. Wer es wagte, aus den vorgegebenen Normen der Schicht auszubrechen, geriet ins Abseits. Chancen, aus dieser Beschränktheit, die jede Weiterentwicklung hemmte, zu entkommen, boten sich Eva im Unterschied zu Olga nicht. Entsprechend schwer fiel es ihr, in der so andersartigen amerikanischen Welt Fuß zu fassen.

Besuche in Bački Brestovac

Schon früh wurde der Wunsch in mir wach, nach Brestowatz zu reisen, dem fernen Dorf in der Batschka, von dem seit meiner Kindheit um mich herum so viel erzählt worden war. Es genügte mir nicht mehr, nur Erinnerungen zuzuhören. Ich wollte den Raum, in dem die Älteren einst lebten, kennenlernen, um ihre Erinnerungen verorten zu können. Trotz ihrer Prophezeiungen, dass dort doch nichts mehr so wie früher sei und sich eine so weite Reise deshalb gar nicht lohne, fuhr ich zweimal nach Brestowatz. Zwischen beiden Reisen lagen rund zwanzig Jahre.

Ein verwahrlostes Dorf in der Batschka

Auf meiner ersten Erkundungstour in Brestowatz im Frühjahr 1968 begleiten mich *Erschi*, die Cousine meiner Mutter, und ihr Mann, die damals noch in Apatin lebten. Über Stapar nähern wir uns Brestowatz. Die Landstraße ist unbefestigt, die Fahrbahn durch einen vorangegangenen Regenguss aufgeweicht, die ausgedehnten tiefen Schlaglöcher haben sich mit Wasser gefüllt. Befahrbar ist nur die Straßenmitte, doch es kommt uns auch kein anderes Fahrzeug entgegen, dem man hätte ausweichen müssen. Die Maulbeerbäume, die ich auf den alten Karten entdeckt hatte, suche ich vergebens am Straßenrand.

Die Straße aus Stapar führt direkt zum Haus, in dem meine Eltern mit meinen beiden Brüdern bis zu ihrer Flucht im Oktober 1944 wohnten, das Haus, aus dem meine Großmutter und meine Urgroßmutter im April 1945 vertrieben und in ein Internierungslager gebracht worden sind.

Die geschlossenen Häuserfronten entlang der breiten Straße, unmittelbar vor den Häuserreihen die Gehwege, die durch beiderseitige Gräben von der Fahrbahn getrennt werden – alles das, was ich aus ihren Erzählungen kenne, finde ich wieder. Die Gebäude, die Wohnhäuser, das Feuerwehrhaus, die Kirche, alle stehen unverrückt an ihrem alten Platz – wie in einen Dornröschenschlaf verfallen. Nur die schattenspendenden Maulbeerbäume fehlen, und alles – nicht nur die Straße – ist in einem desolaten Zustand – stetig verfallen während der fünfundzwanzig Jahre, die vergangen sind, seit ihre ursprünglichen Bewohner das Dorf verlassen haben. Am weitesten vorangeschritten ist der Niedergang gerade bei jenen Häusern, die einst reichen Besitzern gehörten und die damals besonders prächtig waren. Die meisten dieser Bauten stehen leer und sind dem Verfall überlassen. Die vielen kleineren Häuser sind bewohnt, auch das Haus meiner Eltern hat neue Bewohner. Ebenso wie den Nachfolgern in den anderen Häusern fehlt auch ihnen das Geld für Reparaturarbeiten.

Teile des Verputzes um die Tür und Fenster sind herausgebrochen, Feuchtigkeitsspuren sind bis in die Mitte der Hauswand aufgestiegen. Offensichtlich fehlt den jetzigen Bewohnern auch der innere Bezug zu dem Gebäude, in dem sie wohnen, so dass sie dem Verfall der Bausubstanz auch nicht entgegenwirken.

Auch die ehemalige Kirchgasse, auf der wir weiter zur katholischen Kirche fahren, bietet den gleichen Anblick wie die Staparer Straße. Eine ältere Frau, eine der wenigen Deutschstämmigen, die noch in Brestowatz anzutreffen sind, kümmert sich um das Gotteshaus. Besucher, die inzwischen gelegentlich kommen, führt sie durch die Kirche. Von dem strahlenden Weiß des Mauerwerks ist nichts mehr übrig geblieben. Ein schmutziges Grau überzieht die Mauern, auch hier ist deutlich die Nässe in den Wänden zu erkennen. Die hohe barocke Kirchturmspitze, die bei einem Blitzeinschlag zerstört worden war, ist durch eine kleine Pyramide mit einem ebenso kleinen Kreuz ersetzt worden. Im Innern zeigen sich ebenfalls deutliche Feuchtigkeitsspuren, die Wände sind dunkel geworden. Alles wirkt düster. Ich bin froh, nach wenigen Stunden Brestowatz wieder hinter mir zurücklassen zu können.

Ein Dorf im Wandel

Im Sommer 1989 besuche ich Brestowatz ein zweites Mal, diesmal zusammen mit meinem Mann. Das Heimatdorf meiner Vorfahren ist kaum wiederzuerkennen: Die Straße, die von Stapar kommend in den Ort hineinführt, ist asphaltiert, die Oberfläche in einem guten Zustand. Am Ortseingang empfängt uns ein neues Ortsschild mit der Aufschrift »Bački Brestovac«. Es besteht kein Zweifel mehr, wir sind richtig. Auch die Straßen innerhalb des Dorfes einschließlich der Gehwege entlang der Häuserreihen sind asphaltiert. Die breiten Gräben, die zuvor zwischen den Fahrbahnen und den Gehwegen lagen, sie sind verschwunden, sind zugeschüttet und begrünt worden. Vereinzelt wachsen junge Bäume – keine Maulbeerbäume – darauf. Die überwiegende Zahl der Häuser ist in der Zwischenzeit saniert worden. Etliche sind abgerissen und durch moderne Neubauten ersetzt. Zweigeschossige Häuser haben in dem ehemaligen Kolonistendorf Einzug gehalten und einen Wandel im Ortsbild eingeleitet. Die großen Häuser, die einst die wohlhabendsten Nachkommen der Kolonisten errichtet hatten, zeigen sich wie bereits vor zwanzig Jahren weiterhin dem Verfall überlassen.

Ohne meine Verwandten fällt mir die Orientierung schwer. Vor der Kirche treffen wir auf einen Serben, einen freundlichen älteren Mann, der uns nicht versteht, aber unmissverständlich dazu auffordert, ihm zu folgen. Er führt uns in sein gepflegtes Haus. Später werde ich hören, dass es zufällig genau das Haus

Abb. 27 Das Haus von Franz Bovier in Brestowatz, 1968

ist, das einst meinen Urgroßeltern gehörte und in dem meine Großmutter sowie meine Mutter aufgewachsen waren.

Unter den Familienmitgliedern, die sich schnell um uns herum versammeln, ist auch eine seiner Töchter, die zwar nicht Deutsch, aber Englisch spricht. Von ihr erfahren wir, dass ihre Schwester – so wie viele andere Dorfbewohner in den vorangegangenen Jahren – als Gastarbeiterin nach Deutschland gegangen und inzwischen mit einem Deutschen verheiratet ist. Mit einem Teil des in Deutschland verdienten Geldes werden die zurückgelassenen Familien unterstützt, was auch zur wirtschaftlichen Belebung des Dorfes beigetragen hat. Von der jungen Serbin erfahren wir auch, dass der Schlüssel zur katholischen Kirche sich nun in den Händen eines jungen Mannes befindet, der auch Deutsch spricht und Besucher durch die Kirche führt.

Auch die Kirche ist inzwischen mit Hilfe von Spenden aus Deutschland saniert worden. Die Außenwände erstrahlen in Weiß, ebenso die Innenwände, die Fresken sind aufgefrischt worden. Unser Kirchenführer rät uns, die letzte noch in Brestowatz verbliebene deutsche Familie aufzusuchen, um zu erfahren, wie wir zu dem ehemaligen Haus meiner Eltern kommen.

Die Familie Stampfer war nach dem Zweiten Weltkrieg in Brestowatz geblieben. Der Sohn Josef hat in jungen Jahren eine Serbin geheiratet und bewirtschaftet mit ihr gemeinsam den bäuerlichen Hof seiner Eltern. Innerhalb der Familie

Abb. 28 Das Haus von Franz Bovier in Brestowatz, 1989

sprechen sie nach wie vor deutsch, auch die serbische Schwiegertochter. Sie führt uns zu dem Haus meiner Eltern, das seit meinem Besuch vor zwanzig Jahren umfänglich verändert worden ist. Die Front zur Straße bietet ein neues Bild.

An die Stelle der Eingangstür und der drei schmalen Fester sind zwei große Fenster getreten, ein neuer Verputz ohne Stuckelemente ist aufgetragen und hat einen zweifarbigen Anstrich erhalten, das alte Holztor ist durch eine Metallkonstruktion mit Plexiglasscheiben ersetzt. Dieses Mal bleibe ich nicht wie beim meinem ersten Besuch außen davor stehen, sondern betrete in Frau Stampfers Begleitung, die auch unsere Dolmetscherin ist, das Innere des Hauses. Von seinen Bewohnern werden wir herzlich begrüßt. Die ältere Frau, die inzwischen gemeinsam mit Sohn und Schwiegertochter darin lebt, kommt auf mich zu und nimmt mich schweigend in den Arm – eine Geste, die mich im doppelten Sinne berührt. Sie passt nicht zu dem Bild, das mir seit meiner Kindheit von den *Litschanern*, den Nachfolgern der deutschen Brestowatzer, vermittelt worden ist. Diese Frau war es, die im April 1945 als junges Mädchen noch meine Großmutter und meine Urgroßmutter in diesem Haus, das ihren Eltern zugewiesen worden war, angetroffen hat, bevor die beiden Bewohnerinnen ins Internierungslager abgeführt worden sind – eine Erinnerung, die sie seit fast fünfzig Jahren begleitet.

Der Raum, in dem wir uns aufhalten, muss einmal die Küche meiner Eltern gewesen sein. Jetzt dient er als Wohnzimmer. Die Wände, die ursprünglich nur getüncht waren, überzieht nun eine braune großgemusterte Tapete. Auf dem Boden stehen mehrere Blumentöpfe mit großen Zimmerpflanzen, auch an den Wänden hängen Pflanzen herunter. Durch das schmale Fenster zum Hof hin kommt nur wenig Licht herein. All das bewirkt eine Atmosphäre von Enge und Dunkelheit. Ich werde durch die vier Räume des Querhauses geführt, die einmal die Wohnräume meiner Eltern waren. Das Langhaus, das sich nach hinten auf das Grundstück erstreckt, mit der ehemaligen Sommerküche und den Wirtschaftsräumen nutzen die jetzigen Bewohner ebenfalls als Wohnräume. Der einstige offene Säulengang fiel den Umbaumaßnahmen zum Opfer.

Eine Reise nähert sich dem Ende – eine Reise, die ich in der Absicht angetreten hatte, das Dorf Brestowatz in der Batschka zu besuchen, angekommen bin ich in Bački Brestovac, einem Dorf mitten in der Vojvodina, in dem die Spuren seiner einstigen deutschen Bewohner verblassen. Das Zeichen der Versöhnung der alten Frau, deren Namen ich nicht einmal weiß, nehme ich als Erinnerung mit.

Chronik

Zeit	Herrschaft/Politische Verhältnisse	Dorfgeschichte
1699	Frieden von Karlowitz: von Türken zurückeroberte Gebiete fallen an Habsburger Herrscherhaus	Verlauf der Militärgrenze durch die Batschka
1741	Kaiserin Maria Theresia (1740–1780)	Abzug der Soldaten aus der Batschka
1746		Anlage des serbischen Haufendorfes
1764		Anlage des Nachbardorfes Filipowa als deutscher Kolonistenort
1782–1785	Josephinische Landvermessung	Ortsname des serb. Haufendorfes: Prestowaz
1786	Joseph II. (1765–1790)	Anlage eines Dorfteils für deutsche und französische Siedler Ortsname: Brestowatz
1787		Bau eines katholischen Bethauses und Schulraumes
1807		Tod des bilingualen (dt./frz.) Lehrers
1808	Franz II. (1792–1835) Ablehnung der Petition der französischen Siedler	Petition der französischen Siedler mit der Forderung eines zweisprachigen Lehrers: Wegzug vieler französischer Familien
1809		Zuzug vieler Siedlerkinder aus Filipowa
1818		Bau eines gemauerten Kirchengebäudes
1844	Ferdinand V. (1835–1848) Ungarisch wird Amtssprache (statt Latein)	
1867	Franz Joseph (1848–1916) Österreich-Ungarischer Ausgleich Doppelmonarchie Österreich-Ungarn	Ungarisch offizielle Unterrichtssprache
1868		Bau einer zweiten deutschen Schule
1904	Einführung ungarischer Orts- und Straßennamen	Ortsname: Szilberek
1914 (28. Juli) (31. Juli)	Kriegserklärung Österreich-Ungarns an Serbien Mobilmachung Beginn des I. Weltkriegs	Einberufungsbefehl für Brestowatzer Männer (etwa 350)
1918 (Oktober) (November)	Karl I. Ungarn löst Realunion mit Österreich-Ungarn auf Austritt Serbiens aus dem österreich-ungarischen Staatsverband Waffenstillstand Ende des I. Weltkrieges	Batschka serbisch 100 Kriegsopfer

Zeit	Herrschaft/Politische Verhältnisse	Dorfgeschichte
1918 (1. Dezember)	Gründung des Königreichs der Serben, Kroaten und Slowenen König Peter I. (Königshaus Karadjordjević)	
1919	Minderheitenschutzverträge	
1920	Ungarn unterzeichnet Friedensvertrag von Trianon Gründung des Schwäbisch-Deutschen Kulturbundes	Batschka gehört zum neuen Königreich Ortsname: Bački Brestovac
1921		Gründung eines Ortsverbandes des Kulturbundes Ansiedlung serbischer Optanten aus Ungarn
1924–1927	Verbot des Kulturbundes	Namensanalysen
1928	König Alexander I. Auflösung des Parlaments	
1929	Königreich Jugoslawien neues Volksschulgesetz	 Muttersprache wird offiziell Unterrichtssprache Serbisch wird Fremdsprache in der dt. Schule
1930	Aufnahme Deutschlands in den Völkerbund	Unterstützung des kulturellen Lebens durch Deutschland
1934	Handelsvertrag zwischen Deutschland und Jugoslawien Entstehung der Erneuererbewegung innerhalb des Kulturbundes	 zunehmend nationalsozialistischer Einfluss
1936		150-Jahr-Feier
1937		Spaltung des Kulturbundes
1939	Rücktritt der Kulturbundführung zugunsten der Erneuerer	
1939 (Sept.)	Beginn des 2. Weltkrieges	
1941 (25. März) (27. März) (5. April)	Beitrittsvertrag Jugoslawiens zum Dreimächtepakt Sturz der jugoslawischen Regierung Freundschaftsvertrag Jugoslawien und UdSSR Bombardierung Belgrads durch dt. Luftwaffe	 Stellungsbefehle für deutschstämmige Männer zum jugoslawischen Militär

Zeit	**Herrschaft/Politische Verhältnisse**	**Dorfgeschichte**
(6. April) (11. April) (17. April)	Kapitulation Jugoslawiens Batschka fällt an Ungarn Kulturbund dem Volksbund der Deutschen in Ungarn angeschlossen	Bombenabwurf über Brestowatz Einmarsch der ungarischen Armee Ortsname: Szilberek nationalsozialistische Ausrichtung der Kulturbundmitglieder
1942	Ungarn stimmt zu, dass Deutschstämmige zum Dienst in der Waffen-SS herangezogen werden können	Beginn der Werbeaktionen der Waffen-SS
1944 (März) (Sept.) (8. Okt.) (Nov.) (Dez.)	Besetzung Ungarns durch Hitlerdeutschland Einmarsch sowjetischer Truppen in Jugoslawien Rückzug der deutschen Wehrmacht und der ungarischen Armee Militärverwaltung unter General Tito Aberkennung aller bürgerlichen Rechte und des Anspruchs auf Eigentum Deportationen in die Sowjetunion	Stellungsbefehle zur deutschen Wehrmacht Flucht über Ungarn nach Österreich Lageraufenthalte in Österreich Ortsname: Bački Brestovac 175 Brestowatzer und Brestowatzerinnen betroffen
1945 (April)	Einrichtung von Internierungslagern Umsiedlungsprogramme	Arbeitslager in Brestowatz Internierungslager Gakowa Ansiedlung überwiegend kroatischer Familien
1946	Sammeltransporte von Österreich nach Deutschland	
1954	Baden-Württemberg übernimmt Patenschaft für donauschwäbische Flüchtlinge	
1974		Einweihung der Brestowatzer Heimatstube in Stein

Stammbaum Bovier

1	Franz	Bovier (*1909 Brestowatz †1997 Wolfenbüttel) ∞ Maria Werny (s. I) 3 Kinder
		Franz (*1933 Brestowatz †1995 Erlensee) 2 Kinder Anton (*1937 Brestowatz †2021 Witterschlick) 2 Kinder Rosemarie (*1947 Obersuhl) keine Kinder
2a	Anton	Bovier (*1888 Brestowatz †1913 Brestowatz) ∞ Maria Eschbach (s. 2b) 3 Kinder
		Franz (s. 1) Magdalena (*Lene*) (*1913 Brestowatz †2005 Dachau) ∞ Matthias (*Mattheis*) Guth (*1913 Stapar †1994 Dachau) 2 Kinder Maria (*1934 Stapar)), Apolonia (*Loni*) (*02.1938 Stapar)
3a	Ludwig	Bovier (*1853 Brestowatz †1890 Brestowatz) ∞ (2. Ehe) Anna Milla (*1865 Brestowatz †1934 Brestowatz) 3 Kinder
		Anton (s. 2a) Anna (*1890)
4a	Franz	Bovier (*1828 Brestowatz †1857 Brestowatz) ∞ Katharina Vogl (*1833 Brestowatz † in Brestowatz) 3 Kinder
		Ludwig (s. 3a) Elisabeth (*1851 Brestowatz)
5a	Johann	Bovier (*1805 Brestowatz †1871 Brestowatz) ∞ Margareta Gaus (*1812 †1849 Brestowatz) 11 Kinder
		Franz (s. 4a) Jakob (*1832), Apolonia (*1845), Rosina (*1848)
6a	Josef	Bovier (*1776, als Kind eingewandert aus Lothringen, †1836 Brestowatz) ∞ Katharina Wegmann (*1778, als Kind eingewandert, †1836 Brestowatz) 9 Kinder
		Johann (s. 5a) Katharina (*1809), Anna (*1812), Nikolaus (*1821)
7a	Johann	Bovier 1785 aus Lothringen nach Brestowatz eingewandert mit 1 Kind (s. 6a) ∞ Maria Josefa Michel (Witwe aus Filipowa)

b	Maria	Eschbach (*1891 Brestowatz †1973 Dachau) 3 Kinder ∞ Anton Bovier (s. 2a)
		(s. 2a)
b	Franz	Eschbach (*1866 Brestowatz †1901 Brestowatz) ∞ Barbara Milla (*1870 †1900 Brestowatz) 7 Kinder
		Maria (s. 2b) Elisabeth (*1893 †nach 1950 in Los Angeles), Franz (*1894 †gefallen 1944), Maria-Magdalena (*1899 † nach 1960 in Ossijek)
b	Paul	Eschbach (*1839 †1869 Brestowatz) ∞ Elisabeth Menninger (*1842 † in Brestowatz) 5 Kinder
		Franz (s. 3b) Magdalena (*1864 Brestowatz), Anna (*1867 Brestowatz)
b	Johann	Eschbach (*1814 Filipowa †1850 Brestowatz) ∞ Anna Rack (*1807 Filipowa † in Brestowatz) 5 Kinder
		Paul (s. 4b) Matthias (*1833), Christine (*1835), Anna (*1845)
b	Matthias	Eschbach (*1793 Brestowatz †1853 Brestowa tz) ∞ Anna Maria Malma (†1824 in Brestowatz) 6 Kinder
		Johann (s. 5b) Eva (* 1824), Katharina (*1816), Christine (*1822)
b	Matthias	Eschbach (*1765 Hecklingen † in Filiopwa) ∞ Maria Anna Gräff (*1766 Asca/Ungarn †1829 Filipowa) 13 Kinder
		Matthias (s. 6b) Anna (*1797), Josef (*1806), Magdalena (*1807), Genoveva (*1810)
b	Franz Josef	Eschbach (*1729 Hecklingen †1765 Hecklingen) ∞ Anna-Maria Bechthold (*1729 Hecklingen †1771 Hodschag) 5 Kinder 2. Ehe mit Andreas Pfaff mit ihm und den Kindern 1765 nach Filipowa ausgewandert) Matthias (s. 7b) Franz Josef (*1758), Johann (*1760), Sebastian (*1763)

Stammbaum Werny

I	Maria	Werny (*1915 Brestowatz †2010 Wolfenbüttel) 3 Kinder ∞ Franz Bovier (s. 1)
IIa IIc	Franz	Werny (*1893 Brestowatz †1955 Uttenreuth) ∞ Elisabeth Pauli (s. IIb) geschieden 1919, 2 Kinder ∞ (2. Ehe) Franziska Leicht (*1895 Brestowatz † nach 1960 in Uttenreuth) 1 Kind
		Maria (s. I) Helena (Helen) Vogl (*1914 Brestowatz, unehelich, † nach 2010 in Langen) ∞ Stefan Menrath (*1911 Brestowatz † in Langen) 1 Kind Anna (*1934 Brestowatz †1947 Österreich) Eva (s.IIc) (*1921 Brestowatz †2013 Uttenreuth) ∞ Josef (Sepp) Gantner (*1919 Weprowatz †2003 Uttenreuth) 1 Kind Josef (*1940)
IIIa	Franz	Werny (*1845 Brestowatz †1904 Brestowatz) ∞ Eva Leinweber (*1851 Brestowatz †1917 Brestowatz) 12 Kinder
		Franz (s. IIa) Martin (*1875), Matthias (*1877), Rosalia (*1882), Anton (*1885), Kaspar (*1889)
IVa	Martin	Werny (*1811 Filipowa †1883 Brestowatz) ∞ Christina Seitz (*1812 Brestowatz †1872 Brestowatz) 9 Kinder

b	Elisabeth	Pauli (*1896 Brestowatz †1955 Obersuhl) geschieden 1919, 2 Kinder
		Maria (Marisch) (s. I) Wilhelm (Willam) (*1916 Brestowatz †1991 Uttenreuth) 4 Kinder ∞ Magdalena (Lene) Boos (*1921 Brestowatz † nach 2000 in Fürstenfeldbruck)
Ib Ic	Johann	Pauli (*1860 Brestowatz †1896 Brestowatz) ∞ Magdalena Krebs (Bernhardt Großmutter) (*1864 Brestowatz †1955 Gakova) 7 Kinder ∞ (2. Ehe) Georg Bernhardt (Bernhard Großvater) (*1860 Brestowatz †1932 Brestowatz) 4 Kinder
		Elisabeth Pauli (s. IIb) Matthias (*1881 Brestowatz †1908) ∞ Susanna Schmidt (*1885 Brestowatz) 2 Kinder Stefan (*1901 †1987 Langen) Johann (*1891 Brestowatz †1923 Brestowatz) ∞ Theresa Bernhardt (*1894 Brestowatz †1962 Wassertrüdingen) 1 Kind Martin (Marzi) (*1921 Brestowatz †1990 in Ingolstadt) Nikolaus (Niklos) (*1893 Brestowatz †1936 Kroatien) ∞ Olga Seitz (*1900 Dalj †1946 Sombor) 2 Kinder Elisabeth (Erschi) (*1920 Brestowatz † nach 1990 in Apatin), Olga (*1924 Brestowatz † nach 2000 in Los Angeles) Georg (*1899 Brestowatz) Maria (Heimin) (*1908 Brestowatz †1992 Bruchsal) ∞ Andreas Heim (*1903 B. †1944 verschollen im damaligen Jugoslawien) 2 Kinder Matthias (*1927 Brestowatz †2009 Hambrücken) Rosina (Rosel) (* 1931 Brestowatz, lebt in Blankenloch)
'b 'c	Martin	Pauli (*1821 Brestowatz †1866 Brestowatz) ∞ Elisabeth Vogl (*1835 Brestowatz †Brestowatz) 4 Kinder Matthias Krebs (*1844 Brestowatz †1868 Brestowatz) ∞ Magdalena Niederkorn (*1846 Brestowatz †1920 Brestowatz) 3 Kinder ∞ (2. Ehe) Matthias Engert (*1848 Brestowatz †1917 Brestowatz) 9 Kinder

		Franz (s. IIIa) Michael (*1839), Kath. (*1843), Jakob (*1848), Anna (*1851), Susanna (*1853)
Va	Konrad	Werny (*1781 Filipowa †1841 Brestowatz) ∞ **Susanna Stumpfögger** (*1781 Filipowa +1828 Brestowatz) 9 Kinder
		Martin (s. IVa) Jakob (*18069 Filipowa), Philipp (*1814), Katharina (*1818)
VIa	Matthias	Werny (*1749 Liptingen/Bodensee †1816 Brestowatz) ∞ **Martina Weckerle** (*1758 Sentenhart/Schwaben †1786 Filipowa) 6 Kinder
		Konrad (s. Va) Johann (*1777 Filipowa), Andreas (*1783Filipowa)
VIIa	Josef	Werny (*1717 Liptingen/Bodensee †1783 Filipowa) Bauer ∞ **Christine Müller** (*1720 Liptingen †1783 Filipowa) 8 Kinder 1763 gemeinsam mit 5 Kindern nach Filipowa ausgewandert
		Matthias (s. VIa) Sabine (*1747 in Liptingen geblieben), Damian (*1750 Liptingen), Marianna (*1753 Liptingen), Helene (*1758 Liptingen), Petronella (*1760 in Liptingen geblieben)

		Johann (s. IIIb) Martin (*1857). Stefan (*1862), Matthias (*1869) Magdalena (s. IIIc) Franz (*1870), Andreas (*1871), Maria (*1878), Apol. (*1881)
/b	Johann	Pauli (*1800 Brestowatz †1836 Brestowatz) ∞ Elisabeth Sendelbach (*1792 Filipowa †1842 Brestowatz) 7 Kinder Anton Niederkorn (*1807 Brestowatz †1891 Brestowatz) ∞ Anna Leineweber (*1815 Brestowatz †1875 Brestowatz) 15 Kinder
		Martin (s. IVb) Margaretha (*1825), Johann (*1829) Magdalena (s. IVc) Johann (*1836), Stefan (*1841), Martin Jakob (*1849), Anna (*1855)
/Ib	Jakob	Pauli (*1780, als Kind eingewandert aus dem Elsass, †1843 Brestowatz) ∞ Anna Maria Helfert (*1781 †1841 Brestowatz) 13 Kinder
		Johann (s. Vb) Magdalena (*1802), Martin (*1804), Helena (*1806), Theresia (*1808), Apollonia (*1813), Jakob (*1816), Anton (*1820)
/IIb	Jokob	Pauli 1786 aus dem Elsass nach Brestowatz eingewandert – Bauer ∞ Franziska (†1802 Brestowatz)

Literaturverzeichnis

Affolder, Anton (Hg.): Brestowatz in der Batschka. Freilassing, 1971. Donauschwäbische Beiträge, 56.

Bovier, Rosemarie: Heimat ist das, wovon die anderen reden. Kindheitserinnerungen einer Vertriebenen der zweiten Generation. Göttingen, 2014.

Eimann, Johann: Der Deutsche Kolonist oder die deutsche Ansiedlung unter Kaiser Josef II. in den Jahren 1783 bis 1787 besonders im Königreich Ungarn in dem Batscher Komitat. Hg. von Friedrich Lotz, Nachdruck München, 1965.

Feldtänzer, Oskar: Joseph II. und die donauschwäbische Ansiedlung. Dokumentation der Kolonisation im Batscher Land 1784–1787. München, 1990.

Fick, L.: Das schwäbische Kolonistenhaus in der Batschka. In: Zeitschrift für Volkskunde 6, 1936.

Hügel, Kaspar: Abriss der Geschichte des donauschwäbischen Schulwesens. München, 1957.

Ihlau, Olaf: Blutrausch auf dem Balkan. In: Spiegel Geschichte 3/2010.

Manoschek, Walter: »Serbien ist judenfrei«. IV. Massaker der Wehrmacht an der serbischen Zivilbevölkerung im Herbst 1941. Oldenbourg, 2009.

Manoschek, Walter: Die Massaker in Pančevo und Kragujevac im Herbst 1941. Zur deutschen Repressionspolitik gegenüber der Zivilbevölkerung im besetzten Serbien. In: Der Spiegel, Nr. 11, 1997.

Mitrovic, Vladimir (Hg.): Daheim an der Donau. Zusammenleben von Deutschen und Serben in der Vojvodina. Novi Sad – Ulm, 2009.

Müller, Karl: Im Strom der Donauschwaben. München, 1994.

Pertschi, Johann: Ortssippenbuch Filipowa in der Batschka, Band 1. Schriftenreihe: Deutsche Ortssippenbücher. Donauschwäbische Ortssippenbücher, Band 9. Winnenden, 1989.

Schmidt, Paul u.a.: Ortssippenbuch Brestowatz in der Batschka, Band 1 und 2. Schriftenreihe: Deutsche Ortssippenbücher. Donauschwäbische Ortssippenbücher, Band 4 und 7. Frankfurt, 1986 und 1988.

Schmidt, Paul: Licht und Schatten. Über Brestowatz in der Batschka. Königsbach-Stein, 2006.

Schödl, Günter (Hg.): Land an der Donau. Deutsche Geschichte im Osten Europas. München, 2002.

Schieder, Theodor (Hg.): Dokumentation der Vertreibung der Deutschen aus Ost- und Mitteleuropa. Band V: Das Schicksal der Deutschen in Jugoslawien. Düsseldorf, 1961.

Seewann, Gerhard: Geschichte der Deutschen in Ungarn. Band 1: Vom Frühmittelalter bis 1860. Studien zur Ostmitteleuropaforschung 24/1. Marburg, 2013.

Thiel, Franz Josef: Fremd – zu Hause. Eine donauschwäbische Kindheit 1932–1947. Wien, 2012.

Wilhelm, Franz und Kallbrunner, Josef: Quellen zur deutschen Siedlungsgeschichte in Südosteuropa. München, 1932–1936 (Schriften der Deutschen Akademie, 11).

Mapire – Das Portal für Historische Karten:
Europa im 18. Jahrhundert (1782–1785 – Josephinische Landesaufnahme
Europa im 19. Jahrhundert (1819–1869) – Franziszeische Landesaufnahme
Europa im 19. Jahrhundert (1869–1887) – Franzisco-Josephinische Landesaufnahme
Administrative Karte von Ungarn (1914)

Sämtliche Abbildungen stammen aus Privatbesitz.
Karte auf S. 20: APA-Auftragsgrafik.